Südtirol

Draußen mehr erleben

mit MARCO POLO Autorin Sylvia Pollex

Die Sehnsucht nach der Natur brachte die Leipziger Autorin vor einigen Jahren dazu, mit ihrer Familie nach Südtirol zu ziehen. Seitdem erkundet sie jede Ecke ihrer neuen Heimat. Neben den schier unendlichen Möglichkeiten, kleine Abenteuer in der Natur zu erleben, genießt sie den Sprach- und Kulturmix und die Lust der Südtiroler und Südtirolerinnen am genussvollen Leben.

INHALTSVERZEICHNIS

*OUTDOOR GUIDE SÜDTIROL

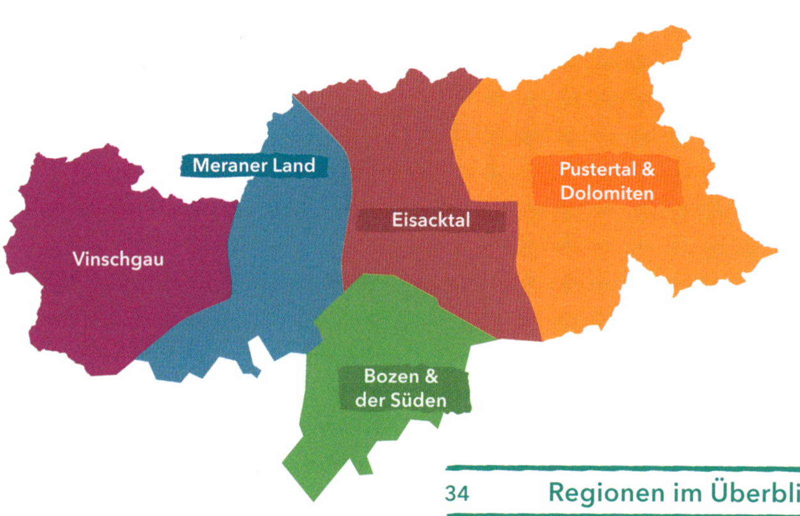

DIGITALES EXTRA

GPX-Tracks als Download zur einfachen Orientierung

QR-Code scannen oder über Website short.travel/55mc4 herunterladen

Legende

Aktivitäten

- Zu Fuß
- Mit dem Fahrrad
- Am & im Wasser
- Fun & Action
- Naturerlebnis
- Wintersport

- ★ Outdoor-Highlight
- Lokale Spezialitäten
- Serviceangaben
- Beste Zeit
- Ausrüstung
- GPS-Koordinaten

Preise Aktivitäten/pro Erw.

€ bis 10 €
€€ bis 25 €
€€€ über 25 €

Preise Unterkunft/pro DZ

€ bis 75 €
€€ bis 150 €
€€€ über 150 €

Das Beste zuerst

Die Plätzwiese ist die kleine Schwester der Seiser Alm und liegt im Naturpark Fanes-Sennes-Prags

BEST OF ENTSPANNT

*TYPISCHES FÜR GENIESSER

Nicht nur das Essen ist grandios auf der Ranchhütte unterhalb des Heiligkreuzkofels

Auf zum Törggelen

Wenn im Herbst die Kastanien reif sind, der Wein geerntet ist und die Bäume sich bunt färben, kommt die Zeit zum Feiern und Genießen. Die Südtiroler tun das am liebsten beim Törggelen, wo zu Wein und gerösteten Kastanien traditionelle Gerichte auf den Tisch kommen.

→ S. 40 Eisacktal

Uriger Waldweg zur Kreuzwiesenalm

Der Weg zur Kreuzwiesenalm ist eher ein Spaziergang als eine Wanderung auf einem wurzeligen Pfad durch die Bilderbuchlandschaft des Eisacktals. Auf der Hütte wartet nicht nur frisch zubereiteter Käse von den hier weidenden Kühen, sondern auch eine Outdoor-Kegelbahn, super Essen und für Übernachtungsgäste eine Sauna mit Holzbadebottich.

→ S. 55 Eisacktal

Wanderung durchs Blumenmeer

Mit dem Lift hinauf und mit den Füßen hinunter, durch die schönsten Wildblumenwiesen, die die Alpen zu bieten haben. Von hier kommt der würzige Alta-Badia-Käse, kein Wunder. Auch die ladinischen Gerichte, die auf der Ranchhütte auf den Tisch kommen, sind eine echte Gaumenfreude.

→ S. 78 Pustertal & Dolomiten

Abhängen auf den Talferwiesen

Die Bozner tummeln sich im Sommer faul oder sportlich auf ihren geliebten Wiesen entlang des Talferflusses. Entweder man hat sein eigenes Picknick dabei oder setzt sich auf einen Kaffee in die Bar St. Antonio.

→ S. 122 Bozen & der Süden

Durchs Weinland radeln

Gleich drei Radtouren führen durch die Bozner Weinanbauregion. Auf dem Rundweg, der durch die historischen Weindörfer Kaltern, Eppan und Girlan verläuft, gibt es die meisten Kellereien am Wegesrand. Bei der ein oder anderen sollte man unbedingt Halt machen.

→ S. 128 Bozen & der Süden

BEST OF ADRENALINKICK

*DIE EXTRAPORTION ACTION

Mit der Zipline im Abenteuerpark Adrenaline X-Treme sausen Mutige gut gesichert ins Tal

Von Baumwipfel zu Baumwipfel fliegen

Mit der Zipline im Abenteuerpark Adrenaline X-Treme in St. Vigil im Gadertal können alle, die zwischen 35 und 130 Kilogramm wiegen, für eine Stunde ein Vogel sein. In sieben Etappen 3 km durch den Wald und über das schöne Gadertal fliegen, mit 80 km/h und 100 m über dem Boden (Foto).

→ S. 88 Pustertal & Dolomiten

Wildes Wasser

Die Kraft des Wassers kitzelt die Nerven, aber mit Konzentration, Muskelkraft und gekonnten Paddelschlägen ist es leicht zu bezwingen. Also rein ins Schlauchboot und los geht's mit den erfahrenen Rafting-Guides auf den wilden Wassern der Flüsse Ahr, Rienz oder Eisack. Hier ist man nah dran an den Elementen.

→ S. 54 Eisacktal

Eine Gondel vom alten Schlag

Das ist der historische Korblift hinauf in die Langkofelscharte inmitten der sagenhaften Felsenwelt der Dolomiten. Die Kabinen sehen aus wie Retro-Designs, aber sie sind original aus den 1960ern. Die Fahrt geht bedrohlich nahe an den spektakulären Felswänden vorbei.

→ S. 65 Eisacktal

Auf einer der längsten Rodelabfahrten Europas

Adrenalin und Glückshormone sprühen auf der RudiRun-Rodelbahn an der Plose wie der Schnee unter den Kufen des Schlittens. Äußerste Konzentration ist gefragt, vom Weg abkommen will hier niemand. Knapp 45 Min. dauert die Fahrt ins Tal.

→ S. 58 Eisacktal

Auf dem berühmten Klettersteig

Wo einst Schützengräben und Kriegssteige verliefen, verbindet heute ein Friedensweg die Berglandschaft der Dolomiten. Seine 4. Etappe führt über den beliebten, aber reichlich ausgesetzten und luftigen Alpinsteig. Nichts für Höhenängstliche.

→ S. 100 Pustertal & Dolomiten

BEST OF MIT KINDERN

*SPANNENDES FÜR KLEIN & GROSS

Ein Paradies für Kinder sind die vielen Waalwege überall in Südtirol

Glanzstücke aus der Tiefe

Sie sind seltener als Diamanten und benötigen besondere geologische Bedingungen: die Teiser Kugeln – bis zu 20 cm große Steinkugeln mit herrlichen Mineralieneinschlüssen. Mit Helm, Schutzbrille und Werkzeug ausgerüstet ziehen große und kleine Schatzsucher von April bis Nov. ins Teiser Kugelgebiet.

→ S. 61 Eisacktal

Gesunde Erfrischung

Für die Kinder ist sie ein Wasser-Spielparadies, die historische Kneipp-Tretanlage in Vahrn mit einem über 100 m langen Wasserlauf, verschiedenen Becken und kleinen Staustellen. Die Erwachsenen sitzen derweil plaudernd im Fluss auf großen Steinen in der Sonne, die das Wasser aus den Bergen hierhergetragen hat.

→ S. 58 Eisacktal

Von blauen Waalen

Kinder lieben diese Waalwege, die ursprünglich als Bewässerungsgräben angelegt wurden und überall an Südtirols Hängen zu finden sind. Denn während sie Blätter und Blüten in das schnell dahinfließende Wasser werfen und ihre Füße im kalten Wasser erfrischen, wird den Kindern garantiert nicht langweilig.

→ S. 182 Vinschgau

Blütenteppiche im Frühlingstal

Die ersten Frühblüher zeigen sich in diesem besonders geschützten und von wärmenden Sonnenstrahlen und lauen Winden verwöhnten Tal bei Kaltern schon im Februar. Später im Jahr kann man auch prima baden. Nix wie hin!

→ S. 127 Bozen & der Süden

Auf dem Pustertal-Radweg

Entspannt leicht abwärts radeln, immer am Fluss entlang, vorbei an schönen Spielplätzen, durch abenteuerliche Tunnel, ohne Autoverkehr in einer grandiosen Landschaft? Dafür steigt jedes Kind gern aufs Fahrrad.

→ S. 98 Pustertal & Dolomiten

BEST OF BEI REGEN

*SCHÖN, AUCH WENN ES REGNET

Griffe gibt es genug in der Bozner Kletterhalle Salewa Cube, aber das Festhalten daran will gekonnt sein

Hier ein Hut, da ein Hütchen

Pilze sammeln ist so etwas Ähnliches wie Schatzsuchen ohne Schatzkarte. Kinder lieben es, vorausgesetzt, es gibt etwas zu finden. Weil es dafür viel Regen braucht, kann man gut auch mal bei schlechtem Wetter losziehen.

→ S. 62 Eisacktal

Reise in die Vergangenheit

Es ist noch gar nicht so lange her, dass Bauernfamilien in Südtirols abgelegenen Tälern als Selbstversorger lebten, einige tun es bis heute. Das Südtiroler Landesmuseum für Volkskunde hat eine Vielzahl alter Bauernhäuser wieder aufgebaut. In die Stuben, Scheunen, Räucherküchen und Gärten kann man hineingehen und dabei viel über die handwerklichen Fähigkeiten, Traditionen und Feste der Bauern und Dorfbewohner lernen.

→ S. 93 Pustertal & Dolomiten

Weißer geht es nicht

Wenn man sich auf die Suche nach dem wertvollsten und reinsten Marmor der Welt machen will, dann ist Laas im Vinschgau die richtige Adresse. Bei den dort angebotenen Marmorführungen geht es um den Abbau, die Aufbereitung und die Verarbeitung des kostbaren Gesteins, das von hier in alle Welt exportiert wird.

→ S. 180 Vinschgau

Angelegter Garten Eden

In der Gärtnerei Galanthus in Lana werkeln Menschen mit dem pflanzenliebenden Herzen am rechten Fleck in einem ehemaligen Klostergarten. Ein Gewächshaus bietet Schutz, wenn der Regen mal so richtig aufs Dach trommelt. Was will man mehr?

→ S. 166 Meraner Land

Drinnen klettern = draußen klettern

So jedenfalls funktioniert das in einer der modernsten und schönsten Kletterhallen Europas, in der einfach das große Tor auch bei Regen geöffnet werden kann und alle bleiben trocken.

→ S. 122 Bozen & der Süden

Entdecke Südtirol

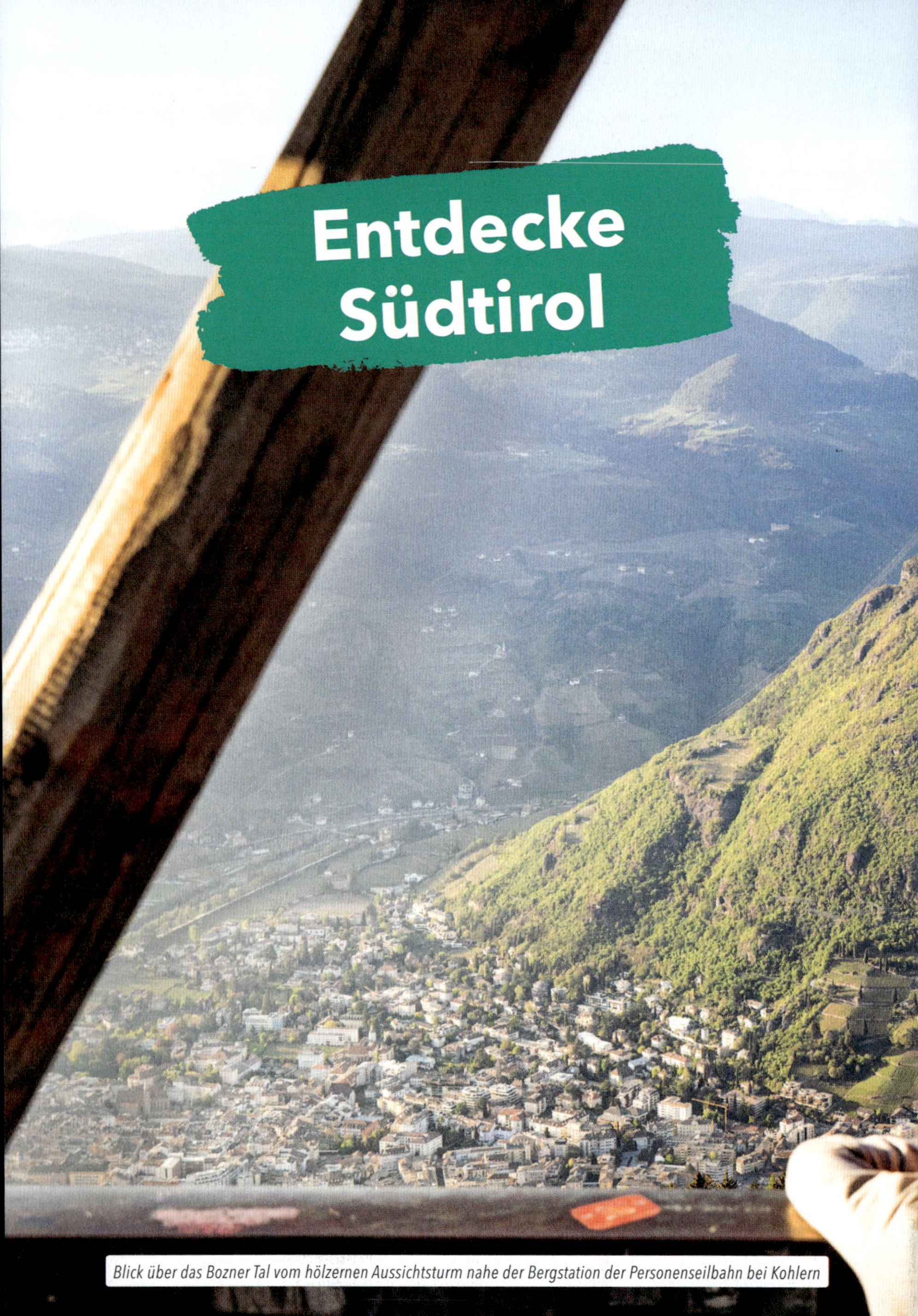

Blick über das Bozner Tal vom hölzernen Aussichtsturm nahe der Bergstation der Personenseilbahn bei Kohlern

LEO

LANDSCHAFT & LEUTE

*IN SÜDTIROL

Bei vielen Eisacktaler Weinbauern kann man zur Zeit der Weinlese und des Törggelen Wein direkt auf dem Hof verkosten

Südtirol ist die nördlichste Provinz Italiens. Zwischen hohen Bergen reifen in den Tälern Früchte mit intensiven Aromen, die in den Restaurants, Kellereien und Berghütten mit viel Liebe weiterverarbeitet werden. Es ist ein Wanderparadies mit ruhigen Tälern und schneesicher für Winterabenteurer. Ein wahrhaft schönes Fleckchen Erde.

Eine Frage der Perspektive

Fast zwei Drittel der Fläche Südtirols liegen über 1500 m hoch. Das moderne Leben spielt sich weiter unten ab. In den Talebenen von Etsch, Eisack und Rienz schlägt das wirtschaftliche Herz der Gegenwart. Hier trifft Innovation auf traditionelles Handwerk, haben sich Gewerbe- und große landwirtschaftliche Betriebe angesiedelt. Unten in den Tälern liegen die Städte Sterzing, Bruneck, Brixen, Bozen und Meran, hier lebt die Mehrzahl der 500 000 Einwohner Südtirols. Im Tal verlaufen auch die Verkehrsachsen der Neuzeit. Die Berge sind weit weg, fast scheinen sie unerreichbar.

Von Tal zu Tal

Wer sich aber auf den Weg nach oben macht, wird Überraschendes erleben. Alte Dörfer liegen auf Hochebenen, die seit Jahrhunderten von Menschen besiedelt und kultiviert werden. Die Sonne scheint hier länger, der Blick weitet sich, die Gipfel rücken deutlich näher. Auf den Hochalmen weiden die Kühe, und je höher man kommt, werden die Berge und Pässe immer weniger Hindernis, sondern verbindende Elemente. Über die flachen Sättel liefen die Verbindungen der Vorzeit. Von Brixen nach Durnholz im Sarntal sind es mit dem Auto durch die Täler 100 km, zu Fuß über die Berge nur 16. Orte, die auf der Straße und in unserer Regionenstruktur nicht zusammengehören, kommen sich oben in den Bergen ganz nah.

Urgewalten form(t)en diese Berge

Die Südtiroler Berglandschaft ist geprägt von Kontrasten. Denn die afrikanische Kontinentalplatte trifft hier auf die europäische und schiebt sich über sie; nach wie vor falten sich die Alpen durch Druck,

NATUR IN ZAHLEN

3906 M
hoch ist der Ortler, etwa 350 Gipfel sind in Südtirol höher als 3000 m

46 M
tief ist der Wilde See, damit ist er der tiefste See der Region

46 MIO.
Flaschen Wein werden jährlich abgefüllt

40,1 GRAD
war am 11. August 2003 die höchste je in Südtirol gemessene Temperatur. Die tiefste Temperatur im bewohnten Gebiet war -29 Grad in Toblach am 10. Februar 1969

1 MIO. TONNEN
Äpfel werden in Südtirol auf ca. 2,5 % der Gesamtfläche des Landes angebaut

16 000 KM
markierte Wander- und Bergwege gibt es in Südtirol und rund 1800 Loipenkilometer

69
öffentlich zugängliche Trinkbrunnen gibt es in Meran

7400 KM²
groß ist Südtirol, die zweitgrößte Provinz Italiens

17 000
Menschen waren im vergangenen Jahr an Spitzentagen am Pragser Wildsee

Südtirols Wiesen sind reich an wertvollen Kräutern

Hitze sowie Erosion und im Schnitt wachsen sie pro Jahr knapp 2 mm. So entstand der Laaser Marmor, während ein vor 280 Millionen Jahren stark ausgeprägter Vulkanismus die Bozner Porphyrplatte schuf. Immer wieder wurde das Südtiroler Alpengebiet von Meeren geflutet und durch Erosion und Ablagerung entstanden Sedimentgesteine. Wasserfluten haben tiefe Täler in die Landschaft geschnitten und die Dolomiten modelliert.

Tourismus – Pro und Contra

Heute können wir uns daran kaum satt sehen. Südtirols Tourismusagentur IDM preist das Land als ein Qualitätsprodukt und vermarktet es auch so – gut und teuer. Die Touristen kommen in Scharen. Jahr für Jahr werden Übernachtungsrekorde gebrochen. Doch der Tourismus mit 30 Skigebieten, unzähligen Liften, Luxushotels mit SPA-Anlagen und Straßenneubauten fordert auch seinen Tribut. Lange galt ein Schneller-Höher-Weiter beim Ausbau der touristischen Infrastruktur, doch der Klimawandel, das Waldsterben und die überlasteten Straßen erfordern auch hier ein Umdenken. Overtourism ist das Buzzword der Stunde. Und so klingt der Klimaplan Südtirols recht ambitioniert, denn die nördlichste Provinz Italiens profiliert sich gern als Modellregion, auch in Sachen Nachhaltigkeit. Leider sind die Pläne nicht bindend. Immerhin gibt es inzwischen einen Bettenstopp, Hotelneubauten sind verboten und manche Zufahrtsstraßen werden gesperrt. Ob das reicht? Die Botschaft von „weniger ist mehr" ist längst noch nicht bei allen angekommen.

Berühmter Südtiroler

Einer, der diese Botschaft verinnerlicht hat wie kaum ein anderer, ist die Bergsteigerlegende Reinhold Messner, der einst vom Südtiroler Villnösstal aufbrach, um extreme Erfahrungen in der Natur zu machen. Diese haben aus ihm einen Kämpfer für deren Schutz gemacht. Der Extremkletterer, Höhenbergsteiger, Buchautor, Filmemacher, Wüstendurchquerer und frühere Europaabgeordnete wurde zum Gründer gleich mehrerer Museen. An geografisch und geschichtlich symbolischen Orten wie Sigmundskron, dem Ortler oder Schloss Bruneck „pflanzte" er, nicht ohne Widerstände, seine sechs Messner Mountain Museums. Sie dienen der Auseinandersetzung des Menschen mit der Natur, die aus seiner Sicht nicht nur eine sportliche, sondern auch eine kulturelle sein sollte.

Einfallsreich, stur und weltoffen

Der größte Schatz der Region sind ihre Bewohner: liebenswürdige Menschen, die fremde Besucher bereits seit Jahrhunderten gastfreundlich empfangen. Sie sind geprägt von ihrer Vergangenheit, die sie seit Ende des Ersten Weltkriegs nicht mehr zum

SPICKZETTEL SÜDTIROLERISCH

aufklaubm, zommklaubn auflesen
aufnocht am Abend
Gitsch und Bua Mädchen und Jungen
Goggele Eier
Grieß di! Sei gegrüßt!
Keschtn Kastanien
kugln hinfallen
Leibele T-Shirt
Moansch net? Meinst du nicht?
muffetuxelen übel riechen
Sackl Tüte
schlommpet unordentlich, ungenau
Sunntig Sonntag
ums Orschleckn beinahe
Zomschiss kriagn die Leviten gelesen bekommen

deutschsprachigen Österreich, sondern zu Italien gehören lässt. Es war ein langer Kampf um Identität und Freiheit, welche die Region letztendlich im Autonomiestatus fand, der heute weltweit Vorbildcharakter hat. Die Mehrheit spricht ein mundartliches Deutsch voller Eigenheiten. Heute profitiert Südtirol von der jüngeren europäischen Geschichte, in deren Folge die deutsch-italienisch-ladinische Dreisprachigkeit eine Weltoffenheit zutage fördert, die man der kleinen Alpenregion im 20. Jh. nicht zugetraut hätte.

Dolce Vita

Die italienische Lebensweise mit ihrer genussvollen Art des Seins trifft in Südtirol auf bäuerliches Selbstbewusstsein, wirtschaftliche Prosperität und Pflichtbewusstsein und verschmilzt zu einer bestmöglichen Mischung. In diesem Klima des Miteinander ist Platz für Traditionen und Bräuche und zugleich viel Raum für Neues.

Gern gesehen auf Dorffesten sind die Auftritte der Schuhplattler

TIERE & PFLANZEN

*HINEIN INS NATURPARADIES

Fünf Biotope liegen verstreut auf dem Hochplateau Natz-Schabs und sind Heimat vieler seltener Tiere und Pflanzen

Südtirols Tier- und Pflanzenwelt ist vielfältig und faszinierend. Dank der Lage auf der Alpensüdseite gedeihen submediterrane und hochalpine Pflanzen. Rehe, Gämsen, Hirsche sowie bedrohte Tierarten wie der Steinadler leben in Südtirol. Sie alle brauchen die geschützten Zonen der Natur- und Nationalparks.

Die Bedingungen sind perfekt

Die Mischung aus alpinem und mediterranem Klima und die Tatsache, dass hohe Berge Südtirol vor kalten, nördlichen Winden und Temperaturen schützen, machen es möglich, dass hier eine schier unglaubliche Vielfalt an Pflanzen gedeiht. Der mediterrane Einfluss macht sich vor allem in den niedrig gelegenen Tälern bemerkbar, wie im Meraner Land und im Süden, wo Oleander, Zypressen, Zitronen, Palmen, Kakteen und gewaltige Kastanien gedeihen. In den Mittelgebirgsregionen wachsen im Süden verstärkt Birken, Föhren, Buchen und Flaumeichen, im Norden Tannen und Fichten und in höheren Lagen Latschen und Zirbelkiefern. Die hochalpinen Regionen sind weitgehend unberührt. Hier stehen uralte Lärchen, die im Herbst ganze Hochtäler in sattes Orange tauchen. Die üppigen Bergwiesen bezaubern mit Anemonen, Edelweiß, Enzian, Türkenbund und vielen weiteren geschützten Alpenblumen.

Auf zu den Pflanzen

Besonders auf sonnigen Hochalmen wachsen im Frühling die Krokusse gleich nach der Schneeschmelze in dichten Teppichen und laden zu Frühlingswanderungen auf dem Möltner Joch (SJ2), der Seiser, Villanderer und Rodenecker Alm oder der Plätzwiese ein. Wie gewaltig der Unterschied zwischen einer mit Mist und Gülle überdüngten Löwenzahn-Wiese und einer naturbelassenen Wildwiese ist, sieht man am eindrücklichsten bei einer Wanderung durch die Armentarawiesen (PH3) im Gadertal. In den Gärten von Schloss Trauttmansdorff, einem der schönsten botanischen Gärten Europas, wächst auch, was eigentlich nicht hierhergehört: karibische Palmen neben japanischen Zierkirschen und Zedern aus dem Westhimalaya (MN1).

6 TYPISCHE TIERE

Alpensteinbock Sie leben an steilen Alpenhängen in einer Höhe von bis zu 3500 m und sind in Südtirol relativ selten. Die meisten leben im Nationalpark Stilfser Joch. Sie werden etwa 18 Jahre alt.

Murmeltier Zuerst hört man sie: ihr schrilles Pfeifen, das sie ausstoßen, wenn sie einen potenziellen Feind entdecken. Vor allem an sonnigen Südhängen bauen sie ihr weit verzweigtes Höhlensystem, oft über Generationen hinweg. Sie leben in Familienverbänden und werden ca. 15 Jahre alt.

Mauerläufer Ein schöner Vogel! Groß wie eine Amsel sind sie und wegen ihres grauen Deckgefieders in der Felslandschaft kaum auszumachen, wenn sie an Felswänden klettern. Im Flug jedoch fallen die rot-schwarz gefärbten Flügel auf.

Alpendohle Kommt man auf dem Gipfel an, sind sie meist schon da. Die Rabenvögel sind echte Flugakrobaten. Sie stürzen sich trudelnd in die Tiefe oder stehen mühelos im Wind und können bis zu 200 km/h schnell fliegen.

Alpenskorpion Der Schreck ist groß, wenn plötzlich ein Skorpion auftaucht, doch diese Art der Spinnentiere ist harmlos. Der Alpenskorpion ist beim Einsatz seines Stachels zurückhaltend und der Stich in seiner Intensität geringer einzustufen als ein Wespenstich.

Auerhuhn Mit bis zu 5 kg Gewicht und einer Flügelspannweite von bis zu 130 cm sind sie stattliche, unverwechselbare Vögel. Sie werden bis zu zwölf Jahre alt. Die tagaktiven Vögel bewegen sich zumeist auf dem Boden und ziehen sich in der Nacht auf Bäume zum Schlafen zurück.

6 TYPISCHE PFLANZEN

Rundblättriger Sonnentau Was auf den Blättern wie Tau in der Sonne glitzert, ist in Wahrheit eine klebrige, ätzende Flüssigkeit. Insekten, die diesen Tautropfen zu trinken versuchen, bleiben kleben und werden bei lebendigem Leibe verdaut. So kompensiert der Sonnentau den Stickstoffmangel im Hochmoor.

Türkenbund-Lilie Mit ihren auffälligen Blüten ist sie eine recht bekannte heimische Lilienart. Sie bietet Bestäubern keine Sitzmöglichkeit und wird daher nur von den „Luftschwebern" unter den Insekten bestäubt.

Fliegen-Ragwurz Die Fliegen-Ragwurz wird ausschließlich von einer einzigen Wespenart – der Grabwespe – bestäubt. Dafür imitieren die Blüten dieser Orchidee das Aussehen und den unwiderstehlichen Duft einer weiblichen Grabwespe.

Schopfteufelskralle Diese edle Schönheit ist in den Dolomiten recht verbreitet, sie wächst gern in senkrecht aufsteigenden Felswänden.

Brunelle Die kleine Blume trägt viele Namen: Kohlröschen, Blutrose, Männertreu und Feuernägele. In der Pflanzenheilkunde wird dem Schwarzen Kohlröschen eine aphrodisierende Wirkung zugeschrieben, es soll gegen Abgeschlagenheit wirken und die Nerven beruhigen.

Die seltene Schöne

Unter den etwa 2500 einheimischen Pflanzenarten, die in Südtirol gezählt werden, finden sich seltene Kostbarkeiten. So gedeiht auf der Seiser Alm eine auf der Welt einzigartige Variante der Brunellen-Orchideen. Statt wie sonst nahezu schwarz blühen sie hier in den Farbnuancen weiß – gelb – rosa – rot – dunkelrot – schwarz.

Nun entbrennt am beliebtesten Wahrzeichen Südtirols, der Seiser Alm, eine Debatte um den Naturschutz, und die internationale Biologenwelt schreit auf. Es soll ein Speicherbecken gebaut werden, um die Schneesicherheit des beliebten Wintersportgebiets zu garantieren. Dafür müsste ein Großteil der Brunellen-Population weichen. Auch wenn der Status als Landschaftsschutzgebiet solche Vorhaben schwer macht und das Südtiroler Naturschutzgesetz Orchideen streng schützt – möglich ist so ein Eingriff „im Sinne des Tourismus" durchaus.

Die Flora Südtirols wird auch literarisch und musikalisch gewürdigt. In tiefgründigen, bisweilen schrägen Hörstücken verleihen die Schriftstellerin Elisabeth R. Hager und der Zither-Musiker Martin Mallaun in einem Klangkunstprojekt seltenen und vom Aussterben bedrohten Pflanzenarten eine Stimme. *archivseltenerarten.wordpress.com*

Die Tierwelt Südtirols

Heimat der Südtiroler Tierarten sind vor allem die sieben Naturparks, der Nationalpark Stilfser Joch, die Biotope oder andere geschützte Naturlandschaften. Steinadler, Eulen, Spechte, Schneefinken, Gämsen, Rehe, Hirsche und Auerhähne leben hier. Wer unbedingt mal ein Murmeltier sehen möchte, sollte ins Fanes-Gebiet aufbrechen (PW6).

Das Pflegezentrum für Vogelfauna auf Schloss Tirol pflegt verletzte Wildvögel und vermittelt täglich Wissenswertes bei einer hochspannenden Greifvogelshow. Im Herbst gibt es die traditionellen Almabtriebe, wenn die Kühe, Schafe und Pferde von den Sommerweiden im Hochgebirge wieder ins Tal zurückgebracht werden. Berühmt ist die grenzüberschreitende Transhumanz der Schafe von den Sommerweiden im österreichischen Ötztal zurück ins Südtiroler Schnalstal (VH2).

Im Schnalstal werden die Schafe für die Transhumanz vorbereitet

Vorsicht bei diesen Pflanzen & Tieren

Das versehentlich aus Südafrika importierte **Greiskraut** vermehrt sich rasant in Südtirol. Es produziert einen für Mensch, Tier und Insekten hochgiftigen Stoff und wird zunehmend zur Gefahr für die Landwirtschaft. Man sollte es nicht anfassen.

Die **Rauschbeere** sieht der Blaubeere zum Verwechseln ähnlich. Schon ihr Name verrät, was passiert, wenn man zu viele davon isst: rauschartige Erregung bis hin zu Erbrechen und Schwindelgefühl.

Braunbären sind faszinierende, scheue Tiere, die Menschen am liebsten aus dem Weg gehen. Im Falle einer Begegnung ist langsamer Rückzug angesagt, direkter Blickkontakt sollte vermieden werden.

KLIMA & WETTER
*DURCHS JAHR

Auch wenn in Südtirol oft die Sonne scheint, sind wolkenverhangene Bergspitzen keine Seltenheit

Südtirol ist ein Reiseziel für das ganze Jahr. Die Winter sind kalt, aber die Sonne, die an durchschnittlich 300 Tagen im Jahr scheint, lässt einen kaum frieren. Die warmen Sommer sind die richtige Zeit für Hochgebirgstouren und ein Bad in kalten Bergseen. Die Höhenunterschiede zwischen den Tälern und den Hochgebirgsgipfeln machen es möglich, dass man oft zwei Jahreszeiten gleichzeitig erleben kann.

MONAT FÜR MONAT

Januar – mit Sonne und Schnee

Beste Reisezeit für Skifahrer, Snowboarder, Langläufer und andere Wintersportfans. Es ist recht kalt, ab und zu gibt es frischen Neuschnee. Meist aber scheint die Sonne und es gibt nichts Schöneres als nach einem wintersportlichen Vormittag am Nachmittag auf der Hütte in der Sonne zu sitzen und sich die Knödel schmecken zu lassen. In den Tälern ist Schnee nicht garantiert, hier können die Temperaturen auch im Plusbereich liegen.

Februar – Sonne, Schnee und Schneeglöckchen

Ganz langsam wird es wärmer und auch ein bisschen sonniger, was sich aber nur unten in den Tälern im Süden bemerkbar macht. Auf dem Waltherplatz in Bozen sitzen die Menschen schon bei einem Spritz oder einem Kaffee in der Sonne und genießen das Leben. Oben auf den Gipfeln haben der Winter und der Wintersport die Region weiter fest im Griff. Weil die Tage langsam wieder länger werden, brechen die Skitourengeher zu ausgedehnten Touren auf.

März – das Etschtal erblüht

In den milden südlichen und von Bergen gen Norden geschützten Gebieten wie Meran oder im Etschtal blühen bereits die ersten Obstbäume und die Sonne kommt immer öfter hervor. Die Berggipfel sind noch mit Schnee bedeckt, in den Tälern schneit es um diese Jahreszeit dagegen eher selten. Auf der Seiser Alm oder rund um das Sellamassiv kann man jetzt bis in den späten Nachmittag hinein Ski fahren.

DIE JAHRESZEITEN

FRÜHLING

Unten blüht und oben schneit es

Im Tal wärmt die Sonne bei Temperaturen bis 20 Grad, in den Bergen hat der Winter noch die Oberhand

Perfekt für Sonnenhungrige, Frühlingswanderer, Skitourengeher, Wintersportler, Städtereisende

Kleidung im Zwiebelsystem, Thermoskanne, Sonnencreme, Sonnenbrille

SOMMER

Sonne satt

Die Tage sind warm, aber selten über 30 Grad, es gibt viele, manchmal sehr heftige Gewitter

Wandern im Hochgebirge, Baden, Fahrradfahren, Klettern, Rafting, das alles geht prima

Leichte Kleidung, in den Bergen immer auch Kleidung für Wetterwechsel, Sonnencreme, Sonnenbrille

HERBST

Warm und bunt

Der Sommer tut so, als wolle er nicht gehen. Es ist warm und sonnig und einfach nur schön

Perfekt für Genießer jeder Couleur, Wandern in den bunten Bergen, Pilze sammeln, Fahrrad fahren, Klettern, Städte anschauen

Immer auch eine Jacke dabeihaben, Sonnencreme, Sonnenbrille

WINTER

Weiß, weißer, am weißesten

Mindestens oben auf den Bergen ist es weiß. Wenn nicht, helfen Schneekanonen nach

Die Jahreszeit gehört den Langlauf- und Abfahrtsskifahrern, Schlittschuhläufern, Rodlern und Schneeschuhwanderern

Warm anziehen, aber Sonnencreme und Sonnenbrille braucht es trotzdem – fast immer

In Algund blühen die Bäume oft schon Anfang März

April – im Tal beginnt es zu blühen

Der April macht auch in Südtirol mit wechselhaftem Wetter seinem Namen alle Ehre. Von relativ kalten 5 Grad in der Nacht bis hin zu fast schon 20 Grad an sonnigen Tagen reicht das Spektrum. Es gibt aber auch so einige Regentage, der im Hochgebirge als Schnee fällt. Wer Lust auf Frühling hat, bleibt lieber unten im Tal, wo die Obstbäume die Landschaft in ein unglaubliches Blütenmeer tauchen. Weiter oben bleibt, wer vom Winter noch keinen Abschied nehmen mag.

Mai – die Natur erwacht

Die Natur ist nun auch in den höheren Lagen ganz auf Wachstum aus. Bäume, Sträucher und Obstbäume blühen vielerorts. Sonne und Regen wechseln sich ab, wobei es mit 6 Sonnenstunden pro Tag schon ein sehr angenehmer Monat ist. Zum Baden sind die meisten Seen aber noch zu kalt. In Sulden endet die Skisaison am 1. Mai.

Juni – der perfekte Monat

Der Sommer ist da. Es kann bereits deutlich über 25 Grad warm werden und vor allem Orte mit einem warmen Mikroklima sind nun schon sehr sommerlich. Der letzte Schnee auf den Gipfeln taut. Der Juni ist die beste Reisezeit für einen vielseitigen Aktivurlaub: Wandern, Klettern, Radfahren, Städte und Dörfer oder die Küche Südtirols laden zum Entdecken ein. Auch viele Seen sind nun schon warm genug zum Baden.

Juli – es ist Badezeit

Das Klima und Wetter im Juli zeigt sich im Sommer von der sonnigen Seite. Meist ist blauer Himmel, nur vereinzelt gibt es Regen, am Abend kommt es in den Bergen oft zu Wärmegewittern. Wanderer sollten darauf vorbereitet sein. Die teils heißen Temperaturen sind in den Tälern und in warmen Lagen wie etwa in Meran oder im Bozner Kessel noch stärker ausgeprägt. Bozen zählt im Sommer zu den heißesten Städten Italiens. Pro 100 Höhenmetern, die man bewältigt, nimmt die Temperatur etwa um 1 Grad ab. Weiter oben ist Sommerfrische angesagt.

August – die heiße Saison

Im August ist in Südtirol Hauptsaison. Nicht nur wegen der ausländischen Besucher, sondern weil auch viele Süditaliener Urlaub in den Bergen machen und am 15. August Ferragosto, den wichtigsten Feiertag des Landes, feiern. Die Temperaturen sind warm, an manchen Orten kann es richtig heiß werden. Es gibt weiterhin Gewitter. Die Seen laden zum Baden ein und Wanderungen im Hochgebirge sollten früh beginnen, um die kühlen Morgenstunden auszunutzen. Der Sommer erlaubt viele Aktivitäten: Kulturreisen, Besichtigungen, Wanderungen, Rafting, Radfahren und vieles mehr.

September – der perfekte Monat für Genießer

Im September klingt der Hochsommer langsam aus. Gerade in den ersten beiden Wochen kann es aber noch sehr sommerlich warm sein. Die Temperaturen der Seen sind perfekt zum Baden. In den fruchtbaren Tälern reifen die ersten Äpfel, die Kastanien, der Wein. Ende September beginnt die Weinernte, das Wimmen. Mit nur 6 Regentagen ist der Monat auch relativ trocken. Der September ist ein wunderbarer Reisemonat.

Oktober – die fünfte Jahreszeit

In den Nacht- und frühen Morgenstunden sowie in den Höhenlagen wird es schon wieder empfindlich kalt – tagsüber kann das Thermometer bis auf 20 Grad klettern. Der Oktober ist die beste Reisezeit für Liebhaber schöner Herbstlandschaften und kulinarischer Highlights. Es ist die sogenannte fünfte Jahreszeit und die Törggelenhöfe öffnen.

November – es wird ruhig

Wetter und Klima gehen allmählich in den Wintermodus über. Die Sonne zeigt sich deutlich seltener, kann aber noch immer warm und mild sein. In den Höhenlagen fällt manchmal schon der erste Schnee. Es ist ein ruhiger Monat in Südtirol. Er gehört den Einheimischen, denn auch sie machen mal Pause, viele Restaurants, Hotels und Wirtschaften haben geschlossen. **Insider-Tipp** Wer die Berge mal für sich allein haben möchte, kommt jetzt.

Dezember – der erste Schnee fällt

Es kann kalt werden und der erste Schnee fällt. Die Wintersportanlagen öffnen. Nur in Sulden laufen die Skilifte schon wieder seit Ende Oktober. In den anderen Skigebieten beginnt die Saison meist Anfang Dezember. Die traditionellen Weihnachtsmärkte werden gern besucht, hier gibt es viel regionale Handwerkskunst zu kaufen und leckere Südtiroler Köstlichkeiten zu genießen.

WETTER IN BOZEN

Hauptsaison
Nebensaison

	JAN.	FEB.	MÄRZ	APRIL	MAI	JUNI	JULI	AUG.	SEPT.	OKT.	NOV.	DEZ.
Tagestemperaturen	1°	4°	9°	14°	18°	22°	24°	23°	18°	13°	6°	2°
Nachttemperaturen	-3°	-1°	3°	8°	12°	16°	17°	17°	12°	8°	2°	-2°
Sonnenschein Stunden/Tag	3	4	5	6	6	7	8	7	6	5	3	3
Niederschlag Tage/Monat	2	3	5	6	8	8	8	9	7	6	7	5

Sonnenschein Stunden/Tag
Niederschlag Tage/Monat

AKTIV & DRAUSSEN

*DEINE URLAUBSREGION ERLEBEN

Wandern durch Blumenwiesen und schroffe Felsen im Blick – in den Dolomiten liegt das oft nah beieinander

Es gibt nicht viel, was man nicht tun könnte in Südtirol. Außer Segeln vielleicht. Die Region ist ein Paradies für Outdoor-Sportler, -Genießer und Naturliebhaber. Insgesamt 16 000 km markierte Wanderwege schlängeln sich durch die Berge, von leichten Spazierwegen bis hin zu anspruchsvollen hochalpinen Touren, die Trittsicherheit, Kondition und Schwindelfreiheit erfordern. Die Seen laden zum Baden, SUPen, Bootfahren und Surfen ein. Und wenn der erste Schnee die Berge in weißen Zucker hüllt, verwandelt sich das Land in ein Wintersportparadies.

Bergsteigen und Wandern

Die Südtiroler Wanderwege führen durch Weinberge und Apfelwiesen, vorbei an Burgen und Schlössern, an alten Waal-Bewässerungspfaden entlang, um Seen herum und hinauf zu aussichtsreichen Höhenwanderungen, mehrtägigen Berghüttentouren oder anspruchsvollen Gipfelbesteigungen. Viele Seilbahnen sind im Sommer offen und erleichtern lange An- und Abstiege. Wer hoch hinauf will, wandert am besten von Mitte Juni bis Mitte Oktober. Davor und danach liegt über 2000 m oft schon der erste Schnee und etliche Berghütten haben geschlossen. Besondere Highlights in Südtirol sind die Waalwege, die Militärwege aus dem Ersten Weltkrieg, die Krokuswiesen im Frühling und die etwa 50 Klettersteige.

Radfahren

In den Tälern kann auf ausgebauten Radwegen abseits des Autoverkehrs und ohne große Steigungen geradelt werden. Echte Klassiker sind die Strecken vom Brenner nach Bozen, der Pustertal-Radweg und der Etsch-Radweg entlang der Via Claudia Augusta. Bozen und Brixen sind ideale Städte zum Radfahren, mit ausgebauten Radwegen an den Flüssen und in der Innenstadt. Bei Tourismusbüros, an Bahnhöfen und Busstationen erhältst du die bikemobil-Card als 1-, 3- oder 7-Tages-Karte. Inkludiert

Wer glaubt, Südtirol sei kein Radler-paradies, irrt sich gewaltig

Auch Felskletterer kommen an den Dolomit-Kalkwänden voll auf ihre Kosten

ist die Nutzung des öffentlichen Nahverkehrs im gewählten Zeitraum und die kostenlose Leihe eines Rades bei Südtirol Rad *(suedtirol-rad.com)*, Papin Sport *(papinsport.com)* oder Südtirolbike *(suedtirolbike.info)* für einen Tag. Der Transport des Leihrads in den öffentlichen Verkehrsmitteln ist nicht erlaubt, dafür können die Räder an unterschiedlichen Standorten wieder abgegeben werden.

Mountainbiking

Sobald man die Täler verlässt, wird es steil und sportlich. Unter Fans des Mountainbikens gilt Südtirol als ideales Revier für ausgedehnte Touren und spannende Trails, z. B. an der Plose bei Brixen *(plosebike.com)* oder in der Gegend um den Ortler. In Brixen präsentieren an vier Tagen im September Radfirmen ihre aktuellen Modelle bei geführten Touren und im Brixen Bikepark *(mountainbike-testival.de)*. In vielen Seilbahnen dürfen Räder mitgeführt werden, aber nicht alle Wege sind für Radfahrer erlaubt. Infos, Karten und Tourempfehlungen gibt es bei den örtlichen Tourismusämtern. In vielen Hotels und bei den oben genannten Radverleihen sind Räder erhältlich.

Klettern

Südtirol ist ein Eldorado für Felskletterer. Etwa 90 Klettergärten und Bouldergebiete listet der Kletterführer des Südtiroler Alpenvereins (AVS). Übersichtlich präsentiert auch der Kletterführer „Sportklettern in Südtirol" von Vertical-Life zahlreiche Klettergärten und Routen in der freien Natur (*vertical-life.info*, auch als App). Und falls es doch mal regnet: Es gibt ca. 40 Kletter- und Boulderhallen in Südtirol, die Königin unter ihnen ist der Salewa Cube in Bozen *(salewa-cube.com)*.

Wintersport

Die fast 30 Skigebiete in Südtirol haben sich zu zwei großen Verbunden zusammengeschlossen: Dolomiti Superski *(dolomitisuperski.com)* und Ortler Skiarena *(ortlerskiarena.com)*.

Knapp 1300 km Loipen in verschiedenen Tälern und auf den Hochalmen wie der Seiser Alm stehen den Langläufern zur Verfügung. In allen Tälern gibt es Rodelbahnen, präparierte Winterwanderwege und Eislaufplätze. Schlittschuhlaufen auf der schnellsten Freilufteisbahn der Welt kann man in der Ritten-

MARCO POLO OUTDOOR-KNIGGE

Sei freundlich und hilfsbereit

Ein Lächeln und ein freundlicher Gruß kosten nichts. Wenn andere in Schwierigkeiten sind, biete ihnen deine Hilfe an, sei es bei der Orientierung, mit einem Pflaster oder dem Fahrradwerkzeug.

Lass dir Zeit

Lass Hektik und Stress zu Hause, wenn du in die Natur reist. Spüre ihren Rhythmus, lass dir Zeit und nimm die Landschaft mit allen Sinnen wahr.

Bleib auf festen Wegen

Auch wenn Abstecher ins Wilde locken, diese Welt gehört den Tieren und Pflanzen – sei ein guter Gast und bleib auf deinem Pfad.

Sei leise

Das tut dir und allen um dich herum gut: einfach mal das Handy stumm schalten und leise sprechen. Plötzlich sind die Geräusche der Natur ganz nah und du kommst selbst zur Ruhe.

Bleib wachsam

Rüste dich gut aus und hab immer ein Auge auf Wetter und Gelände. Sonst bringst du nicht nur dich selbst in Gefahr, sondern auch die Retter, die dir im Notfall zu Hilfe eilen.

Nimm nur Erinnerungen mit

Widersteh der Verlockung, Pflanzen, Steine oder sogar Tiere einzufangen und mitzunehmen. Sie gehören hierher, also nimm nur ein Foto für deine Erinnerungen mit.

Hinterlasse nur Fußspuren

Ob Taschentuch, Brottüte oder Bananenschale – hinterlasse keine Abfälle. Das, was andere liegen gelassen haben, kannst du mitnehmen und im nächsten Mülleimer entsorgen. So lässt du die Natur sauberer zurück, als du sie vorgefunden hast.

Mach dich schlau

Neben „Benimmregeln" gibt es auch Gesetze, an die du dich halten musst, etwa in Naturschutzgebieten. Bereite dich auf deinen Trip vor, so lernst du auch etwas über die Menschen, die an deinem Reiseziel leben.

Arena *(rittenarena.com)*. Mit der entsprechenden Ausrüstung und einem erfahrenen Guide können auch alpine Skitouren gegangen werden. Die Tourismusämter haben Empfehlungen und Kontakte.

Wasser

Neben den zahlreichen öffentlichen Freibädern bieten diverse Badeseen und -weiher erfrischende Abwechslung. Der Kalterer See und die beiden Montiggler Seen sind die wärmsten und beliebtesten. In den Flüssen Rienz, Ahr, Eisack und Passer werden Rafting-Touren angeboten. **Insider-Tipp** Der Reschensee ist aufgrund seiner besonderen Windsituation das Paradies der Kite-Surfer. Entlang vieler Wanderwege gibt es schöne Bergseen, allerdings sind die zum Baden oft viel zu kalt und taugen maximal für ein Kneipp'sches Fußbad.

Wellness und Entschleunigung

Das Niveau der Wellness- und Spa-Angebote ist hoch und es gibt viele. Deshalb bieten zahlreiche Hotels Day Spas an, die den Eintritt in die Entspannungsoasen auch ohne Übernachtung ermöglichen. Was gibt es Schöneres, als nach einem erfüllenden Bergausflug am Nachmittag in einer Sauna zu schwitzen und sich eine Massage und ein gutes Essen zu gönnen? Day Spas bieten z. B. das My Arbor bei Brixen, das Tratterhof Mountain Sky Hotel in Meransen, das Andreus Resort im Passeiertal oder das Hotel Garberhof in Mals im Vinschgau an.

Fußbad gefällig? Aber Vorsicht, die Bergbäche können reißend und eiskalt sein

5 PERFEKTE TAGE
*VIEL ERLEBEN IN KURZER ZEIT
Neustift im Stubaital
ca. 1,5 h
Sölden
Reschensee
TAG 5: Reise in die Grenzregion
Erlebe die Atmosphäre am Reschensee und auf den Waalwegen des Vinschgau
Glurns
Meran
ca. 1,5 h
SS38
Boz
Bormio
Leifers
TAG 4: Stil und Genuss am Tor zum wilden Westen
Tauche ein in die Schluchten der Passer und die Laubengänge Merans
LOMBARD
A22
ca. 40 Min.
Lago di Molveno
Trient

TAG 1: Langsames Ankommen im Süden
Wandere auf dem Keschtnweg und genieße die fantastischen Ausblicke
ca. 1 h
TAG 2: Ab ins Abenteuer Dolomiten
Genieße Blumenwiesen, Bergriesen und tiefblaue Seen im Pustertal
ca. 1,5 h
TAG 3: Hinein in die grüne Urbanität Südtirols
Chille in Bozen – auf den Talferwiesen oder auf der Terrasse des Museion
SALZBURG
Matrei in Osttirol
Bruneck
Sillian
Brixen
Klausen
A22
Auronzo di Cadore
VENETO
FRIULI-VENEZIA GIULIA
Agordo
Longarone
Belluno
Sedico
A27

Die Perle unter Südtirols Seen ist der Pragser Wildsee

Wer einmal da war, kommt bestimmt wieder. Da ist es sinnvoll, sich einen Überblick über diesen zauberhaften Landstrich zu verschaffen. Hier kommen die kleinen Highlights und besonderen Tipps für ein schnelles Kennenlernen. Alternativ kann man es mit Reinhold Messner halten, der vorschlägt, sich jedes Jahr ein Tal vorzunehmen.

TAG 1: LANGSAMES ANKOMMEN IM SÜDEN

Eisacktal

- **Da kann man nicht einfach vorbeifahren:** Kurz hinter dem Brenner, da wo Südtirol beginnt, rauscht der Ratschingsbach in einem eindrucksvollen Naturschauspiel mit tosenden Wassern durch die Marmor-Schluchten der Gilfenklamm. → S. 52
- **Die erste große Stadt im Süden ist Brixen** mit einer gemütlichen Innenstadt, netten Cafés und Bars, geschichtsträchtig und interessant. Ein gemütlicher Wein-Wanderweg führt durch die klösterlichen Weinberge entlang der sonnenverwöhnten Hänge oberhalb von Brixen zum Kloster Neustift. → S. 56
- **Wer noch nicht genug hat vom Wein,** macht sich von Feldthurns auf nach Klausen und wandert hoch über dem Eisacktal ein Stück auf dem Kastanienweg mit Blick auf die Dolomitengipfel der Geislerspitzen und kehrt ein in eine der Gastwirtschaften am Wegesrand. → S. 40

TAG 2: AB INS ABENTEUER DOLOMITEN

Pustertal & Dolomiten

- **Der Pragser Wildsee** im Naturpark Fanes-Sennes-Prags ist einer der schönsten und der wohl berühmteste See der Dolomiten. Er lässt sich in 2 Std. komplett umrunden, zum Baden ist er leider meist zu kalt. → S. 76
- **Im Südtiroler Landesmuseum für Volkskunde** gibt es auf einem 4 ha großen Freigelände alte originale Bauernhäuser zu sehen, mit Handwerksstätten, Scheunen und herrlichen Bauerngärten. Auf dem Hof leben viele Tiere. Hier gibt es Geschichte zum Anfassen! → S. 93
- **Mit der letzten Seilbahn hinauf** und dann im warmen Licht der tief stehenden Sonne durch die Armentarawiesen zurück ins ladinische Abtei/

SCHÖNER SCHLAFEN

Eisacktal

• Wer am liebsten mit dem Geruch frischer Kräuter in der Nase erwacht, ist in der Ferienwohnung am Biokräuterhof Bote im Pflerscher Tal richtig aufgehoben *(biowipptal.it, €-€€)*

Pustertal & Dolomiten

• So muss Camping sein: mit Lagerfeuer, Yoga, E-Bike-Verleih. Auf dem auf 1600 m Höhe gelegenen Zeltplatz in St. Kassian gibt es auch Hütten und Lodges *(sassdlacia.com, €-€€)*

Bozen und der Süden

• Schöner Hof, mitten im Weinberg, mit Blick auf den Kalterer See *(kreithof.it, €€)*

Meraner Land

• Wie im Mittelalter wohnt man im Ansitz Thalerhof zentral in Lana *(ansitzthalerhof.wordpress.com, €€)*

Vinschgau

• Das Bio-Hotel Panorama in Mals hat einen Gemüse- und Kräutergarten, eine Saunalandschaft und schöne Zimmer *(biohotel-panorama.it, €€)*

Badia im Gadertal wandern. Hier wachsen die Wildblumen in einer schier unglaublichen Vielfalt und Schönheit. → S. 78

TAG 3: HINEIN IN DIE GRÜNE URBANITÄT SÜDTIROLS

Bozen & der Süden

• **Die Metropole Südtirols ist Bozen** mit etwas mehr als 100 000 Einwohnern. Sie ist eingebettet in eine der schönsten Landschaften der Welt, gele-

Auf dem Apfelweg bei Dorf Tirol

gen zwischen hohen Bergen und Flüssen, an denen entlang sich die Stadt wunderbar mit dem Fahrrad erkunden lässt. → S. 114

• **Nach einem guten Lunch,** z. B. bei *pasta fresca* im Pastalab, ist in der „heißesten Stadt Italiens" Baden angesagt: gleich nebenan im schönen Lido, in den Montiggler Seen oder im superwarmen Kalterer See. → S. 116, 129

• **Am Nachmittag macht man es am besten** wie die Bozner, dann ist Abhängen auf den Talferwiesen angesagt! Entweder bei der beliebten Talferpromenade entlang der mittelalterlichen Wassermauer beim Schloss Maretsch oder bei der chilligen Outdoor-Terrasse des Museions. → S. 122

TAG 4: STIL UND GENUSS AM TOR ZUM WILDEN WESTEN

Meraner Land

• **Der Tag beginnt spektakulär** mit einer Wanderung auf dem Passer-Schluchtenweg. Über kühne Gitterkonstruktionen läuft man direkt über dem tosenden Wasser, vorbei an Wasserfällen und gurgelnden Gumpen durch die wirklich eindrucksvolle Schlucht. → S. 148

• **Am Mittag lässt du dich im Schatten** der Meraner Laubengänge treiben oder hängst an den Badestellen der nun ruhiger fließenden Passer ab. Wer durstig wird, sucht sich einen von 69 Trinkwasserbrunnen, die über die Stadt verteilt sind. Das Meraner Wasser ist sehr gesund. → S. 152

- **Mit dem Sessellift geht es hinauf** nach Dorf Tirol. Wo auf einem mächtigen Burghügel die ehemalige Stammburg der Grafen von Tirol thront, lässt es sich herrlich auf der Falknerpromenade spazieren und im Burglehnpark chillen. → S. 159

TAG 5: REISE IN DIE GRENZREGION

Vinschgau

- **Das Stilfser Joch ist der perfekte** Sonnenaufgangsspot, weil man hier mit dem Pkw relativ schnell, leicht und weit hinaufkommt. → S. 191
- **Ein alternativer Tagesbeginn** ist eine Radtour um den legendären Reschensee – grandiose Natur und Südtiroler Geschichte in einem. Wo 1950 das Dorf Reschen in den Fluten des im Geiste des Aufschwungs aufgestauten Sees versank, tummeln sich heute die Kiter, SUPs und Ausflugsboote auf dem klaren schönen Wasser. → S. 174
- **Nachmittags kann man etwas tiefer im Tal** auf den Waalwegen bei Mals entlangwandern. Sie entsprangen schon vor Jahrhunderten dem kreativen Geist der Wassersuchenden. Denn das ist das Einzige, was der fruchtbaren Ebene fehlt – in den Bergen aber reichlich vorhanden ist. → S. 182
- **Wer etwas über den wertvollsten Marmor** der Welt aus Laas erfahren möchte, spaziert am besten durch das Dorf, besucht den Friedhof und den Marktplatz. Der Marmor ist hier allgegenwärtig. → S. 180

Coole Spielgeräte und coole Aussichtsterrasse im Burglehnpark in Dorf Tirol

SOUVENIRS & MITBRINGSEL

Weine aus Südtiroler Kellereien

So verschieden das Klima in Südtirol auch ist – Wein gedeiht überall prächtig. Im Eisacktal sind es eher die weißen Rebsorten wie Kerner, Sylvaner und Riesling, weiter südlich bei Bozen wachsen Lagrein und Vernatsch. Fast jeder Ort hat eine Kellerei mit angeschlossener Weinhandlung.

Schüttelbrot

Das harte, knusprige Fladenbrot aus Roggenmehl, Wasser, Hefe, Salz und Gewürzen zeichnet sich durch lange Haltbarkeit aus und wird traditionell mit Speck oder Käse gegessen. Wer einmal in eine solche Knusperplatte gebissen hat, wird sich immer danach sehnen *(regionale Bäckereien)*.

Sarner Toppar

Das Wissen, was einen guten Hausschuh aus gefilzter Schurwolle ausmacht, existiert seit langer Zeit, denn in den kalten Stuben der alten Bauernhäuser muss man sich warm anziehen *(haunold.info* oder *unterweger.bz)*.

Alles um den Apfel

Getrocknete Apfelringe, Apfelessig, Apfelsaft und die blutroten Äpfel der Sorte Weirouge, alles Mitbringsel aus der Apfelwelt Südtirols, biologisch hergestellt auf dem Luggin-Kandlwaalhof in Laas *(luggin.net oder pursuedtirol.com)*.

Schmuck aus Laaser Marmor

Designschmuck aus purem Weiß, elegant und zeitlos, handgemacht in der Werkstatt von Venustis im Vinschgau in Laas *(venustis.it)*.

Feines vom Villnösser Brillenschaf

Es ist die älteste Schafrasse Südtirols und war fast ausgestorben, als die Bauern des Villnösser Tals sich auf sein vorzügliches Fleisch und auf seine weiche und warme Wolle besannen. Als reines Bergschaf grast es feine und würzige Bergkräuter in Höhen bis über 2000 m. Unter der Marke *furchetta* werden die Produkte des Schafs erfolgreich vertrieben – Schinken, Salami, Ragout und Wollprodukte *(furchetta.it)*.

Heilende Bergkräuter

In alpinen Gegenden ist die Tradition der Heilkräuter noch sehr lebendig, denn das Bergklima sorgt für ein intensives Aroma der Pflanzen und kräftige Blütenfarben. Über 120 wertvolle Bergkräuter werden in Tees, Aufgüssen, als Gewürz, in der Destillation und in verschiedensten Pflegeprodukten verwendet. Erhältlich z. B. im Kräuterhof Wegleit im Ultental *(kraeuterreich.com)*, im Kräuterhof Bote im Pferschtal *(biowipptal.it)* oder im Kräuterhof Fasui im Vinschgau *(fasui.it)*.

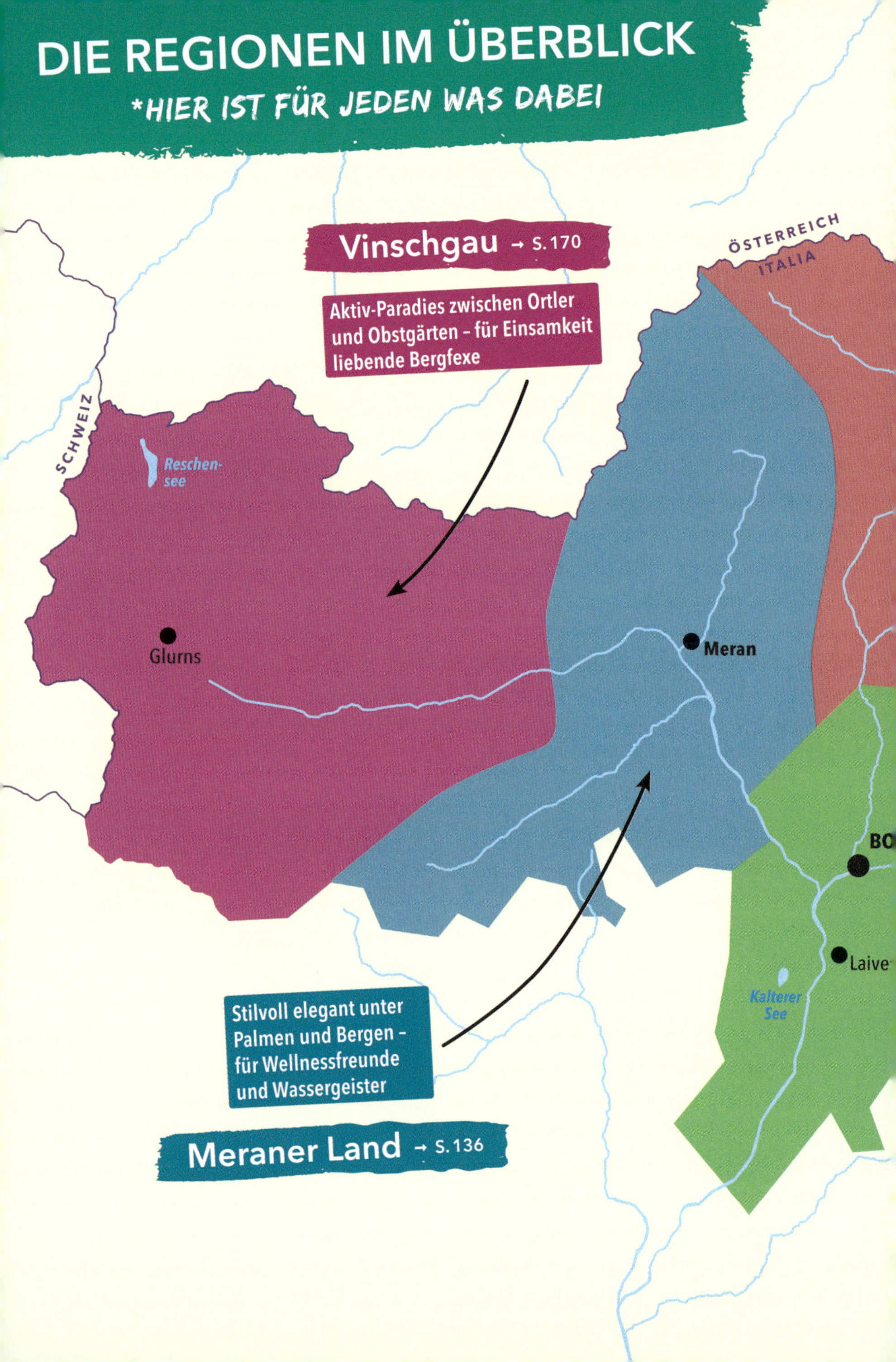
DIE REGIONEN IM ÜBERBLICK
*HIER IST FÜR JEDEN WAS DABEI
Vinschgau → S. 170
Aktiv-Paradies zwischen Ortler und Obstgärten – für Einsamkeit liebende Bergfexe
ÖSTERREICH
ITALIA
SCHWEIZ
Reschen-see
Glurns
Meran
Kalterer See
Stilvoll elegant unter Palmen und Bergen – für Wellnessfreunde und Wassergeister
Meraner Land → S. 136

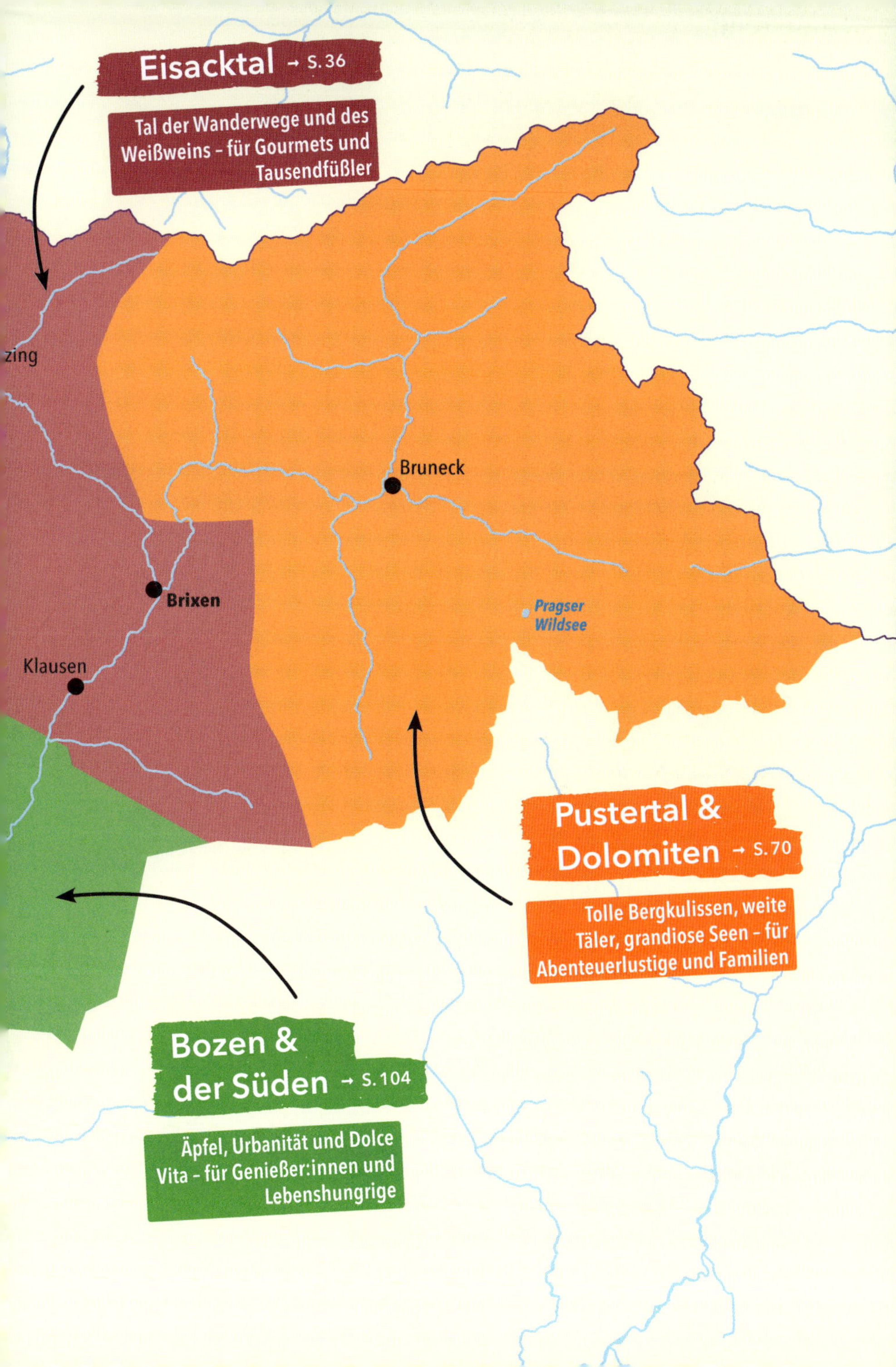

Eisacktal → S. 36
Tal der Wanderwege und des Weißweins – für Gourmets und Tausendfüßler
zing
Bruneck
Brixen
Klausen
Pragser Wildsee
Pustertal & Dolomiten → S. 70
Tolle Bergkulissen, weite Täler, grandiose Seen – für Abenteuerlustige und Familien
Bozen & der Süden → S. 104
Äpfel, Urbanität und Dolce Vita – für Genießer:innen und Lebenshungrige

An den fruchtbaren Hängen des Eisacktals wachsen nicht nur Wein und Kastanien, sondern auch Pflaumen und Birnen

Eisacktal

TAL DER WANDERWEGE UND DES WEISSWEINS

Bei Sterzing öffnet sich das Tal, das bis Franzensfeste noch Wipptal heißt, weit und sonnig. Mit jedem Kilometer vom Brenner hinab nach Brixen wird es wärmer. Das Eisacktal empfängt einen mit seinen malerischen Dörfern, spitzen Kirchtürmen, Klöstern und Burgen. Links und rechts des Talkessels scheint die Sonne auf terrassierte Weinhänge, welche Weißweine hervorbringen, die auf dem Parkett der weltbesten Weine auf Spitzenpositionen tanzen. Von hier kommt das Törggelen, das schöne Fest, welches den Wein und die Kastanien zelebriert in der fünften Jahreszeit, wenn sich das Laub bunt färbt. Es ist ein Wanderparadies mit ruhigen Tälern, schneesicher für Winterabenteuerer, und das Villnösstal führt direkt in die großartige Bergwelt der Dolomiten.

AUF EINEN BLICK

*EISACKTAL

MARCO POLO
OUTDOOR-HIGHLIGHTS ★

★ Unter uralten Kastanien wandern
Auf dem Keschtnweg von Feldthurns nach Klausen → S. 40

★ Zu den Geislerspitzen im Villnöss
Unterwegs in der Heimat des Extrembergsteigers Reinhold Messner → S. 42

★ Hinauf zum heiligen Klosterberg Säben
Herrliche Ausblicke und ein geschichtsreicher Ort → S. 44

★ Eine Alm wie gemacht für Radler
Weite, Wiesen, Wahnsinnslandschaft auf der Seiser Alm → S. 46

★ Das ganze Eisacktal in einem Rutsch
Auf dem Eisacktal-Radweg vom Brenner nach Bozen → S. 48

★ Vom schönsten Bergdorf zum tiefsten See Südtirols
Wanderung von der Fane Alm durch die Pfunderer Bergwelt → S. 50

Gries am Brenner
Obernberg am Brenner
Brenner
Das ganze Eisacktal in einem Rutsch
St. Jakob
Steinhaus
Gossensaß
Luttach
Afens
Lappach
Taufers
Sterzing
Pfunders
Mühlwald
Vom schönsten Bergdorf zum tiefsten See Südtirols
Mauls
Vals
Weitental
Uttenheim
30 km, 30 Min.
Grasstein
Niedervintl
Kiens
Bruneck
Mühlbach
Aicha
Natz
Lüsen
Durnholz
Vahrn
ITALIA
Brixen
Enneberg
Rina - Welschellen
TRENTINO-ALTO ADIGE/SÜDTIROL
25 km, 35 Min.
Albeins
Palmschoß
St. Martin in Thurn
Unter uralten Kastanien wandern
Gufidaun
St. Peter
Campill
Klausen
Zanser Alm
Hinauf zum heiligen Klosterberg Säben
Zu den Geislerspitzen im Villnöss
Abtei
Waidbruck
27 km, 35 Min.
St. Ulrich
Stern
Kastelruth
Wolkenstein in Gröden
Corvara
Klobenstein
Atzwang
Compatsch
Eine Alm wie gemacht für Radler
Arabba
VENETO
Blumau
Pieve
Canazei
Tiers
Mazzin

Unter uralten Kastanien wandern ★

Auf den Sonnenhängen zwischen Brixen und Bozen wachsen uralte Esskastanienbäume, deren schönste Haine auf einem 60 km langen Wanderweg verbunden sind. Auf dem malerischen Abschnitt zwischen Feldthurns und Klausen wandert man in leichtem Auf und Ab über Wiesen und durch Wälder, mit Blicken hinüber zu den Geislerspitzen und zum Kloster Säben.

Der Kastanie folgen

Nur wenige Schritte von der Tonig Bar in Feldthurns zweigt die kleine Straße Via Sabiona nach Pedratz ab. Hinter dem Radoar-Hof geht es steil hinauf, bevor sich der Keschtnweg über Weinhänge und unterhalb von Kastanienhainen zur über 1000 Jahre alten Hofanlage Moar zu Viersch mit dem kleinen Kirchlein zur heiligen Katharina schwingt. Bleiben und schauen!

Stachelige Köstlichkeit

Über 3300 Kastanienbäume soll es allein in Feldthurns geben. In alten Zeiten waren die Kastanien wichtiges Nahrungsmittel, weshalb Esskastanien auch Brotbäume genannt wurden. Die Früchte erleben wegen ihres Geschmacks und der gesundheitsfördernden Wirkung seit einigen Jahren eine Renaissance. Bäckereien in den Dörfern entlang des Keschtnweges verkaufen im Herbst Kastanienherzen und andere mit Kastanienmehl gebackene Köstlichkeiten. Geröstet sind die Früchte Teil der Törggelen-Tradition, zu der sich seit jeher im Herbst die Eisacktaler Bauern und Erntehelfer nach erfolgreicher Weinernte (dem Wimmen) treffen. Dann wird der Suser, der Traubensaft vor der Vergärung, verkostet. Zu diesem alten Ritual des geselligen Zusammenseins öffnen die Buschenschänken, und der Kreis der Genießenden schließt alle ein, ob sie nun bei der Ernte geholfen haben oder nicht. **Insider-Tipp** Am Wegesrand liegen die Buschenschänke des Bio-Weinhofs Radoar, Moar zu Viersch und der Huber-Gasthof in Pardell.

Abstieg mit Aussicht auf die Dolomiten

Beeindruckend erhebt sich die geschichtsträchtige Burg des Klosters Säben, das die Schwestern des Benediktinerordens 335 Jahre lang in ihrem Besitz hatten, bis es 2021 wegen Mangels an Nachwuchs geschlossen wurde. Neben Kastanien gedeihen auf den umliegenden Feldern auch Walnüsse, Äpfel und Wein. Der Blick hinüber auf die Dolomitenberge der Geislerspitzen begleitet den Weg. Dann ist Klausen über einen steilen Abstieg schnell erreicht und man landet im mittelalterlichen Zentrum beim Tinneplatz.

Die Tour im Überblick

Einfache Wanderung auf dem Keschtnweg von Feldthurns nach Klausen, 5,8 km, 2 Std., 95 m auf-, 428 m abwärts. Kann auch in umgekehrter Richtung begangen werden

Vom Bahnhof Brixen mit Bus 342 bis zur Haltestelle Tonig, ab Klausen fährt die Regionalbahn zurück nach Brixen

Ganzjährig, am schönsten im Herbst
Feste Schuhe, wetterfeste Kleidung
46.66732, 11.59585 (Start), 46.63941, 11.56523 (Ziel)

DOWNLOAD GPX-Track

100–200 kg Früchte trägt ein ausgewachsener Kastanienbaum. Heute sind die nahrhaften Keschtn wieder heiß begehrt

Zu den Geislerspitzen im Villnöss ★

Sie erinnern an die Türme der berühmten Kirche Sagrada Familia, das Wahrzeichen Barcelonas. Und etwas Ähnliches sind sie auch, die Geislerspitzen: Sie wachen wie ein Heiligtum über dem Eisacktal, man kann sich an ihnen kaum satt sehen. Viele bezeichnen sie als die schönste Dolomitengruppe.

Bergriesen ganz nah kommen

Schon die Anfahrt durch das Vilnösstal ist ein Erlebnis, immer steiler ragen die markanten Felswände gen Himmel. Der Adolf-Munkel-Weg im Naturpark Puez-Geisler am Fuße der Geislerspitzen, benannt nach dem Gründer der Dresdener Alpenvereinssektion, gehört zu den beliebtesten Wanderungen der Dolomiten. Selten kommt man den Bergriesen auf ungefährliche Weise so beeindruckend nahe. Ausgangspunkt ist der Parkplatz Zanser Alm (1685 m), wo man zunächst zum Tschantschenonbach gelangt. An ihm entlang führt der Weg immer näher an die Berge aus hellgrauem Dolomit heran.

Messners erster Dreitausender

Reinhold Messner, späterer Bezwinger sämtlicher Achttausender der Erde, bestieg diesen Klettersteig als seinen ersten Dreitausender, da war er gerade fünf Jahre alt. Das Villnöss ist das Tal seiner Kindheit und die Geislerspitzen sind die Berge, an denen er als junger Mann seine Kräfte erprobte. Die höchste Spitze ist der Sass Rigais (3035 m).

Wie im Kino

Der Wanderweg folgt einem von Wurzeln durchzogenen wildromantischen Pfad durch immer niedriger werdende Kiefern am Zanser Klettergarten vorbei bis zur Gschnagenhardt- und Geisler-Alm. Hier öffnet sich die Landschaft malerisch zur Villnösser

Hochalm. Wie so oft in den Bergen, öffnet sich an unerwarteter Stelle die Landschaft zu einer weiten, ebenen Fläche. Die Wiesen unter der Hochalm der Geislerspitzen sind saftig grün und die Kühe liegen satt und faul in der Sonne. Ob auch sie dieses Wahnsinns-Panorama genießen können?

Panorama de luxe

Die Sommerferien auf der Gschnagenhardt-Alm zählen zu den schönsten Kindheitserinnerungen von Reinhold Messner. Kein Wunder! Sie schliefen im Heustadl, spielten Verstecken und unternahm Erkundungstouren. Bis heute nennt Messner dies seinen Lieblingsplatz in den Dolomiten. **Insider-Tipp** Oder schnell hinter die Geisler-Alm schauen, ob gerade eine der Bänke frei ist, dann kann man das Panorama sogar im Liegen bestaunen. Der Weg Nr. 36 führt über die Dusler Alm zurück nach Zans.

Die Tour im Überblick

Einfache, gut ausgeschilderte Wanderung auf dem Adolf-Munkel-Weg im Naturpark Puez-Geisler, 9 km, 3,5 Std., 310 hm

Vom Bahnhof Brixen mit Bus 330 zur Zanser Alm | Dort ist auch ein (gebührenpflichtiger) Parkplatz

Ganzjährig möglich, am schönsten unter der Woche: Dann hat man diese zauberhafte Wanderung fast für sich allein

Feste Schuhe, wetterfeste Kleidung
46.63535, 11.76303 (Start)

DOWNLOAD GPX-Track

Die Geislerspitzen sind von unterwegs (li.) wie von den Ruhebänken aus betrachtet (re.) sehr eindrucksvoll.

Hinauf zum heiligen Klosterberg Säben ★

Beeindruckend erhebt sich das geschichtsträchtige Kloster Säben über dem Eisacktal bei Klausen. Der Spaziergang hinauf zum ältesten Wallfahrtsort Tirols ist kurz, aber knackig und führt u. a. zu drei sehenswerten Kirchen. Unterwegs kann man herrliche Ausblicke auf die Südtiroler Bergwelt genießen.

Über den Kreuzweg hinauf

In der Nähe des Tinneplatzes in Klausen beginnt der ausgeschilderte Steig zum Säbener Klosterfelsen, der in 45 Min. zu Fuß zu erreichen ist. Der Weg führt auf Steintreppen durch die verwinkelten Gässchen der Unterstadt bis zur Burg Branzoll, dann steil den Kreuzweg hinauf zum Kloster Säben. Grabungsfunde lassen vermuten, dass sich auf dem Felsen bereits zu rätischer und römischer Zeit ein Heiligtum befand. Im 4. Jh. wurde das Bistum Sabiona gegründet, das maßgeblich die Geschicke des heutigen Südtirol bestimmte und bis zur Verlegung des Bischofssitzes nach Brixen um 1000 seinen Sitz auf dem Säbener Felsen hatte. Seit 1681 bestand hier ein Kloster. Als 2021 in dem Benediktinerinnenkloster mit immerhin drei Kirchen und einer Kapelle wegen Nachwuchsmangels nur noch fünf Nonnen lebten, beschloss die Diözese Bozen-Brixen schweren Herzens, das Kloster nach 335 Jahren zu schließen. Seither ist seine Zukunft ungewiss. Der Dokumentarfilm „Saeben – Geschichten aus dem Frauenkloster" erinnert an das Leben im Kloster.

Schon Dürer war begeistert

Die interessanteste der Kirchen ist die Heiligkreuzkirche, die auf den Fundamenten einer frühchristlichen Doppelkirche errichtet wurde. Oftmals umgebaut, erhielt sie ihre heutige Gestalt im 17. Jh. Das Innere überrascht mit farbenfrohen Wand- und Deckenmalereien, die 1679 von einem italienischen Künstler geschaffen wurden und die alte Kirche erstaunlich jung wirken lassen. Auch die Liebfrauenkirche und die Marienkapelle können besichtigt werden. Als Rückweg zur Stadt empfiehlt sich der im Innenhof beginnende ausgeschilderte Promenaden-Weg, der bei der Burg Branzoll in den Hinweg mündet.

Auch Albrecht Dürer, der auf der Rückkehr von seiner Italienreise 1494/95 Klausen besuchte, war von Kloster Säben fasziniert. Der Meister aus Nürnberg spazierte den gegenüberliegenden Berg hinauf und zeichnete das mittelalterliche Städtchen samt Kloster. **Insider-Tipp** Heute führt zu jener Stelle, dem Dürerstein, ein ausgeschilderter Spazierweg (Nr. 5). Bezeichnenderweise verwendete er die Skizze einige Jahre später in seinem Gemälde „Das große Glück".

Die Tour im Überblick

Einfache, aussichtsreiche Wanderung mit steilem Aufstieg zum Kloster Säben bei Klausen, 3 km, 1,5 Std., 230 hm

Vom Bahnhof in Brixen mit der Regionalbahn bis Klausen, von dort 10 Min. Fußweg zum Tinneplatz | Mit dem Auto zum 1 Min. Fußweg entfernten Parkplatz Schindergries

Ganzjährig möglich

Wanderausrüstung, Sonnenhut, Wanderstöcke

46.63925, 11.56542 (Start)

DOWNLOAD GPX-Track

Die meisten kennen das Kloster Säben (li.) nur von der Autobahn. Dabei lohnt es sich, ihm näher zu kommen (re.)

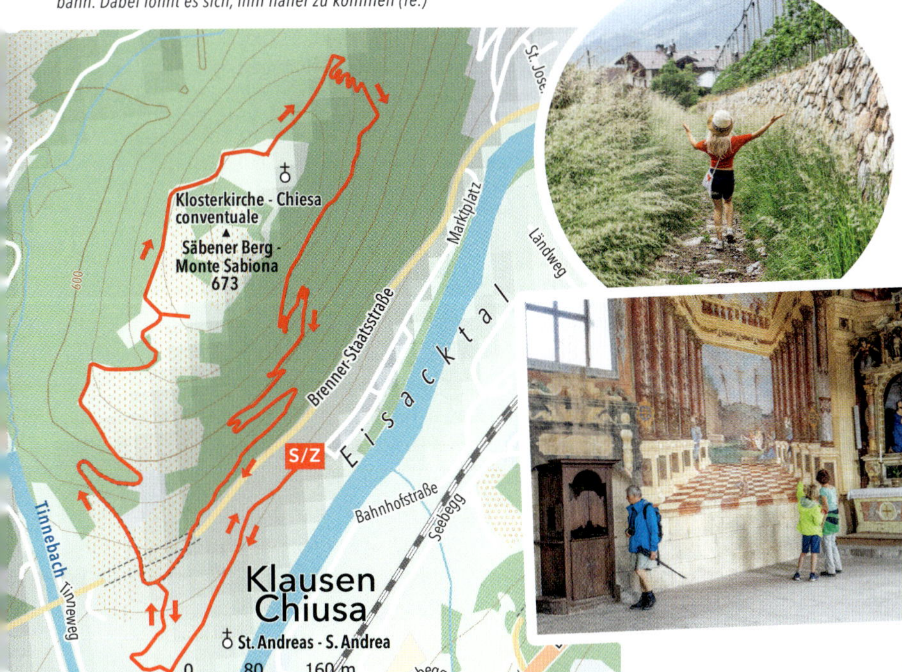

Eine Alm wie gemacht für Radler ★

Wandern, Bergsteigen, Skifahren, Entspannen, in Hütten schmausen, Blumen bewundern – auf der Seiser Alm geht das alles! Dabei bleibt das Gefühl, immer nur einen winzigen Ausschnitt gesehen zu haben, denn die Dimensionen dieser Alm sind enorm. Bei einer Genuss-Tour von Hütte zu Hütte mit dem Mountainbike ist das anders.

Naturparadies Seiser Alm

Mit 56 km² ist sie die größte Hochalm Europas. Einst überzogen Nadelwälder das Plateau auf 1700–2400 m. Heute breiten sich hier die Wiesen und Weiden wie Wellen eines Meeres zwischen dem Schlern-Massiv im Westen und der Langkofel-Gruppe im Osten aus. Die Seiser Alm ist ein Wander- und Fahrradparadies, mit 600 km Radwegen in allen erdenklichen Schwierigkeitsgraden. Markant in der Landschaft sind die vielen Heustadl; in einigen wird noch immer das Heu als Futter für die Tiere im Winter gesammelt. Andere Hütten wiederum verwöhnen ihre Gäste nach einer anstrengenden Wanderung oder Radtour mit Südtiroler Hüttenkost.

Auf geht's

Die Tour startet in Compatsch, wo mehrere Verleiher Räder anbieten. Dann geht es gleich hinauf zur Edelweißhütte und zur Almrosenhütte. Das Panorama ist eine Wucht. Die markante Gipfelkette der Rosszähne immer im Blick, davor ein wilderer, bergigerer Teil der Seiser Alm. Die nächste Hütte am Wegesrand ist die romantische Mahlknechthütte. Spätestens hier ebbt der Touristenstrom ab, Einsamkeit und atemberaubend schöne Landschaft begleiten uns bei der Abfahrt und dem anschließenden zweiten Anstieg der Tour auf dem Zallingerweg, vorbei an den Schwefelquellen zum Berggasthof Zallinger, der schönen Kapelle und dem Edelhotel Marazzi. Immer imposanter erhebt sich vor uns der viel fotografierte Plattkofel, der in italienischer Sprache so schön klingt – Monte Pana. Hier wird die Abfahrt steinig und erfordert technisches Geschick. Ungeübte Biker und Kinder sollten in diesem Teil lieber schieben. **Insider-Tipp** Wer die steinige Abfahrt umgehen möchte, fährt vom Berggasthaus Zallinger über den Weg 253 direkt nach Saltria. Bald ist wieder eine breite Forststraße erreicht, die über die Saltnerschwaige nach Saltria führt, wo inzwischen auch einige Luxushotels stehen. Ein Saltner war und ist der Hirte, der sich in den Sommermonaten auf der Alm um die Rinder der Bauern aus dem Tal kümmert. Ihre wertvolle Milch wird auf der Alm frisch zu Käse verarbeitet, der gleich vor Ort verkostet werden kann. Auf der Almstraße geht es zurück nach Compatsch.

Die Tour im Überblick

Einfache E-MTB-Radtour, 22 km, 3 Std., 825 hm auf- und abwärts

Vom Bahnhof Brixen mit Bus 170 nach Seis, dort mit der Umlaufbahn auf die Seiser Alm nach Compatsch | Die Auffahrt mit dem Auto ist nur vor 9 und nach 17 Uhr möglich, Parkplätze sind knapp und teuer | Fahrräder können in Compatsch geliehen werden | seiseralm.it/de/aktivurlaub/sommerurlaub/biken/biketouren

Juli–Sept.
E-MTB, Helm, Trinkflasche, Karte
46.54240, 11.61689 (Start)

✓ DOWNLOAD GPX-Track

Ob es stimmt, dass die Seiser Alm die schönste Hochalm der Welt ist, findet man am besten mit dem Fahrrad heraus (li.). Unterwegs kann man auch die Füße kühlen (re.)

Das ganze Eisacktal in einem Rutsch ★

Diese Tour vom Brenner nach Bozen ist ein echter Klassiker und eine Variante der Transalp, der Alpenquerung, zu der jährlich Tausende begeisterte Radsportler aufbrechen. Der Eisack-Fluss ist ständiger Begleiter auf diesem 96 km langen Radweg, der aufgrund seines angenehmen Gefälles problemlos an einem Tag bewältigt werden kann.

Tor nach Süden

Wo geht es am einfachsten über die Alpen? Der Brennerpass ist seit Jahrhunderten die wichtigste Nord-Süd-Überquerung der Alpen, weil er gut gelegen und mit gerade mal 1370 m über Meereshöhe der niedrigste und bequemste Pass ist. 66 deutsche Kaiser reisten auf diesem Weg nach Rom, um sich vom Papst krönen zu lassen; selbst die „Sixtinische Madonna" von Raffael, das berühmteste Bild in der Dresdner Gemäldegalerie, kam im Winter 1754 auf Stroh gebettet über den Pass nach Sachsen. Am Brenner beginnt Italien. Einen besseren Ort, um eine Radtour zu beginnen, kann man sich kaum vorstellen.

Auf in die Sonne

Oft ist es hier oben ungemütlich frisch, es regnet oder schneit und der Wind pfeift über den Pass. Doch der gut ausgebaute, weitgehend asphaltierter Radweg, der abseits der Brennerautobahn auf einer alten Bahntrasse durch Tunnel und reizvolle Landschaften führt, bringt dich schnell südlicher, und mit jedem Kilometer wird es wärmer. Bei Sterzing öffnet sich das Tal, das bis Franzensfeste noch Wipptal heißt. Die Wolken verziehen sich und das Eisacktal empfängt dich mit seinen malerischen Dörfern, spitzen Kirchtürmen links und rechts des Talkessels und die Sonne scheint auf die terrassierten Weinhänge. Anhalten ist das Gebot der Stunde, für ein Eis, eine Pizza, einen Hugo, z. B.in Sterzing, Brixen oder Klausen. Das Eisacktal ist eine Genussregion, die ihresgleichen sucht: Hier reifen Trauben und Äpfel, fallen im Herbst köstliche Esskastanien von uralten Bäumen und werden in den Restaurants Gerichte nach alten Rezepten gekocht. Dann wird es kurz vor Bozen noch einmal eng. Die Berge rücken bedenklich nah; Radweg, Straße und Eisenbahntrasse verlaufen nah beieinander, bevor sich der Bozner Talkessel vor dir ausbreitet und das Ziel bald erreicht ist. **Insider-Tipp** So richtig zur Genussradeltour wird der Ausflug, wenn man die Stecke verkürzt und von Brixen (43 km) oder sogar Klausen (31 km), beide mit Bahnanschluss, bis Bozen radelt.

Die Tour im Überblick

Einfache Radtour auf dem Eisacktal-Radweg vom Brenner nach Bozen, 96 km, 7–8 Std. (abkürzbar), 195 hm auf- und 1285 hm abwärts

Alle Züge halten am Brenner, die Regionalbahnen an sieben weiteren Bahnhöfen, u. a. in Brixen und Klausen | Räder können über suedtirol-rad.com online gebucht, am Brenner geliehen und in Brixen, Klausen oder Bozen zurückgegeben werden | €€€ (Radleihe)

Frühling, Sommer, Herbst
Fahrrad, Helm, wetterfeste Kleidung, Zeit für Zwischenhalt und Besichtigungen
47.00535, 11.50671 (Start), 46.50024, 11.36381 (Ziel)

DOWNLOAD GPX-Track

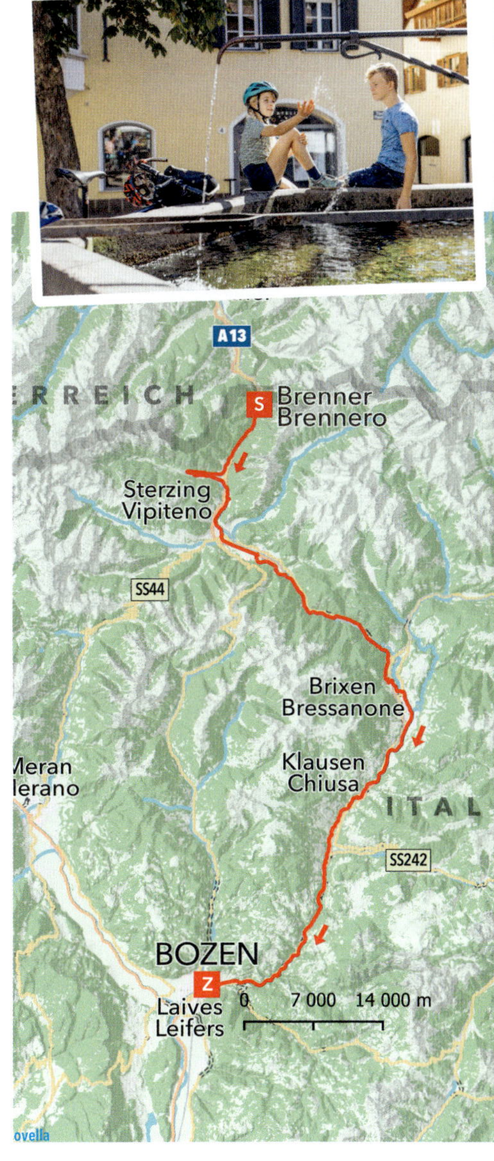

Auf dem Eisacktal-Radweg, der auch in Etappen geradelt werden kann, quert man mehrfach den Fluss (li.). Möglichkeiten für eine Rast gibt es in vielen Orten (o.)

Vom schönsten Bergdorf zum tiefsten See Südtirols ★

Eingekesselt von echten und Fast-Dreitausendern in der magischen Landschaft der Pfunderer Bergwelt liegt die Brixner Hütte. Der Weg dahin startet bei der Fane Alm, dem schönsten Bergdorf Südtirols, und führt gemütlich an einem rauschenden Bach entlang. Wer noch Kraft hat, wandert weiter zum glasklaren Wilden See.

Die Fane Alm

Auf der Fane Alm, dem schönsten Almdorf Südtirols, beginnt diese Wanderung. Urige, schindelgedeckte Wohnhütten in traditioneller Holzbauweise, Heuschober und Viehställe, eine kleine Marienkirche und drei Almschenken: Hier scheint die Zeit stehen geblieben zu sein. Es wohnt niemand mehr dauerhaft hier, aber die Alm wird noch bewirtschaftet. Lokal produzierter Käse kann in den Gastwirtschaften des Dorfes verkostet werden.

Am Bach entlang zur Brixner Hütte

Bequem windet sich ein breiter Almenweg (17) von der Fane Alm entlang des Valser Baches taleinwärts nach Norden zu einer Klamm, der Valler Schramme. In der engen Klamm wird der Bach zu einem wilden, rauschenden Wasser mit kleinen Wasserfällen und einladenden Gumpen. Wenn es doch nur nicht so eisig kalt wäre! Tief und tiefer hinein führt der Weg in die romantische Pfunderer Bergwelt, das Tal öffnet sich weit und man folgt der Beschilderung zur Brixner Hütte, die nach ca. 1,5 Std. erreicht ist. Seit 2021 wird sie von drei Stadt-Nomaden bewirtschaftet. Die Hütte liegt direkt am Pfunderer Höhenweg, 40 Personen können hier während der Saison übernachten. Dann gilt es zu entscheiden: auf dem gleichen Weg zurück oder weiter zu einer Runde über einen geheimnisvollen Bergsee.

Auf zum Wilden See

Während des Aufstiegs zum 2800 m hoch gelegenen Rauhtaljoch ist immer wieder das warnende Rufen der Murmeltiere zu hören. Dann schimmert das Wasser glasklar von unten herauf. Mit seinen 46 m Tiefe ist der Wilde See der tiefste Bergsee Südtirols. Die Valser erzählen alte Geschichten von unehrlichen Sennern, die ihre Milch mit Wasser verdünnten und zur Strafe hierher verbannt wurden. Wenn aus der Tiefe des Sees ihr Grollen emporsteigt, ist es höchste Zeit weiterzugehen. Nachdem eine kurze ausgesetzte, aber gut gesicherte Passage überwunden ist, führt der Weg über die Labesebenalm zur Fane Alm zurück.

Die Tour im Überblick

Mittelschwere Wanderung, von der Fane Alm bis zur Brixner Hütte und zurück, 8 km, 3,5 Std., 600 hm auf- und abwärts; komplette Runde über den Wilden See 15 km, 6,5 Std., 1150 hm auf- und abwärts

Mit dem Auto von Brixen über Mühlbach nach Vals und auf einer schmalen Bergstraße zum Parkplatz kurz vor der Fane Alm. Auffahrt in der Hauptsaison (Juli–Sept.) nur bis 9 Uhr, danach Shuttle-Verkehr mit Bussen | almenrausch.at/touren/detail/wilder-see-von-der-fanealm | €

Juli–Sept.
Wetterfeste Kleidung, ausreichend Proviant, Trekkingstöcke, Badesachen
46.88035, 11.62135 (Start)

DOWNLOAD GPX-Track

Hat man die vielbesuchte Fane Alm (li. und o.) erst einmal hinter sich gelassen, taucht man in eine faszinierende Landschaft ein, die hinter der Brixner Hütte richtig einsam wird

MEHR ERLEBEN

*WEITERE ABENTEUER & AUSFLÜGE

Treppauf, treppab durch die Marmorschlucht der Gilfenklamm

Verwunschene Täler, markante Bergspitzen und lebendige Städte machen das Eisacktal zu einem perfekten Urlaubsort. Hier wird gewandert, geradelt, geklettert und geschwommen. Fast nebenbei füllt sich der Magen mit Köstlichkeiten aus dieser sonnigen Region.

BEI STERZING

1 Wasserfall-Wanderung mit Wellnessfaktor

Entspannte Wanderung zum Moaßl-Wasserfall im Talschluss von Pfitsch, 10 km, 3 Std.

Einen erfrischenden Wassernebel versprüht der Moaßl-Wasserfall, der in einer schönen Wanderung stets am Pfitscher Bach entlang von der Brücke bei St. Jakob aus auf dem Hintertalweg erreichbar ist. Auf einer weiten Wiese stehen Bänke zum Rasten und Kinder planschen und baden in einem Seitenbach, während die Tapferen unter den Großen ganz im Kneipp'schen Sinne im Storchenschritt barfuß durch das belebend-kalte Wasser waten. Durch den Kältereiz an Füßen und Beinen ziehen sich die Kapillaren, hauchdünne Blutgefäße, zusammen. Diese Kontraktion fördert die Durchblutung, regt den Kreislauf sowie den Stoffwechsel an und wirkt sich auch positiv auf die Qualität des Schlafes aus.

Mit dem Bus 311 ab Bahnhof Sterzing bis St. Jakob, Knappenhof *Juni–Okt.* *Picknick, Decke, Handtuch, Badesachen, Buch zum Lesen* *46.96615, 11.59527 (Start)*

Eine Schlucht aus Marmor

2 Einfache und trotzdem abenteuerliche Wanderung durch die Gilfenklamm am Ausgang des Ratschingstals, 2,5 km, 1 Std.

Eines der eindrucksvollsten Naturschauspiele des Eisacktals vollführt der Ratschingsbach, wenn er mit tosenden Wassern durch die Marmorschluchten der Gilfenklamm rauscht. Einst war der Marmor reinweiß; inzwischen hat die Zeit ihn in allen erdenklichen Grüntönen bemalt. Die Stelle, an der die Schlucht sich so sehr verengt, dass man vor lauter Lärm des Wassers sein eigenes Wort nicht mehr versteht, nennen die Einheimischen seit jeher „die Kirche". Sie ist der Höhepunkt der Wanderung, die

Einsam ist es hier, vor der Bergkulisse des Zentralalpenmassivs. In schöner Eleganz erhebt sich der Tribulaun 3097 m über Meereshöhe

über Stege und Brücken an Wasserfällen und steil aufragenden Felswänden vorbeiführt.

Ab Bahnhof Sterzing fahren die Busse 312 und 319 direkt zur Klamm nach Stang | ratschings.info/de Geöffnet Mai–Anfang Nov., am besten im Spätsommer und Herbst, wenn es in der Klamm angenehm kühl ist 46.88110, 11.37840

Von Alm zu Alm

3 Anspruchsvolle Wanderung auf dem Dolomieu-Wanderweg in den Pflerscher Bergen, 22 km, 7 Std., 500 hm auf- und 1200 hm abwärts

An der Rosskopf-Bergstation beginnt ein wunderschöner Wanderweg über sechs Almen ins Pflerschtal, wo Deodat de Dolomieu (1750–1801) am Fuße des Tribulauns das Dolomit-Gestein entdeckte. Der Weg führt über die Kuhalm und die Ochsenalm unterhalb des Doppelgipfels der Telfer Weissen (2588 m) zum Biotop Kastellacke und dann hinein in das versteckte Almendorf Valling. **Insider-Tipp** Unbedingt den auf der Alm produzierten, fettarmen und trotzdem deftigen Sauermilchkäse probieren – den Graukäse, eine regionale Spezialität! Dann wandert man über ausgedehnte Wiesen, auf denen im Sommer seltene Blumen und die pinkfarbenen Alpenrosen in großen Teppichen blühen. Schautafeln bieten Einblicke in die Geologie, die Natur und die Tier- und Pflanzenwelt. Bei Ladurns öffnet sich der Blick hinüber zur Weißwandspitze und dem Tribulaun. Hier kann abgekürzt und der Sessellift genommen oder weitergewandert werden über die Allrissalm hinunter nach St. Anton.

Das Ridnauntal mit dem Radweg Josef Larch eignet sich perfekt für eine Tour auf zwei Rädern

Vom Bahnhof Sterzing in 10 Min. zu Fuß bis zur Seilbahn Rosskopf, zurück verkehrt der Bus 313 ab Haltestelle Atzwanger im Pflerschtal bis zum Bahnhof Gossensass | suedtirol.info/de (> Wanderungen > Dolomieu) | €€€ (Lifte) Mitte Juni–Mitte Sept. 46.90463, 11.43008 (Start), 46.96222, 11.35470 (Ende)

Stadt, Land, Fluss

4 Einfache Radtour bei Sterzing, 15 km hin und zurück, 1,5 Std., 100 hm auf- und abwärts

Rund um Sterzing ist die Landschaft für Südtiroler Verhältnisse ziemlich flach. Einige ent-

Konzentrationsfähigkeit, Armkraft und Abenteuerlust – das sind die Zutaten für eine Raftingtour auf dem Eisack

spannte Radtouren ziehen sich hier durchs Land, z. B. der Radweg Josef Larch von Sterzing nach Mareit. Die Tour startet am markanten Zwölferturm, dem Wahrzeichen Sterzings. Das Städtchen beeindruckt rund um den Turm mit einer herrschaftlichen Flaniermeile, die etwas überdimensioniert wirkt, weil die Silber- und Erzvorkommen der Gegend im späten Mittelalter großen Reichtum in den Ort spülten.

Man radelt zunächst nach Norden und biegt dann nach Westen ins Ridnauntal ab. Bei der Industriezone beginnt der Radweg, führt vorbei am kleinen lauschigen See Fischerlake und immer weiter am Mareiter Bach entlang. Kleine Erfrischung gefällig? Das schöne Bachufer lädt zum Rasten, Erfrischen oder einfach In-der-Sonne-Liegen ein, während hoch über Mareit, dem schönen Ort am Eingang des Ridnauntals, das barocke Schloss Wolfsthurn thront. Es ist das Ziel dieser Radtour. Zurück geht es auf dem gleichen Weg.

Die Züge des Nah- und Fernverkehrs halten in Sterzing | € Mai–Sept. Fahrrad, Helm, Picknickdecke, Picknick, Buch, Badesachen 46.89891, 11.43132

Eintauchen ins wilde Wasser

5 Rafting-Tour auf dem Eisack, 2–2,5 Std.

Im Schlauchboot auf einen schäumenden Gebirgsfluss? Ein Abenteuer, das nicht nur für Profis geeignet ist: Irgendwann ist immer ein erstes Mal. Eine geführte Rafting-Tour auf dem Eisack erfordert keine Vorkenntnisse. Man sollte allerdings schwimmen können, keine Angst vor kaltem Wasser haben und den einen oder anderen Adrenalinkick mögen. Die Bootsführer kennen den Eisack nahezu blind und jede Stromschnelle.

Vom Bahnhof Sterzing mit Bus 310 bis Freienfeld, noch 750 m zu Fuß bis zur Sportzone Freienfeld | sterzing.com (> aktiv > rafting) | €€€ Anfang Mai–Mitte Sept. Handtuch, Badesachen und Funktionsunterwäsche, weitere Ausrüstung wird gestellt 46.87112, 11.47812

BEI BRIXEN

Krieg und Frieden

6 Entdeckungstour durch die Festung Franzensfeste, mind. 2 Std.

Dieses Werk österreichischer Kriegsarchitektur sollte den 1815 gegründeten Deutschen Bund

Einst zum Zwecke der Verteidigung errichtet, dient die Franzensfeste heute nur noch friedlichen Zwecken

Die Kreuzwiesenalm ist ein Tempel der guten Hüttenküche

vor künftigen Angriffen aus Norditalien schützen. Jedoch hatte die Festung Franzensfeste ihre Bedeutung zum Zeitpunkt der Eröffnung 1838 bereits verloren; hier wurde nie ein Schuss abgegeben. Heute ist sie das zehnte und jüngste Landesmuseum Südtirols und damit ein aktiver Kunst- und Erlebnisraum. Eine Dauerausstellung informiert über die Geschichte, den Bau und die Architektur der Festung, eine zweite Ausstellung über den Brennerbasistunnel, und wechselnde Ausstellungen zeigen zeitgenössische Kunst. Vor allem aber kann man auf dem Festungsgelände herumstromern, das so groß wie neun Fußballfelder ist. Vieles ist noch im Originalzustand: die Kasematten mit ihren Mauern aus Granit und die erst 1844 nachträglich gebaute Festungskapelle. Oder die steile unterirdische Treppe, die mit 452 Stufen in die 90 m höher liegende Obere Festung führt.

Die Regionalbahn hält in Franzensfeste | franzensfeste.info | € (Eintritt) März–Mitte Nov. Warme Sachen 46.77733, 11.62848

Uriger Waldweg und kulinarische Belohnung

7 Einfache Wanderung zur Kreuzwiesenalm bei Lüsen, 5 km, 1,5 Std., 230 hm auf- und abwärts

Die Kreuzwiesenalm ist eingebettet in die Bilderbuchlandschaft des Eisacktals – umgeben von beeindruckenden Gipfeln. Trotzdem schweift der Blick weit, und sanft rollen die Kräuter- und Blumenwiesen, auf denen die Kühe grasen. Ihre Milch verarbeitet Senner Johannes Hinteregger mit viel Liebe und Leidenschaft zu Joghurt, Butter, Topfen und Käse. Ausflugsziele zum Weiterwandern und Radeln gibt es zuhauf. Quasi an der Hütte vorbei führt auch der 61 km lange Dolorama-Wanderweg. Kurz hinter dem Parkplatz Schwaiger Böden nimmt man den Abzweig zur Kreuzwiese, der auf einem schmalen, wunderschönen Waldpfad direkt zur Hütte führt. Zurück geht es auf demselben Weg oder auf dem Fahrweg. Auf der Hütte gibt es auch Zimmer, eine Sauna, eine Outdoor-Kegelbahn und sehr gutes Essen.

Zum Parkplatz Schwaiger Böden nur mit dem Auto Mitte Mai–Ende Okt., auch im Winter geöffnet 46.74258, 11.79835 (Start)

Erfrischung gefällig? Das klare Wasser der Seen ist allerdings recht kalt

Seit Jahrhunderten bauen die Mönche des Klosters Neustift bei Brixen Wein an

Kristallklare Bergseen

8 Einfache familientaugliche Wanderung zu den Schrüttenseen, 7 km, ca. 3 Std., 570 hm auf- und abwärts

Tief hinein in das Schalderer Tal schraubt sich die Straße. Abgelegen ist es hier, aber am Ende auf dem Parkplatz ist doch einiges los, denn die Wanderung im Talschluss ist beliebt. Sie führt immer am kühlenden Schalderer Bach entlang hinauf zu seinen Quellseen, den Schrüttenseen, die malerisch zwischen den letzten Baumgruppen nahe der Baumgrenze auf 2000 m Höhe liegen. Von hier aus könnte bequem weitergewandert werden: hinüber ins Eisacktal, auf die Lorenzispitze, auf den Königsanger oder zum Radlsee.

Mit dem Auto bis Parkplatz Steinwendt | suedtirolerland.it/de/freizeit-aktiv/berge-wandern (> Wandern im Eisacktal) Besonders schön im Sommer, Erfrischung am Schalderer Bach und in den Schrüttenseen 46.73301, 11.54942 (Start)

Unterwegs zwischen satten Reben

9 Einfacher Weinspaziergang von Brixen zum Kloster Neustift, 8 km, 3 Std., ca. 300 hm auf- und abwärts

Seit seiner Gründung im Jahr 1142 ist das Kloster Neustift nördlich von Brixen ein Zentrum der Lehre, Kunst und Kultur. Noch dazu ist es auch eine der ältesten noch aktiven Stiftskellereien der Welt. Ein gemütlicher Wein-Wanderweg führt durch die klösterlichen Weinberge entlang der sonnenverwöhnten Hänge oberhalb von Brixen zum Kloster. Das Augustiner Chorherrenstift ist mit seiner berühmten Stiftskirche, den prächtigen Fresken im Kreuzgang sowie dem historischem Stiftsgarten eines der bedeutendsten Klöster im Tiroler Raum. Im Klosterausschank können Liebhaber mineralischer Weißweine die vorzüglichen Tropfen aus dem nördlichsten Anbaugebiet Italiens verkosten. Von hier geht's etwas oberhalb in den Weinbergen über den Törggeleweg wieder zurück.

Vom Bahnhof oder Busbahnhof Brixen durch die Stadt zur Adlerbrücke im Stadtteil Stufles, wo die Wanderung beginnt Zu jeder Jahreszeit und bei jedem Wetter möglich, am schönsten im Herbst 46.71706, 11.65877 (Start)

Eine Überdosis Frühling gefällig? Wenn die Bäume auf dem Apfelplateau Natz-Schabs blühen, ist die rechte Zeit dafür

Der Duft des Frühlings

10 Einfacher Spaziergang auf dem Apfelweg von Natz-Schabs, 8 km, 2,5 Std., 250 hm auf- und abwärts

Wo von Anfang bis Ende April ein Meer aus weiß-rosa Blüten ein beeindruckendes Landschaftsbild zaubert und süßer Nektarduft in der Luft schwebt, in den Frühling wandern! Das Apfelplateau von Natz-Schabs ist eine vom milden Klima verwöhnte Ebene mit den fünf beschaulichen Dörfern Natz, Schabs, Raas, Viums und Aicha. Die gemütliche Rundwanderung führt, vorbei an zahlreichen Informationstafeln mit Wissenswertem zum Apfelanbau, zu zwei Biotopen und über den Aussichtspunkt auf dem Ölberg von Natz nach Raas und zurück. Insider-Tipp Jedes Jahr um den 1. Mai feiern die Natzer das Königliche Festival, zu dem die Apfelkönigin andere Majestäten wie die Südtiroler Erdbeerkönigin oder die Deutsche Zuckerrübenkönigin zum Blütenball und zum Festumzug einlädt. Wer im Herbst hier wandert, wenn die Äpfel reif sind, bekommt vielleicht ein knackiges Früchtchen geschenkt.

Vom Busbahnhof Brixen mit dem Bus 401 nach Natz Mitte–Ende April Äpfel und ein Taschenmesser zum Aufschneiden 46.75266, 11.68048

Zum Eintauchen schön

11 Entspanntes Abhängen am schönen Naturbadeteich in Lüsen, halber Tag

Noch vor drei Jahrzehnten führte nicht einmal eine asphaltierte Straße nach Lüsen. Bis heute ist diese Abgeschiedenheit präsent und macht den Charme des kleinen Bergdorfs mit seinen zwei Kirchen aus. Denselben Charme versprüht auch der kleine Naturbadeteich am nördlichen Dorfrand. Auch an heißen Tagen nicht überfüllt, mit einem gechillten Bademeister, Rutsche und schöner Liegewiese. Eine Sommerbadeperle, wie es sie im Eisacktal nicht noch einmal gibt, vor allem auch wegen der fantastischen Aussicht auf die Berglandschaft.

Vom Bahnhof Brixen mit dem Bus 325 nach Lüsen, Dorf | luesen.com/de/familie/naturbadeteich.html | € Geöffnet von Anfang Juni bis Ende Aug. 46.74916, 11.76151 (Badeteich)

Besonders an heißen Tagen bietet die Kneippanlage in Vahrn Abkühlung für Kinder und Erwachsene

Die RudiRun auf der Plose ist eine der längsten Rodelbahnen der Alpen

Gesunde Erfrischung

12 An der Vahrner Kneipp-Tretanlage

Eiskalt durchfließt das Wasser des Schalderer Baches auf einer Länge von etwa 11 km das gleichnamige Tal, bevor er nördlich von Brixen in den Eisack mündet – perfekt temperiert für die älteste Kneippanlage Südtirols, die etwas oberhalb des Dorfes im Wald liegt. Aber alt ist hier nur die Idee. 2016 saniert, ist sie eine der schönsten Anlagen ihrer Art, mit einem über 100 m langen Wasserlauf, verschiedenen Becken und kleinen Staustellen – auch für Kinder ein Paradies. Die Eltern stehen mit hochgekrempelten Hosen in der Anlage oder sitzen plaudernd auf den großen Steinen im Fluss, die das Wasser aus den Bergen bis hierher getragen hat. Einen Spielplatz und eine Liegewiese gibt es auch. Chilliger geht es kaum. **Insider-Tipp** Wer Lust auf eine kleine Wanderung hat: Von der Bushaltestelle bis zum Vahrner See sind es 3 km den Vahrner Keschtenweg entlang nach Norden.

Von der Haltestelle Brixen Romstraße (3 Min. vom Busbahnhof) mit Bus 320.1 bis Vahrn Villa Mayr An heißen Sommertagen Handtuch, Sonnenbrille, Sonnencreme, Buch zum Lesen, die ganze Familie 46.74080, 11.62949

Adrenalin auf der Rodelbahn

13 Auf der Rodelbahn RudiRun im Skigebiet Brixen/Plose, 8,5 km, 45 Min., 980 hm abwärts

Ein bisschen mulmig wird einem schon, wenn die Bahn nach 20-minütiger Fahrt die Plose-Bergstation erreicht und sich ein gigantisches Panorama auftut. Wie soll man da jemals wieder runterkommen? Noch dazu mit einem Schlitten! Anfangs geht es recht gemäßigt in großen Bögen den Berg hinab. Ab Höhe der Mittelstation wird es dann ordentlich steil. Adrenalin und Glückshormone sprühen wie der Schnee unter den Kufen des Schlittens. Auf einem langen, fast ebenen Stück wird ausgerodelt und man kommt nach knapp 45 Min. wieder zur Talstation. Noch einmal? Logisch! Wer es nicht ganz so spritzig mag, wandert in ca. einer Stunde mit dem Schlitten von der Bergstation auf einem gemütlich ansteigenden Fahrweg hinauf zur Rossalm. Den Weg zurück geht es in angenehmer Rodelgeschwindigkeit zurück zur Seilbahn.

Die Villanderer Alm ist weitläufig, wenig besucht und bietet tolle Ausblicke

Blick von Gufidaun hinüber zu den schneebedeckten Bergen der Sarner Alpen

Der Skibus fährt halbstündlich ab Brixen Busbahnhof zur Talstation der Plosebahn | plose.org/rudirun | €€ Anfang Dez.–Anfang April Wintersachen, warme Schuhe, dicke Handschuhe, Helm, Schlitten 46.69766, 11.68169

BEI KLAUSEN

Eine Wanderung für alle Jahreszeiten

14 Einfache familientaugliche Rundwanderung über die Villanderer Alm zum Totenkirchlein, 14 km, ca. 3,5 Std., 475 hm auf- und abwärts

Nicht so bekannt wie die Seiser Alm, dafür deutlich weniger überlaufen und ein Naturparadies mit Wiesen, Mooren und Almhütten ist die Villanderer Alm. Von der Gasser-Hütte führt der bequeme Fahrweg Nr. 6 über die Jausenstation Mair in Plun immer leicht bergan, bis das Kirchlein ins Blickfeld kommt. Vor langer Zeit von Bergknappen errichtet, ist es noch heute ein beliebter Wallfahrtsort, und die Menschen kommen hierher, um Bildchen ihrer Verstorbenen aufzuhängen und ihrer zu gedenken. Nur wenige Gehminuten entfernt schmiegt sich der Totensee in eine Bergmulde. Bloß nicht vom Namen des Sees abschrecken lassen, die vielen Bänke stehen hier nicht ohne Grund, denn der Ausblick ist gigantisch und voller Leben. Über die Wege Nr. 16 und 15 geht es zurück zur Gasser-Hütte. Im Winter hat die Villanderer Alm ihren ganz eigenen Zauber und diese Tour ist perfekt für Schneeschuhwanderer und Skilangläufer geeignet.

Von Brixen mit der Regionalbahn bis Klausen, weiter mit Bus 345 bis zur Villanderer Alm, Gasserhütte | klausen.it/de/ferienregion-suedtirol/villanders Frühling und Herbst, im Sommer nur an bedeckten Tagen, denn die Tour ist komplett ohne Schatten 46.64186, 11.49027 (Start)

Ansitz mit Aussicht

15 Einfache Wanderung von Gufidaun zum Ansitz Fonteklaus, 4 km, ca. 2 Std., 175 hm auf- und abwärts

Das hübsche Dörfchen Gufidaun liegt eingebettet zwischen mehreren Hügeln oberhalb des Eingangs zum Villnösstal auf 730 m Höhe. Der spitze Kirchturm, die altersgrauen Burgen, der dicht gedräng-

Heiliger Zufluchtsort für müde Wanderer – das Latzfonser Kreuz auf 2311 m Höhe

te Ortskern und die guten Restaurants machen es zu einem lohnenden Ausflugsziel. Wunderbare Spazier- und Wanderwege verbinden Gufidaun mit den umliegenden Dörfern und Bergen. Einer davon, Weg Nr. 4, führt in südlicher Richtung aus dem Dorf hinaus, durch Wälder und über Blumenwiesen zum Ansitz Fonteklaus. **Insider-Tipp** Stilvolle Zimmer, exquisites Essen und ein Café mit Aussichtsterrasse – all das wird hier oben geboten. Zurück nach Gufidaun geht es auf dem gleichen Weg. Wer schon wieder Hunger verspürt, kehrt im Turmwirt in Gufidaun ein, ein feines Restaurant, in dem das ganze Dorf zusammenkommt.

Vom Bahnhof in Brixen mit der Regionalbahn bis Klausen, weiter mit Bus 338 nach Gufidaun | klausen.it | € Frühling, Sommer und Herbst
46.64834, 11.59813 (Start)

Zum Kirchlein über den Wolken

16 Mittelschwere Wanderung zum Latzfonser Kreuz, 12 km, 3 Std., 800 hm auf- und abwärts

Das Latzfonser Kreuz mit der 1743 errichteten Kirche Heiligkreuz auf Ritzlar ist eine Berühmtheit, ist es doch der höchstgelegene Wallfahrtsort Südtirols. Selten muss man so hoch hinauf, um eine Kirche zu besuchen. Schon vom Parkplatz Kühhof aus ist das winzige Kirchlein hoch oben in den Bergen zu erkennen. Anspruchsvoll an dieser Tour sind vor allem die Höhenmeter, der Weg selbst ist hingegen leicht zu meistern.

So ziemlich auf halbem Wege liegt die Klausner Hütte. Was für eine Aussicht auf der Sonnenterrasse: auf die Dolomiten mit den markanten Geislerspitzen, auf den Peitlerkofel und den Schlern. Da schmecken die Südtiroler Hüttenschmankerl gleich doppelt so gut. Der Anstieg hinauf zum Kirchlein hat es in sich. Oben schützen drei gewaltige Gipfel, jeweils über 2500 m hoch, das Kirchlein gen Norden. Seit jeher bitten die Menschen hier um Regen und den Schutz vor Gewittern. Ein magischer Ort auf 2311 m Höhe.

Parkplatz Kühhof, der Wanderbus fährt Mi und Fr 9 Uhr ab Latzfons und 16.30 ab Kühhof (nur mit Anmeldung +39 0472 847 424) | klausen.it/de/ferienregion-suedtirol/klausen/latzfons/latzfonser-kreuz.html Im Spätsommer und Herbst
46.68433, 11.55182 (Start)

Ostereier im Steinformat suchen diese Schatzjäger im Teiser Kugelgebiet

Felsklettern vor traumhafter Kulisse im Zanser Klettergarten

Glanzstücke aus der Tiefe sammeln

17 Seltene Mineralien sammeln in Teis, ca. 3 Std.

Man könnte meinen, die Teiser Kugeln seien eine Anspielung auf die im Ort zahlreich vorhandenen Schützengräben des Ersten Weltkriegs. Doch gemeint sind bis zu 20 cm große, von außen unscheinbare Steinkugeln (Geoden) mit herrlichen Mineralieneinschlüssen. Sie sind seltener als Diamanten und benötigen besondere geologische Bedingungen. Der Villnösser Mineraliensucher Paul Fischnaller widmete sein Leben diesen Kugeln. Seine Fundstücke bilden die Basis des sehr sehenswerten Mineralienmuseums im Dorf, das regelmäßige Sammelexkursionen anbietet. Mit Helm, Schutzbrille und Werkzeug ausgerüstet ziehen große und kleine Schatzsucher dann ins Teiser Kugelgebiet; Fundstücke dürfen mitgenommen werden. Wer Glück hat, erlebt dabei auch den sehr alten Paul Fischnaller in seinem Element.

Vom Brixener Bahnhof mit der Regionalbahn bis Klausen, weiter mit Bus 331 nach Teis | mineralienmuseum-teis.it | €€ Das Museum ist ganzjährig geöffnet, gesammelt wird April–Nov. jeden Do 46.65267, 11.62026 (Museum)

Wo Reinhold Messner klettern lernte

18 Klettern in verschiedenen Schwierigkeiten im Klettergarten Zanser Alm unterhalb der Geislerspitzen, am Adolf-Munkel-Weg, ½–1 Tag

Hoch über dem Villnöss-Tal erheben sich die beeindruckenden Felswände der Geislerspitzen. Hier hat Reinhold Messner klettern gelernt. Viele der Erstbegehungen an diesen Gipfeln gehen auf ihn und seinen Bruder Günther zurück. In dieser Kulisse befindet sich der Klettergarten mit rund 50 Routen in den Schwierigkeitsstufen 3–8a für Anfänger und Fortgeschrittene. Dieser Klettergarten ist super geeignet für Familien. Vom Parkplatz Zanser Alm führt der Adolf-Munkel-Weg in einer knappen Stunde zum Klettergarten Zanser Alm, der als Messner Klettergarten ausgewiesen ist.

Es duftet und summt betörend im Villnösser Bergkräutergarten

In Südtirols Wäldern wachsen so einige leckere Köstlichkeiten wie diese Pfifferlinge

Vom Bahnhof Brixen fährt der Bus 330 zur Zanserhütte | villnoess.com Im Sommer ist es auf ca. 1900 m oft angenehm frisch, während es im Frühling und Herbst schon recht kalt an den Fingern werden kann 46.63575, 11.76554 (Start), 46.621886, 11.77478 (Klettergarten)

Ein Körbchen voll Glück

19 Pilze sammeln in den Wäldern des Eisacktals, z. B. oberhalb von Feldthurns, mind. 2 Std.

Im Spätsommer und Herbst sind die Wälder Südtirols voller Steinpilze, Maronen, Pfifferlinge und anderer wohlschmeckender Pilze. Also Körbchen schnappen, ein Messer rein und los? So einfach ist es leider nicht. Wer Pilze sammeln möchte, muss einige Regeln befolgen: Gesammelt werden darf immer nur an geraden Tagen von 7 bis 19 Uhr. Wer nicht in Südtirol lebt, muss bei der für das Waldgebiet zuständigen Gemeinde eine Gebühr zahlen und darf maximal ein Kilo Pilze pro Tag und Person mitnehmen. Wenn diese Hürden überwunden sind, macht das Sammeln doppelt Spaß, denn allzu viele Sammler sind nicht unterwegs.

In den Kiefernwäldern auf beiden Seiten des Eisacktals, aber auch in vielen anderen Tälern Südtirols können Pilze gesammelt werden. Infos zum Pilzesammeln in Südtirol: gvcc.net/de/Pilze_sammeln | € Definitiv im Herbst, auch wenn sich grundsätzlich zu fast jeder Jahreszeit essbare Pilze finden lassen 46.68668, 11.58704

Wild und schön

20 Auf Entdeckungstour durch den Villnösser Bergkräutergarten, mind. 1 Std.

Eines der größten Wunder der Natur sind die Kräuter, die unseren Speisen Geschmack verleihen und deren Wirkstoffe uns heilen, beruhigen oder unsere Stimmung verbessern. In Südtirol hat die Beschäftigung mit Heil- und Gewürzkräutern eine lange Tradition. Denn das milde, sonnenverwöhnte Bergklima sorgt für ein intensives Aroma der Pflanzen und kräftige Blütenfarben. Im Bergkräutergarten von Carmen Obexer auf knapp 1400 m wachsen rund 150 verschiedene Pflanzen. Altes und

Insgesamt 130 m tief stürzen der obere und der untere Barbianer Wasserfall hinab ins Tal

Fast lieblich mutet die Landschaft auf der Seceda an und bietet doch spektakuläre Ausblicke auf die Dolomiten

neues Wissen über die Erkennung und Verwendung von Wild-, Würz- und Heilkräutern wird hier lebendig. Auf Anfrage können bei Carmen Kräuterführungen gebucht werden, die sie in ihrem nahe gelegenen Privatgarten in St. Valentin veranstaltet, wo es auch einen kleinen Kräuterladen gibt, der immer donnerstagnachmittags geöffnet hat.

ℹ *Vom Busbahnhof in Brixen fährt der Bus 330 ins Villnösstal, bis Haltepunkt Spisser, dann 15 Min. zu Fuß Richtung Zanser Alm | bergkraeuter gartenvillnoess.it | € ⏲ April–Nov. ⚙ Wildkräuter-Bestimmungsbuch, Lupe 📍 46.63709, 11.74524*

GRÖDNER TAL UND UMGEBUNG

Tosendes Wasser und religiöse Schönheiten

21 🚶 Einfache Wanderung von den Barbianer Wasserfällen nach Dreikirchen, 8,5 km, 3 Std., 450 hm auf- und abwärts

Im Dorfzentrum beim Schiefen Turm von Barbian beginnt der lohnende Wasserfall-Wanderweg. Vom besonders im Frühling eindrucksvollen unteren Wasserfall führt der Weg vorbei an einigen Kneipp-Stationen mit fantastischen Schlern-Blicken nach Bad Dreikirchen (1120 m). **Insider-Tipp** Nicht vergessen tief durchzuatmen! Die hohe Sauerstoffkonzentration wirkt stimulierend auf das Immunsystem, reinigend auf die Atemschleimhäute und allgemein vitalisierend. Den Namen hat das Dorf von den drei miteinander verbundenen Kirchen. Die größte und älteste stammt aus dem 13. Jh. Vom Gasthof Bad Dreikirchen geht es über die Wege 11 und 11A zurück nach Barbian.

ℹ *Vom Bahnhof Brixen mit der Regionalbahn nach Waidbruck, weiter mit Bus 346 bis Barbian, Dorf | Parken vor Ort | klausen.it (> barbianer-wasserfaelle) ⏲ Frühjahr, Sommer, Herbst 📍 46.60308, 11.52003 (Start)*

Im MTB-Flow über die Seceda-Alm

22 🚲 Traumhafte, aber anspruchsvolle MTB-Tour hoch über dem Grödner Tal, 22 km, 2 Std., 300 hm aufwärts, 2100 hm abwärts

Bei dieser MTB-Tour sind gute Kondition und eine gewisse Trailerfahrung definitiv von Vorteil. Durch

Einer der beliebtesten Badeseen der Region – der Völser Weiher

Die Steinerne Stadt am Sellajoch ist ein Kletterparadies mit hunderten Routen

die Auffahrt mit der Seceda-Seilbahn startet man auf 2500 m, von dort geht es abwärts über die Seceda-Alm mit grandiosen Ausblicken auf die Geißler-Gruppe und die Seceda-Kette. Die oft flowigen Abfahrten und Trails führen über die Pieralongia-, die Odles-, Regensburger und Juac-Hütte hinunter nach Wolkenstein und St. Ulrich. Landschaftlich ist die Tour kaum zu toppen.

ⓘ *Von Klausen mit Bus 351 nach St. Ulrich, Sarteur, dann in 10 Min. zu Fuß zur Seilbahn, Fahrräder können im Bus nicht mitgenommen werden, in der Seilbahn schon | Parkgarage an der Seilbahn | €€*
Juni–Sept. *E-MTB, Helm, Trinkflasche, Karte*
46.57699, 11.67492

Badevergnügen vor Dolomitenriesen

23 Abhängen am und im Völser Weiher bei Völs am Schlern, ½–1 Tag

Diese glitzernde Schönheit von einem Bergsee liegt eingebettet in eine malerische Wald- und Wiesenlandschaft in 1035 m Höhe. Zwar entstand die Mulde durch eine glaziale Erosion, trotzdem ist der Völser Weiher kein natürlicher See, sondern wurde im 16. Jh. als Fischteich angelegt. Der Schlern, das steinerne Wahrzeichen Südtirols, wacht über dem 1,6 ha großen See, der zur Hälfte als Biotop ausgewiesen ist. An den Stegen rund um den Imbiss Schwimm-Hütte tummeln sich an warmen Tagen so viele Badegäste, dass man kaum ein Plätzchen findet, weil es hier einfach so schön ist. Wer mehr will als nur baden, kann auf dem 13 km langen 7-Weiher-Weg die außergewöhnliche biologische Vielfalt erkunden. Im Winter wird der Schnee vom See geräumt, dann kann man Schlittschuh laufen.

ⓘ *Vom Brixner Bahnhof mit dem Bus 170 nach St. Anton, weiter mit Bus 13 zum Völser Weiher | Kostenpflichtiger Parkplatz vor Ort | seiser-alm.it/de/highlights/natur-landschaft/voelser-weiher | € (kein Eintritt, aber Parkgebühr)* *Im Hochsommer und wenn der See gefroren ist* *46.52348, 11.52342*

Im Kletterparadies

24 Klettern im Klettergarten Steinerne Stadt am Sellajoch, ½–1 Tag

Zwischen Sellastock und Langkofel liegen Tausende Felsblöcke nach einem gewaltigen Bergrutsch

Der historische Korblift zur Langkofelscharte wird auch Sarglift genannt

wild durcheinander, manche groß wie ein Haus. Es sieht so aus, als hätte ein Riese mit Bauklötzen gespielt und danach nicht aufgeräumt. Heute finden Kletterer Routen in allen Schwierigkeiten und dank des besonders griffigen Dolomitgesteins haben auch Anfänger und Kinder ihren Spaß. Es braucht jedoch erfahrene Begleitung, wenn man diesen Sport das erste Mal ausprobiert, ebenso Geduld, Willenskraft und Durchhaltevermögen.

Vom Bahnhof Brixen mit Bus 350 nach Plan, von dort Bus 471 bis zum Schutzhaus Sellajoch | Parkplatz auf der Passhöhe | € | suedtirol.info/de>klettergarten-steinerne-stadt.wolkenstein-selva Mai–Sept. 46.51283, 11.75215 (Klettergarten)

Abenteuerliche Seilbahnfahrt

25 Mit dem historischen Korblift hinauf auf die Langkofelscharte auf 2682 m

Überall in Südtirol gibt es hochmoderne Lifte. Einer aber, tief in den Dolomiten, ist noch von 1963. Die Kabinen der Umlaufbahn sind so klein, dass gerade einmal zwei Personen stehend hineinpassen. Der Einstieg ist anspruchsvoll, weil die Bahn nicht bremst und aufgesprungen werden muss wie auf einen langsam fahrenden Zug. Zwei Mitarbeiter helfen, damit alles reibungslos vonstatten geht und die Tür fest verriegelt ist. Für höhenängstliche Menschen definitiv nicht zu empfehlen. Die Fahrt geht dicht und spektakulär an den Felswänden vorbei. **Insider-Tipp** Am besten hat man die Kamera schon griffbereit, wenn man einsteigt. Nach 500 hm ist die Bergstation mit der Toni-Demitz-Hütte erreicht und die Dolomiten liegen in ihrer atemberaubenden Schönheit vor einem.

Vom Bahnhof Brixen mit Bus 350 nach Plan, von dort Bus 471 bis zum Schutzhaus Sellajoch | Parkplatz auf der Passhöhe | valgardena.it | €€ Mitte Juni–Anfang Okt. 46.50885, 11.75574

Sonnenuntergang im Schnee

26 Einfache Winterwanderung mit Rodeleinheit zur Brugger Schupfe bei Feldthurns, 4,6 km zu Fuß und 4,6 km mit dem Schlitten, 2 Std., 570 hm auf- und abwärts

Einsamkeit, Stille und ein bezauberndes Winterpanorama hinüber in die Dolomiten im letzten Licht

Sonne bis zuletzt und eine tolle Schlittenabfahrt gibt es oberhalb von Feldthurns

Wer Langlauf mag, fühlt sich auf der Seiser Alm pudelwohl

der untergehenden Sonne verspricht diese gemütliche Winterwanderung hinauf zur Brugger Schupfe. Vom Wanderparkplatz Garner Wetterkreuz geht es auf dem breiten Fahrweg Weg Nr. 10 gleichmäßig aufwärts. Bald öffnet sich der Blick weit hinüber zu den grauen Berg-Eminenzen: Plattkofel, Langkofel und Schlern. Hinunter geht's kniefreundlich und in schnellen 20 Min. mit dem mitgebrachten Schlitten. Also kann man bis zum letzten Licht bei der ehemaligen Jausenstation Brugger Schupfe bleiben und das blau-winterliche Alpenglühen gebührend bewundern. **Insider-Tipp** Von der Brugger Schupfe (1996 m) ist es nicht mehr weit bis zur Königsangerspitze (2439 m). Allerdings endet hier der Fahrweg, und wer weitergehen möchte, braucht Tourenski, Schneeschuhe oder sehr feste Schneebedingungen.

Mit dem Auto zum Wanderparkplatz Garner Wetterkreuz | Nov.–März, je nach Schneebedingungen Schlitten, Mütze, Handschuhe 46.67360, 11.57032 (Start)

Immer schön in der Spur bleiben

27 Erstklassiges Langlaufskigebiet auf der Seiser Alm, verschiedene Schwierigkeiten

Für Langläufer ist es das Paradies schlechthin. 80 km sonnige Loipen auf schneesicheren 1800 m Höhe, eingebettet in eine Traumlandschaft. Im Sportgeschäft Hans gibt es die nötige Ausrüstung zu leihen und bei Bedarf auch den Kontakt zu einem Skilehrer. Nur wenige Schritte entfernt beginnt die Verbindungsloipe Sonne, die einen nach 1,2 km zum Knotenpunkt Ritsch bringt, an dem viele Loipen abgehen. Eine der schönsten Touren ist die rote 8-km-Loipe Wolfsbühl, die zur 12 km langen Hartl verlängert werden kann. Oder die schwarze Panorama-Loipe mit 11 km, die zur 15 km langen Joch-Loipe verbunden werden kann. Unbedingt unterwegs in der Sonne auf einer der vielen Hütten rasten und neue Energie tanken.

Vom Bahnhof Brixen fährt der Bus 170 nach Seis zur Abzweigung Umlaufbahn, die einen bequem auf die Seiser Alm nach Compatsch und zu den Loipen bringt | Die Auffahrt mit dem Auto ist nur vor 9 und nach 17 Uhr möglich, Parkplätze sehr teuer | €€€ (Loipen, Parkplatz oder Seilbahn) Dez.–April 46.54067, 11.62037 (Bergstation Seilbahn)

DER SCHÖNSTE SONNENUNTERGANG

Leuchtender Himmel an den Geislerspitzen

28 Spaziergang von Feldthurns in Richtung Pedratz, ca. 1 km, 30 Min., 50 hm auf- und abwärts

Von Feldthurns geht es an der St.-Antonius-Kapelle vorbei und ein Stück auf dem Keschtnweg. Fast unwirklich erheben sich die grauen Riesen mit ihrem Hauptgipfel Sas Rigais über 3000 m hoch aus einer eher mittelgebirgsähnlich anmutenden Landschaft mit dem Dorf Teis. Nicht selten glühen die Felsen im Abendrot, bevor sich der Himmel über ihnen verfärbt.

Von Brixen mit Bus 342 oder von Klausen mit Bus 343 nach Feldthurns *Ganzjährig*
46.66457, 11.59630

LOKALE SPEZIALITÄTEN

*UND WO DU SIE PROBIEREN KANNST

Knödel kommen in den verschiedensten Variationen auf den Tisch: mit Spinat, Brennnesseln, Speck, Käse oder Roter Bete

Im Eisacktal fließt der Wein von den Hängen, die Sonne kündet von wohliger Wärme und man kann die Gaumenfreuden des Südens schon erahnen. Es ist das Ursprungstal des Törggelen, einer lebendigen Tradition, bei der im Herbst der erste Wein zusammen mit den hier wachsenden Esskastanien und anderen Köstlichkeiten auf die Tische der Winzerhöfe kommt.

Traditioneller Genuss

1 🍴 Lamm-Spezialitäten

Die älteste Schafsrasse Südtirols, das Brillenschaf, war schon fast ausgestorben und ist heute der Stolz eines ganzen Tals. Die charakteristische, brillenähnliche schwarze Pigmentierung rund um die Augen gibt der Rasse ihren Namen. Fleisch und Wolle werden von Bauern, Handwerkern, Metzgern und Köchen im Tal umfänglich verwertet.

ℹ **Die Messners sind die guten Seelen** *des Restaurants Pitzock, wo Lamm als Spezialität serviert wird, und auch Mitgestalter des Netzwerks Furchetta, das die Produkte vermarktet (furchetta.it) | Pizack 30, Villnöss | pitzock.com | €€€*

Feines aus Esskastanien

2 🍴 Kastanien-Tiramisù, gebratene Keschtn und Keschtnherzen

Brotbaum heißt die Esskastanie auch, denn in vergangener Zeit waren die Früchte des Baumes ein wertvolles Nahrungsmittel, u.a. wurde aus ihnen Brot gebacken. In jüngerer Vergangenheit avanciert die Kastanie zum beliebten Superfood, aus dem sich allerlei Köstlichkeiten zaubern lassen. Mitte September, beim Gassltörggelen, treiben die Klausner die Lust am gemeinsamen Schmausen mit einem Fest, das weit über die Stadtgrenzen hinaus bekannt ist, auf die Spitze.

Der Edelkonditor in der Bäckerei Sellemond *verkauft in der Saison anerkanntermaßen die besten Keschtnherzen | Tanzgasse 28, Feldthurns | sellemond.it | €€€*

Knödelparadies

3 Schwarzplentene

Die herzhaft-deftigen Knödel aus Schwarzbrot und Buchweizenmehl, gefüllt mit Graukäse oder Gorgonzola, gibt es nicht nur im Eisacktal, sondern in ganz Südtirol. Aber auf der Schlernbödelehütte am Fuße des Schlern schmecken die Schwarzplentene am allerbesten. Heiße Butter und Parmesan drüber, fertig.

Die Knödel bei Verena und Erich *muss man sich mit einem strammen Aufstieg (ca. 600 hm) ab Bad Ratzes verdienen, oder man kommt von oben über die Seiser Alm zur Hütte | Via Ratzes | schlernboedelehuette.com | €€*

Eine für alle(s)

4 Turmwirt Gufidaun

Kurz nach Sonnenaufgang steht Maria Gasser schon in den Beeten des Nachbarhofes und erntet Zutaten für Gerichte, die der Turmwirt im Laufe des Tages auftischen wird. Traditionelle Südtiroler Küche mit guter Weinkarte an einem zauberhaften Ort.

Gufidaun 50 | turmwirt-gufidaun.com | €€

Erlesene Tropfen

5 Eisacktaler Weißweine

Weiße Rebsorten wie Kerner, Sylvaner, Müller-Thurgau, Grüner Veltliner und Riesling gedeihen im Eisacktal, dem Kreuzpunkt alpiner und mediterraner Vegetation, besonders gut. Diese Weine tanzen auf dem Parkett der internationalen Kenner und Gourmets ganz vorn mit.

Norbert vom Radoar-Hof *ist einer der exzellenten Bio-Weinbauern der Region. Von seinem Buschenschank (Sept./Okt./Nov.) hat man den besten Blick auf die markanten Hausberge des Villnöss – die Geislerspitzen | Pedratz 1, Feldthurns | radoar.com | €€*

Unterhalb der berühmten Drei Zinnen entfalten die grauen Riesen der Dolomitenberge ihre ganze Pracht

Pustertal & Dolomiten

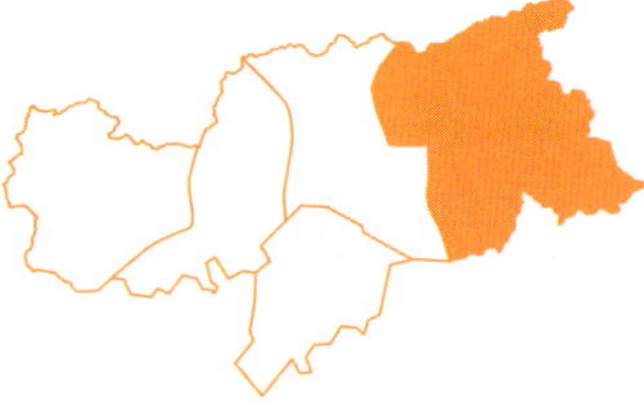

TOLLE BERGE, WEITE TÄLER, BLAUE SEEN

Die Landschaft wird grün, die Berge bleich. Der Winter hält sich lang im breiten Pustertal, was die Wintersportler freut. Es ist das Tor zu den weltberühmten Dolomitenbergen bei den Drei Zinnen und dem Pragser Wildsee. Seen und Flüsse, Gipfel und Almen, hier trifft man die Dolomiten in ihren schönsten Formationen. Wanderer, Kletterer, Naturliebhaber aus aller Welt fühlen sich von dieser Landschaft angezogen. Zu sehen gibt es rund um das Pustertal noch weit mehr: mit dem Tauferer Tal und dem Ahrntal, dem Antholzer- und dem Gsieser Tal ist an Orten, die noch nicht jede und jeder kennt, kein Mangel. Es ist eine Region mit einem äußerst prägnanten Dialekt und die Heimat der dritten Sprache Südtirols – des Ladinischen.

AUF EINEN BLICK

*PUSTERTAL & DOLOMITEN

MARCO POLO OUTDOOR-HIGHLIGHTS ★

★ MTB-Tour mit spektakulären Ausblicken
Spektakuläre MTB-Runde zur Plätzwiese mit sanften und fordernden Passagen, oben gibt's eine Belohnung → S. 74

★ Das Juwel der Dolomitenseen
Traumwanderung um den Pragser Wildsee → S. 76

★ Ein Blumenmeer bis zum Horizont
Die Armentarawiesen unterhalb des mächtigen Heiligkreuzkofel-Massivs → S. 78

★ Einmal herum um die Drei Zinnen
Wanderung um das Wahrzeichen der Dolomiten → S. 80

★ Einfach dem Wasser folgen
Wanderung durch die spektakuläre Bergwelt zum Biotop Wieser-Werfer-Moos → S. 82

★ Auf Messners Spuren
Tour durchs Trainingsrevier des berühmten Bergsteigers → S. 84

SALZBURG
7
Prettau
Einfach dem Wasser folgen
11
SS 621
Steinhaus
Hinterbichl
Virge
9
St. Johann im Ahrntal
TIROL
Luttach
10
Rein in Taufers
41 km, 50 Min.
St. Veit in Defereggen
St. Jakob
Schwarzach
Taufers
8
17
14
Antholz Obertal
Uttenheim
Antholz Niedertal
St. Magdalena
16
Innervillgraten
Bruneck
13
Oberrasen
St. Lorenzen
Außervillgraten
Pichl
18
4
Olang
Welsberg
Sillian
15
nach
Toblach
Tassenb
SS 49
Innichen
244
Das Juwel der Dolomitenseen
21
Enneberg
Schmieden
Welschellen
5
MTB-Tour mit spektakulären Ausblicken
19
4
St. Vigil in Enneberg
Moos
5
t. Martin in Thurn
ITALIA
SS 51
SS 52
22
3
TRENTINO-ALTO ADIGE/SÜDTIROL
24
ampill
20
Ein Blumenmeer bis zum Horizont
23
2
1
Abtei
Pad
3
Einmal herum um die drei Zinnen
Stern
Giralba
2
St. Kassian
VENETO
1
Corvara
Auronzo di Cad
Cortina d'Ampezzo
S 244
SR 48
SR 48
Zuel di Sopra
Vigo di Cad

OUTDOOR-HIGHLIGHTS

*DIE BESTEN ERLEBNISSE DRAUSSEN

MTB-Tour mit spektakulären Ausblicken ★

Das Plateau Plätzwiese am Ende des Pragser Tals erwartet MTB-Radler mit einer spektakulären Bergkulisse. Auf einer ehemaligen Bahntrasse geht's durch das malerische Höhlensteintal zunächst zum Toblacher See, dann weiter zum Dürrensee ordentlich den Berg hinauf, sodass ein E-MTB eine wahrhaft gute Wahl ist. Wer es wirklich wissen will, nimmt am Ende den alten steilen Militärpfad.

Hinaus zu blühenden Wiesen

Das Leben in der Vertikale macht es möglich, unten im Sommer aufzubrechen und oben im Frühling anzukommen. Rund um die Plätzwiese erheben sich die mächtigen Bergmassive der Hohen Gais, der Drei Zinnen, der Tofane und des Monte Cristallo in grauer Eleganz über dem satten Grün. Denn vom Frühsommer an bis in den Herbst hinein blühen auf der Hochalm die Blumenwiesen.

Auf der alten Bahntrasse

Power-Knopf drücken und los geht's. Wie eine Schlange zieht sich die ehemalige Bahntrasse von Toblach durch das Höhlensteintal hinauf Richtung Cortina d'Ampezzo, einen der Wintersport- und Wander-Hotspots der italienischen Alpen. Auf 1400 m ist der Dürrensee mit seinem türkisblauen Wasser erreicht, in dem sich die beeindruckende Bergkulisse spiegelt. Zeit für einen Foto- und Badestopp. Das Pragser Tal trennt die Pragser von den Sextner Dolomiten mit den berühmten Drei Zinnen. In dieser Fünf-Sterne-Gegend ist man selten allein, **Insider-Tipp** außer man nimmt für die letzten 6 km in Schluderbach den Abzweig zum alten Militärweg. Dieser Weg schraubt sich in zehn Serpentinen 500 hm hinauf zur Plätzwiese. Oft ist er ausgewaschen, mit tiefen Rinnen und Kiesfeldern.

Pause!

Zur wohlverdienten Rast locken die Dürrensteinhütte oder der Berggasthof Plätzwiese mit Kaiserschmarrn und erfrischenden Getränken. Zurück geht es über die asphaltierte Straße in Richtung Schmieden. Beim Talausgang führt der Pustertalradweg zurück nach Toblach. Wer lieber gemütlich auf die Plätzwiese kommen möchte, nimmt den Rückweg auch für die Anfahrt.

Von der Dürrensteinhütte geht es in nur 300 hm auf einem breiten und gut ausgeschilderten Weg zu Fuß hinauf auf den Strudelkopf (2307 m). Es gibt nur wenige Gipfelwanderungen, bei denen man nach so kurzer Aufstiegszeit (45 Min.) mit einem derart atemberaubenden Blick belohnt wird: auf die Hohe Gaisl und den Seekofel, Drei Zinnen, Cadini-Gruppe, Monte Cristallo, Tofana und Marmolata.

Die Tour im Überblick

Mittelschwere E-MTB-Rundtour von Toblach zum Hochplateau Plätzwiese, 45 km, 800 hm auf- und ebenso viele abwärts

Von Bahnhof Bruneck mit Bahn und/oder Bus bis Toblach | Für die Off-Road-Pisten sind vollgefederte E-Mountainbikes zu empfehlen. E-Räder z. B. bei bike academy-sextnerdolomiten.com | €

Radeln von Frühjahr bis Herbst, die Wege sollten schneefrei sein

Feste Schuhe, wetterfeste Kleidung

46.72498, 12.22568

DOWNLOAD GPX-Track

Die Radtour hinauf auf die Plätzwiese hat es in sich. Aber die Anstrengung wird reichlich belohnt

Das Juwel der Dolomitenseen ★

Eine etwa zweistündige Rundwanderung führt auf einem bequemen Weg und über Holztreppen einmal um den wohl berühmtesten See der Dolomiten, den Pragser Wildsee. Wer ihn ein bisschen für sich haben möchte, wählt für den Besuch am besten einen Tag im Herbst oder Winter oder steht ganz früh auf.

Ein sagenhafter See

Schenkt man einer alten Sage Glauben, so entstand der See, als einst Menschen hier nach Gold und Diamanten schürften. Die Hirten waren neidisch und versuchten diese Schätze zu rauben. Es gelang ihnen nicht, denn die Schatzsucher öffneten unterirdische Quellen und versenkten ihren gesamten Reichtum im daraus entstandenen See. Das erklärt zumindest die smaragdgrüne Farbe des Sees, sein Funkeln und Glitzern. Tatsächlich war es wohl eher so, dass einst gigantische Felstürme in die Tiefe stürzten und das Tal an seiner engsten Stelle verschlossen. Aus dem Wasser, das sich dahinter staute, entstand der Pragser Wildsee, ein sogenannter Verdämmungssee, der keinen sichtbaren Abfluss aufweist, aber an seiner mit 36 m tiefsten Stelle unterirdisch abfließt. Berühmt geworden ist der Lago di Braies, wie der See auf Italienisch heißt, durch die Mystery-Serie „Un passo dal cielo", in deren ersten drei Staffeln kein Geringerer als Terence Hill als Bergpolizist Pietro Thiene am Südufer des Sees reitet.

Einmal um den See herum

Der See ist Teil des Naturparks Fanes-Sennes-Prags, des UNESCO-Welterbes Dolomiten und ein geschütztes Naturdenkmal. Um den Besucherstrom ein wenig zu lenken, gibt es eine empfohlene Laufrichtung für die Wanderung um den See. Der Weg führt auf einem felsigen Waldweg

am Westufer entlang und erhebt sich später auf Holzstufen etwas über den See. Wunderschön spiegelt sich im grün-blauen Wasser der mächtige Seekofel. Gerade an heißen Sommertagen ist ein erfrischendes Bad im maximal 14 Grad warmen Wasser nicht abwegig.
Schnell ist das Südufer erreicht. Hier weiden im Sommer Kühe, die sich so selbstverständlich wie die Touristen auf dem Wanderweg bewegen. Eine Decke, ein kleines Picknick und ein schönes Buch sind die perfekte Ausrüstung, um hier einen wunderbaren Nachmittag zu verbringen. Wer erst spätabends die Runde beendet, wird ein fantastisches Farbspiel erleben, wenn sich die Felsspitzen, die sich im See spiegeln, in der Abenddämmerung rot färben. Eine schöne, aber etwas kostspielige Alternative zur Wanderung ist die Ausfahrt auf den See mit einem der exklusiven Holzruderboote.

Die Tour im Überblick

Leichte Wanderung um den Pragser Wildsee, ca. 3 km, 2 Std., 40 hm auf- und abwärts

Mit Bus 439 ab Bahnhof Welsberg und Bus 442 ab Bahnhof Niederdorf nur nach Vorab-Reservierung | Mit dem Auto ist die Zufahrt zu den Parkplätzen von Juli bis Mitte Sept. von 9 bis 16 Uhr nur mit vorab gebuchtem Ticket möglich | pustertal.org | €€

Außerhalb der Saison
Decke, Picknick, Buch, Badesachen, Handtuch, Sonnenhut
46.70093, 12.08567

DOWNLOAD GPX-Track

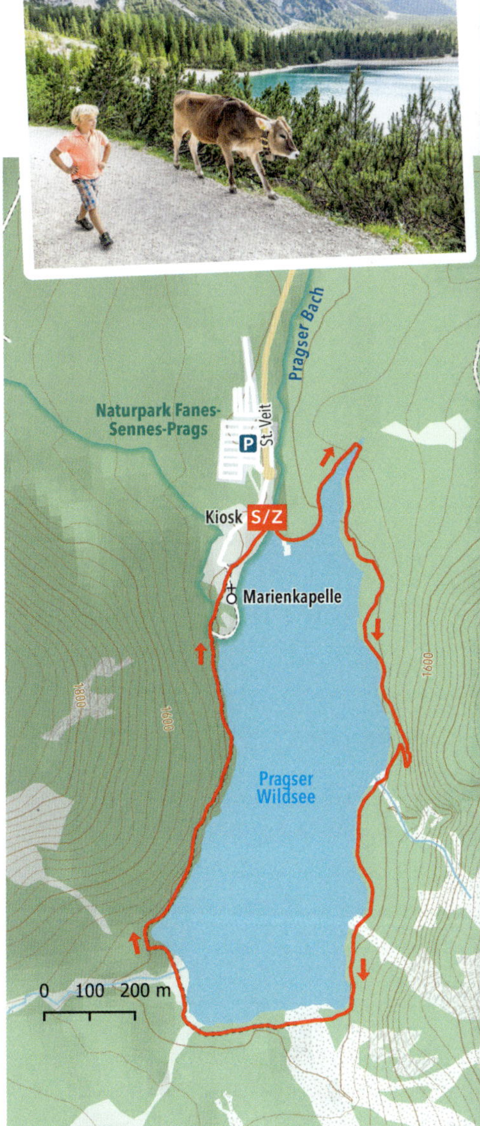

Das satte Türkisblau des Pragser Wildsees sucht seinesgleichen (li.). Bei einer Umrundung trifft man auch auf unerwartete Spaziergänger (o.)

Ein Blumenmeer bis zum Horizont ★

Wer blühende Bergblumenwiesen mag, ist auf einer Wanderung zu den Armentarawiesen unter dem gewaltigen Gipfel des Heiligkreuzkofel im Gadertal genau richtig. Denn wo Almwiesen ganz traditionell bewirtschaftet werden, gedeiht eine schier unglaubliche Pflanzenvielfalt. Eine Eishöhle und grandiose Ausblicke liegen am Wegesrand.

Mit dem Sessellift hinauf

Oberhalb der ladinischen Gemeinde Abtei/Badia erhebt sich die mächtige Bergkette der Fanes-Gruppe. Mittendrin und am Gipfelkreuz leicht zu erkennen befindet sich der Heiligkreuzkofel – noch so ein Berg voller Legenden und ein Lieblingskletterfelsen von Reinhold Messner. Ob er immer nur Augen für die Felswände hatte? Oder vielleicht auch für die unglaubliche Schönheit darunter? Nahe an das Felsmassiv heran bringt dich der Sessellift La Crusc in zwei Etappen hinauf. Nach wenigen Minuten Anstieg ist die Heilig-Kreuz-Kirche erreicht und das daneben befindliche Heilig-Kreuz-Hospiz, das heute ein Gast- und Schutzhaus ist. Weiter geht es durch niedrige Kiefern und Lärchen, die an der Baumgrenze von ca. 2000 m den widrigen Bedingungen trotzen, durch eine Mondlandschaft bis zu einem Schneefeld direkt am Berg, das sich als faszinierende Eishöhle entpuppt – an warmen Sommertagen ein perfekter Ort für eine Rast.

Wanderung zu den Wiesen

Auf einem breiten Forstweg wanderst du in gemütlichen Schwüngen durch einen Wald abwärts, bis dieser sich lichtet und einen ersten Blick auf die weiten Armentarawiesen freigibt. Die leicht geschwungenen Hügelketten sind von Blumen übersät. Es gibt dichte weiße, lila, gelbe, blaue und rote Blütenbereiche – die Pflanzen leben wie die Menschen gern in Gruppen. Die meisten Wiesen sind sogenannte Magerwiesen, die in der Regel nur einmal im Jahr gemäht und nicht gedüngt werden. Am Tag der Artenvielfalt wurden hier kürzlich 359 Farn- und Blütenpflanzen gezählt, darunter Arnika, Trollblumen, Schwefelanemonen, breitblättriger Enzian und verschiedene seltene Orchideenarten. Außerdem 59 Käfer- sowie 43 Vogel- und 40 Schmetterlingsarten. **Insider-Tipp** Auf dem Weg zurück nach Abtei kommst du an der Ranchhütte vorbei, wo leckere ladinische Gerichte auf der Karte stehen, dabei das fast kitschig schöne Bergmassiv des Naturparks Puez-Geisler immer im Blick. Bei stabilem Wetter die Wanderung für den Nachmittag und frühen Abend einplanen! Im flachen Licht der langsam sinkenden Sonne ist es hier einfach magisch.

Die Tour im Überblick

Leichte Bergtour im Gadertal zu den Armentarawiesen, 12 km, 3,5 Std., 210 hm auf- und 890 hm abwärts, kann auch in umgekehrter Richtung unternommen werden

Vom Bahnhof in Bruneck mit dem Bus 460 bis Abtei, Pedratsches | Das Auto kann kostenlos beim Sessellift La Crusc geparkt werden | €€ (Lift)

Ende Juni–Okt.

Normale Bergwanderausrüstung: gute Schuhe, ggf. Trekkingstöcke, Regensachen,

46.60946, 11.89620 (Start)

DOWNLOAD GPX-Track

Draußen 30 Grad im Schatten, blühende Blumenwiesen und blauer Himmel (li.). Drinnen in der Eishöhle, die sich an den Fuß des Heiligkreuzkofels schmiegt, ist es erfrischend kühl (re.)

Einmal herum um die Drei Zinnen ★

Das Wahrzeichen der Dolomiten ragt unverkennbar mit drei gewaltigen Felstürmen aus einer schier unglaublichen Landschaft empor. Von welcher Seite man die Drei Zinnen auch betrachtet, sie geben einem das Gefühl, ein Sandkorn im Lauf der Zeit und gleichzeitig Teil von etwas ganz Großem zu sein. Hier gilt es noch mehr als sonstwo in den Bergen, jeden Schritt zu genießen.

Hellgrau und Grün

Diese zwei Farben dominieren die grandiose Landschaft, in der sich die beeindruckendsten Gipfel der Dolomiten erheben, dazwischen Gräser, Blumen und Kräuter. Wer genau hinsieht, wird vielleicht das Dolomiten-Fingerkraut, die Gelbe Schafgarbe, Krokusse oder Glockenblumen entdecken. Der Naturpark Drei Zinnen ist Teil des europaweiten Schutzgebiet-Netzwerks Natura 2000. Es gibt zahlreiche Wanderwege, stets vor der Kulisse der markanten Spitzen.

Der wohl bekannteste und beliebteste dieser Wege führt von der Auronzohütte über den Paternsattel, vorbei am Paternkofel und weiter zur Dreizinnenhütte auf 2405 m Höhe. Eine Berglandschaft wie eine Kleckerburg aus Stein begleitet einen auf dem ersten Teil des Weges, bevor man am Paternsattel erstmals die Nordflanke der Drei Zinnen sehen kann.

Kletterlegenden

Die berühmte Nordwand der Großen Zinne ist ein Mythos der Alpingeschichte, sie liegt vollständig auf Südtiroler Gebiet. Die südliche Seite hingegen liegt in der Provinz Belluno – die Grenze verläuft über die markanten Gipfel. Die Erstbesteigung der Großen Zinne gelang Paul Grohmann, Franz Innerkofler und Peter Salcher im Jahr 1869. Bis heute sind die Gipfel der Drei Zinnen gestandenen Kletterern vorbehalten, es führt auch kein Klettersteig zu ihnen hinauf. Die relativ leichte, aber sehr lange Normalroute verläuft auf der Südseite auf den Gipfel, wo die Kletterer zumindest mit ihren Köpfen die 3000er-Marke knacken, denn die Große Zinne selbst ist nur 2999 m hoch.

Unterhalb des Paternkofels, ein im Ersten Weltkrieg aufgrund seiner strategisch günstigen und aussichtsreichen Lage hart umkämpfter Berg, geht die Wanderung weiter zur spektakulär gelegenen Dreizinnenhütte und von dort zurück zum Ausgangspunkt. Der Blick über die Sextner Dolomitenlandschaft ist einzigartig, es kommt einem vor, als befände man sich auf einem anderen Stern. **Insider-Tipp** Unvergesslich sind die Drei Zinnen kurz nach Sonnenuntergang, wenn sie im roten Licht zu „glühen" beginnen.

Die Tour im Überblick

Leichte Bergtour, 10 km, 3,5 Std., 390 hm auf- und abwärts

Vom Bahnhof Bruneck nach Toblach, ab hier fährt Shuttlebus 444, Online-Buchung erforderlich, drei-zinnen.bz/de/ticket | Mit dem Auto über Mautstraße zur Auronzohütte (Straße wird gesperrt, sobald der Parkplatz voll ist) | €€€ (Mautstraße)

Juli–Sept.

Wanderschuhe, ggf. Trekkingstöcke, Regensachen

46.61354, 12.29589

DOWNLOAD GPX-Track

Unterwegs durch eine fantastische Landschaft (li.), die auch ein paar Kletterfelsen bereithält (re.)

Einfach dem Wasser folgen ★

Eine spektakuläre Bergwelt! Viele Gletscher speisen die tosenden Flüsse, Seen, Biotope und Wasserfälle des Ahrntals. Es ist eines der wasserreichsten Täler Südtirols, zugleich zählt es zu den ursprünglichsten Gegenden Südtirols und ist für seine Holzschnitzkunst bekannt.

Hinauf zum Biotop

Diese Wanderung am Talschluss führt von Kasern über den Waldner See zum Biotop Wieser-Werfer-Moos und wieder zurück nach Kasern. Von der Wendeschleife des Busses geht es zunächst ein kleines Stück zurück ins Dorf. An der ersten Straße rechts beginnt der Wanderweg hinauf zur Waldner Alm, der von da weiter zum größten Bergsee des Ahrntals, dem Waldner See (2237 m), führt. Über dem kargen Seeufer erhebt sich beeindruckend der 3251 m hohe Rauhkofel-Gipfel an der Grenze zu Österreich.

Baden mag man hier eher nicht, denn der See ist eisig kalt. Aber rasten schon, das Alpenpanorama ist umwerfend. Die Unberührtheit des Talschlusses ist faszinierend. Kein Lift stört den Blick in die Landschaft, überhaupt sind die Zeichen der menschlichen Zivilisation rar gesät. Das tut irgendwie gut. Dann macht man sich wieder auf den Weg und quert in östlicher Richtung unterhalb der Gipfel Sauwipfel und Gamsspitz zum Hochmoor und Biotop Wieser-Werfer-Moos.

Eine Schlange aus Wasser

Was man von unten nicht sehen kann, von hier oben aber schon: Der Bachlauf mäandert durch das Hochmoor, als müsste er vorführen, wie das idealerweise auszusehen hat. Sein Gurgeln und Plätschern empfängt einen wenig später auf der

Hochebene, auf der allerlei seltene und schöne Pflanzen gedeihen. Hier scheint die Welt noch in Ordnung. Das Rauschen des Wassers belebt und macht gute Laune.

Nach der Wanderung über die unbewirtschaftete Starklalm findet man zum Weg Nr. 15, der durch einen Garten aus Felsblöcken und Alpenrosen in Richtung Fuchsalm führt. Sie ist nur temporär bewirtschaftet und man muss man Glück haben, damit man hier eine kleine Jause vor dem Abstieg bekommt **Insider-Tipp** oder einen der vorzüglichen Graukäse, eine Spezialität aus der Region, den die Sennerin hier produziert. Wo der Wald beginnt, rauscht das Wasser in breiten Kaskaden den Berg hinab, und auf den zackigen Serpentinen verlieren wir schnell an Höhe. Der Wanderparkplatz Kasern kommt in Sicht und damit auch das Ende dieser Tour.

Die Tour im Überblick

Mittelschwere Bergtour zum Biotop Wieser-Werfer-Moor bei Kasern, 12 km, 4,5 Std., 830 hm auf- und abwärts, kann auch in entgegengesetzer Richtung unternommen werden

Vom Bahnhof Bruneck mit dem Bus 450 nach Kasern | Wanderparkplatz in Kasern; ab hier geht es nur noch zu Fuß oder mit dem Fahrrad weiter

Ende Juni–Okt.

Wanderschuhe, ggf. Trekkingstöcke, Regensachen, Trinkflasche, Picknick

47.05008, 12.12660 (Start)

DOWNLOAD GPX-Track

Im Frühsommer säumen üppig blühende Alpenrosenbüsche den Weg (li.). Wasserläufe sorgen für weitere Farbtupfer in der rauen Landschaft im Talschluss des Ahrntals (re.)

Auf Messners Spuren ★

Die steile Nordwand des Peitlerkofels war einst Trainingsrevier des berühmten Bergsteigers Reinhold Messner. Im Süden präsentiert sich der Berg dagegen sanft und eingebettet in weite Almwiesen. Der Peitlerkofel liegt zwischen dem ladinischen Gadertal und dem Eisacktal. Auf Straßen wäre man ewig unterwegs, hier wandert man einfach hinüber.

Hinauf auf den ladinisch-deutschen Sprachgrenzberg

Formvollendet ragt die Spitze des großen Peitlerkofel in die Höhe. Die Passstraße über das Würzjoch – in ladinischer Sprache Ju de Börz – verbindet auf 2006 m Höhe das ladinische Gadertal (Val Badia) mit dem Villnösstal und von dort weiter mit dem Eisacktal und bildet somit eine Sprachgrenze, auch wenn beide Täler zu Südtirol gehören.

Die Wanderung beginnt alpin. Von der Hütte Ütia de Börz auf der Passhöhe geht es in Richtung Peitlerscharte aufwärts. Schnell lässt man die freundliche Almstraße hinter sich und bahnt sich auf einem schmalen Pfad durch Geröll seinen Weg, der zum Ziel hinblickend unendlich erscheint. In der Scharte hängen noch die letzten Schneefelder, obwohl schon Juli ist.

Gipfelbesteigung oder bequeme Almquerung

Dann, auf der 2361 m hohen Peitlerscharte, weitet sich der Blick über eine zauberhafte Hochalm. Es ist der perfekte Ort zum Rasten, denn der größte Teil des Aufstiegs ist hier schon geschafft und die Aussicht könnte nicht schöner sein. Sehr einladend windet sich der Weg hinüber zur Schlüterhütte durch eine Traumlandschaft aus weißen Felsbrocken und gelbem Gras. Die Hütte ist nur

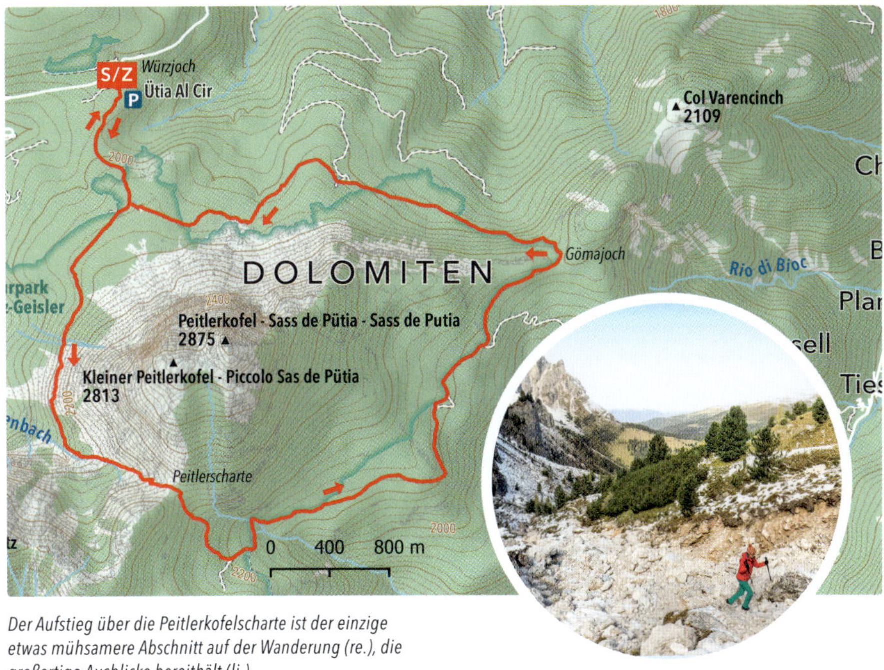

Der Aufstieg über die Peitlerkofelscharte ist der einzige etwas mühsamere Abschnitt auf der Wanderung (re.), die großartige Ausblicke bereithält (li.)

ca. 30 Min. entfernt, der Abstecher lohnt sich aufgrund der grandiosen Aussicht sehr.
Eine zweite Option wäre die Gipfelbesteigung des Kleinen und/oder Großen Peitlerkofels (2875 m). Der kleinere der beiden ist relativ leicht zu erreichen und auch für Höhenängstliche machbar, der Große hält im letzten Abschnitt ein paar ausgesetzte und seilversicherte Stellen bereit, die eine gewisse Überwindung erfordern. 2,5 Std. zusätzlich müssen für den Auf- und Abstieg eingeplant werden.
Ohne Aufstieg geht es über die Ütia-Vaćiara-Alm zum Göma-Pass und weiter zur Ütia-Göma-Hütte. Dann wird es flacher und die Wanderung führt durch einen märchenhaften Wald zurück bis zur Alm Munt de Fornella. Jetzt ist es nur noch ein kurzes Stück zurück zur Ütia de Börz, wo man den Ausgangspunk der Tour wieder erreicht.

Die Tour im Überblick

Mittelschwere Wanderung um den Peitlerkofel, 13 km, 5–6 Std., 550 hm auf- und abwärts; bei Gipfelbesteigung + 2,5 Std. und + 510 hm

Vom Bahnhof Bruneck mit Bus 460 bis Abzweigung St. Martin, weiter mit Bus 464 bis Würzjoch | Wanderparkplatz am Würzjoch

Juni–Sept.

Bergschuhe, Trekkingstöcke, ausreichend Essen und Trinken, Regenbekleidung, Handy für Notfälle

46.67570, 11.81403 (Start)

DOWNLOAD GPX-Track

MEHR ERLEBEN

*WEITERE ABENTEUER & AUSFLÜGE

Ein Blütenmeer, so weit das Auge reicht, eröffnet sich im Frühling auf den Pralongià-Wiesen

Das Pustertal ist ein weites Tal, von dem aus die berühmte Drei-Zinnen-Region abzweigt, außerdem einige ruhige und ursprüngliche Seitentäler und das malerische Gadertal, in dem die ladinische Sprache und Kultur lebendig ist. Das Pustertal ist ein Paradies für Bergsportler, Schneehasen und Pflanzenliebhaber.

IM GADERTAL

Im Blumenmeer baden

1 Leichte Wanderung hinauf zu den Pralongià-Wiesen, 13 km, 4 Std., 525 hm auf- und abwärts

Die Hochebene Pralongià zwischen Corvara, Stern und St. Kassian wird wegen ihrer atemberaubenden Aussicht auch Amphitheater der Dolomiten genannt. Im Frühsommer blühen hier auf ca. 2000 m Meereshöhe unzählige Blumen. Der schöne Wanderweg beginnt am Parkplatz Punt de Sciaré und führt über die Wege 24B und 24A in einem angenehmen Anstieg durch Wald und über die Störeswiesen hinauf zur Pralongià-Hütte, die mit ihrer herrlichen Sonnenterrasse viele Gäste anzieht. Etwas oberhalb der Hütte befindet sich eine schöne Kapelle. Auch im Winter ist diese Wanderung sehr lohnend. Dann stapft man statt durch Blumenwiesen durch eine weite Winterlandschaft. Zurück geht es auf dem Hinweg, und wer 400 hm sparen will, kann auch die Seilbahn Piz Sorega ab St. Kassian nehmen.

Vom Bahnhof Bruneck mit Bus 460 bis Stern, Kulturhaus, weiter mit Bus 465 bis Sciaré | € Im späten Frühling, Mai, Juni, aber ganzjährig möglich Wanderausrüstung, Bergschuhe, Pflanzenbestimmungsbuch, Kamera 46.55342, 11.96831 (Start)

Ladinische Kunst auf Schritt undTritt

2 Einfacher Spaziergang durch die Welt der ladinischen Kunst von Altin bei La Villa bis nach St. Kassian, 3,5 km, 1 Std.

Bei der ersten Skulptur am Wegesrand, „Sublimaziun feminila" von Pepi Pescollderungg, ist viel in Bewegung. Sie ist mehr eine Bank als eine Frau, man mag sich an sie anlehnen, sich auf ihr ausru-

Ein Parkour ladinischer Kunst erwartet die Wanderer auf dem „Tru di artisc" zwischen Altin und La Villa

Fabelhafter Ausblick nahe der Barbara-Kapelle bei Wengen

hen. Derzeit sind Skulpturen von zehn Künstlern zu sehen, doch es kommen auch neue hinzu. Dass sich die ladinische Sprache bis in unsere heutige Zeit so gut erhält, liegt vor allem daran, dass sie in Südtirol neben Deutsch und Italienisch als dritte Amtssprache anerkannt ist und in den ladinischen Schulen als Pflichtfach gelehrt wird.

Auch auf dem „Tru di artisc" – dem Weg der Künstler – spielt das Ladinische eine wichtige Rolle; an verschiedenen Stationen werden Gedichte ladinischer Autoren präsentiert. **Insider-Tipp** Auch der Besuch des Museum Ladin Ursus ladinicus lohnt sich! Im Zentrum der Ausstellung steht der Höhlenbär, der hier vor 50 000 Jahren lebte.

Vom Bahnhof Bruneck mit Bus 460 bis Stern (Abtei), Kulturhaus | museumladin.it | € (Eintritt Museum) Ganzjährig möglich Muße 46.58364, 11.90832 (Start)

Zum Höhenkirchlein St. Barbara in Wengen

3 Einfache und kurze Wanderung von Wengen im Gadertal zur Barbara-Kapelle, 3,6 km, 1 Std., 175 hm auf- und abwärts

Von der Wengener Dorfkirche, der Pfarrkirche zum heiligen Genesius, führt der Weg Nr. 6 nach einem kurzen Stück Straße auf einem schmalen, aber bequemen Pfad durch einen Wald zum Höhenkirchlein am Fuße der Kreuzspitze und des Pares hinauf. Dieses der heiligen Barbara und dem heiligen Florian geweihte Gotteshaus wurde vermutlich im Jahre 1490 von Bergknappen errichtet und beherbergt einen wertvollen Marienaltar.

Wirklich spektakulär schön ist der Ausblick auf das Gadertal und die umliegende Bergwelt. Insbesondere die markante Kreuzkofelgruppe und der majestätische Peitlerkofel stechen ins Auge. Auf dem Rückweg beim Feldkreuz unterhalb der Barbarakapelle den westwärts führenden Weg zum Weiler Cians einschlagen und über diesen zurück nach Wengen wandern. Wer sich vorab ankündigt (Tel. +39 0471 84 31 49), kann auf dem Survisc-Hof im Weiler Cians ladinische Köstlichkeiten probieren, wie Cajinci arstis (frittierte Kartoffelkrapfen), Tirtlen (Schmalzgebäck) oder die nahrhafte Gerstensuppe.

Vom Bahnhof Bruneck mit Bus 460 bis zur Abzweigung St. Martin, weiter mit Bus 464 nach Wengen | survischof.bz | € Ganzjährig möglich Normale Wanderausrüstung, herzhaften Appetit 46.65771, 11.92398 (Start)

Einfach entkoppeln und los geht der Flug durch die Baumwipfel an der 3 km langen Zipline im Gadertal

Ein geheimnisvolles Boot

4 Mittelschwere, ausgedehnte Wanderung über die Lüsner Alm zum Glittner See, 13 km, 4 Std., 525 hm auf- und abwärts

Der Weg Nr. 26 führt hinauf von Welschellen auf die Welschellener Alm, die zur Rast einlädt, und weiter zu dem herrlich gelegenen Glittner See. Heute schwimmen im See noch immer zwei Schwäne. Verschwunden ist hingegen das geheimnisvolle Segelboot aus Holz, das hier noch vor einigen Jahren am Uferrand lag. Studenten der Fakultät Architektur der Universität Innsbruck hatten es in Teilen mühsam hinaufgeschleppt und aufgebaut. Ein Kunstwerk, das sich mit dem Eingreifen des Menschen in die Natur beschäftigte. Beim darauffolgenden Johannisfeuer ging es wie geplant in Flammen auf und verschwand. Im Netz geistert es noch immer auf zahlreichen Fotos über den See. Geblieben ist auch die schöne Rundwanderung über die Campiller Wiesen, zum Jakobstöckl und über das Glittner Joch.

Vom Bahnhof Bruneck mit Bus 460 bis Zwischenwasser, weiter mit Bus 467 bis Welschellen | Die Tour kann auch vom Eisacktal vom Parkplatz Schwaigerböden (nur mit dem Auto zu erreichen) gegangen werden | luesen.com | € Mai–Okt.
Normale Wanderausrüstung, Badesachen
46.71577, 11.88263 (Start)

Mit 80 Sachen ins Tal

5 Mit der Zipline im Abenteuerpark Adrenaline X-Treme in St. Vigil im Gadertal, 3 km in Etappen, 1 Std.

Der Guide, der einen mit der Seilbahn und dann den Turm zur Absprungkante hinaufbegleitet hat, zögert nicht lange, als er mit einem leisen Klicken die Blockierung der Hightech-Laufrolle auskoppelt und der Flug beginnt. Ein leiser Schrei der Überraschung, ein Adrenalinkick und danach einfach nur Glücklichsein und Flieeeeegen! Über neun Stationen geht es auf einer Strecke von insgesamt etwas mehr als 3 km bis zum Ziel. Zwischen Station

Einmal um den majestätischen Sellastock führt die berühmte Skirunde auf insgesamt 40 km

3 und 4 befindet man sich 100 m über dem Boden und saust mit 80 km/h ins Tal. Zwei Guides begleiten die Gruppe die ganze Zeit und vermitteln ein Gefühl der Sicherheit. Und weil es der Zahlen noch nicht genug sind: Jeder, der zwischen 35 und 130 kg wiegt, darf mitfliegen!

Vom Bahnhof Bruneck mit Bus 460 bis Zwischenwasser, weiter mit Bus 461 bis St. Vigil | Parkplätze vor Ort | adrenalineadventures.it | €€€ Ende April–Anfang Nov. Spezialausrüstung und Helm werden vom Veranstalter gestellt, Kamera mit Handschlaufe, Mut und Adrenalin 46.70069, 11.92813 (Seilbahn)

Auf Skiern um den Sellastock

6 Auf der legendären Skirunde Sellaronda

Für viele leidenschaftliche Skifahrer steht einmal im Leben die Sellaronda auf dem Plan, wie die Umrundung des berühmten Sellamassivs in den Dolomiten auf Ladinisch heißt. Die mittelschwere Skirunde ist legendär, denn auf ihr lässt sich das Sella-Bergmassiv in den Dolomiten an einem Tag umrunden. Vier Dolomitenpässe werden dabei überquert: der Campolongo-Pass, der Pordoi-Pass, das Sellajoch und das Grödner Joch. Außerdem führt die Sellaronda an fünf Ortschaften vorbei: Arabba, Canazei, Wolkenstein, Corvara und Colfosco in Alta Badia. Der Einstieg in die Tour ist überall möglich, sie kann im Uhrzeigersinn (orange Beschilderung) oder gegen ihn (grüne Beschilderung) befahren werden. Insgesamt legen Skifahrer auf dieser atemberaubend schönen Runde durch die Dolomitenberge eine Strecke von 40 km zurück, rund 24 km davon mit Seilbahnen. Allerspätestens um 10 Uhr vormittags sollte man loslegen, damit man nicht irgendwo im Nirgendwo steht, wenn die Liftanlagen schließen.

Vom Bahnhof Bruneck mit Bus 401 nach Brixen Busbahnhof und weiter mit Bus 350 bis Wolkenstein, La Bula | sellaronda.info | €€€ Sobald genug Schnee liegt, definitiv im Dez., Jan., Feb., März Abfahrtsskiausrüstung, Helm, Geld für eine Hütteneinkehr, Kamera 46.55302, 11.76353 (Costabella Lift)

Der Schliefstein hinter dem Kirchlein am Ende des Ahrntals schützt nicht nur vor Lawinen, er befreit auch von allen Sünden

IM AHRNTAL

Sich von allen Sünden befreien

7 Einfacher Spaziergang und Besuch des Schliefsteins hinter dem Heilig-Geist-Kirchlein im Talschluss des Ahrntals, 2 km, 1 Std.

Im Talschluss des abgelegenen Ahrntals steht auf 1620 m Meereshöhe das kleine Heilig-Geist-Kirchlein. Der Brixner Bischof Kardinal Nikolaus Cusanus weihte im Jahr 1455 die Kirche und den dazugehörigen Friedhof, den es brauchte, weil regelmäßig Menschen bei der Passüberquerung ums Leben kamen und auch die Bergknappen des Prettauer Kupferbergwerks nicht ewig lebten. Heute ist dieses schöne Plätzchen, von dem aus es nur noch zu Fuß weitergeht, ein besonderer Kraftort. Denn dort, wo sich das Kirchlein an einen Felsen anzulehnen scheint, ist der sogenannte Schliefstein zu finden. Wer sich durch den schmalen Felsspalt zwängt, kommt am anderen Ende frei von all seinen Sünden wieder heraus.

Vom Bahnhof in Bruneck fährt der Bus 450 bis zum Bergwerk, von dort noch 15 Min. zu Fuß | Gebührenpflichtiger Parkplatz am Talschluss | suedtirolerland.it (> wallfahrtskirche-heilig-geist)

Ganzjährig geöffnet, besonders schön an einem Sommerabend *Ein Rucksack voller Sünden*

47.05455, 12.14142

Gesundes Rauschen

8 Einfache Wanderung zu den Reinbachfällen bei Sand in Taufers, 3,5 km, 1,5 Std., 175 hm auf- und abwärts

Wenn Wissenschaftler über die Luft im Tauferer Ahrntal sprechen, fallen jede Menge Superlative: Es ist ein Reinluftgebiet ohne jedwede Schadstoffe und die Konzentration von Pollen ist gering. Denn im Tal gibt es keinen Durchgangsverkehr, keine belastende Industrie, nur Berge und viel Wasser.

Die Wanderung beginnt im Weiler Winkel östlich von Sand in Taufers und führt über den Franziskusweg zu den Wasserfällen. **Insider-Tipp** Es lohnt sich, alle drei Wasserfälle zu erwandern, denn sie werden nach oben hin immer spektakulärer. Wo gewaltige Wassermassen 42 m in die Tiefe stürzen, bilden sich auch besonders viele Ionen, denen heilende Wirkung nachgesagt wird.

Ab Bahnhof Bruneck mit Bus 450 bis Mühlen, Raika, dort umsteigen in Bus 455 bis Sand in

Moderne Architektur trifft raue Felslandschaft: Beim Schutzhaus Schwarzensteinhütte ist der Name architektonisches Programm

Der Ahrntaler Sonnenweg führt auch zum Schwarzbachwasserfall

Taufers, Cascade | Mit dem Auto von Bruneck nach Sand in Taufers, mehrere Parkhäuser und Parkplätze im Ort ◷ Im Frühling zur Schneeschmelze ⚙ Wanderschuhe, Trinkflasche, Sonnenschutz ⚲ 46.91419, 11.96505

Einmal auf 3000 m Höhe schlafen

9 🚶 Anspruchsvolle, teils steile Wanderung von St. Johann im Ahrntal zur Schwarzensteinhütte, 22 km, 7 Std., 1460 hm auf- und abwärts, Übernachtung auf der Hütte empfohlen

Die Schwarzensteinhütte, 3026 m über dem Ahrntal gelegen, ist eine architektonische Perle. Als der Bauzustand der alten Hütte nicht mehr akzeptabel war, baute man 2016/2017 kurzerhand 100 m weiter oben eine neue. Aber nicht irgendeine – der Kubus aus Kupferblech und die schlichten Innenräume aus Fichtenholz geben mit der riesigen Fensterfront den Blick auf Großvenediger und Dreiherrenspitze frei. Auch wenn Traditionalisten der guten alten Stube nachweinen, die allermeisten lieben den modernen, ja hippen Style in luftiger Höhe. Der Weg hier hinauf hat es allerdings in sich: 1460 hm müssen überwunden werden, durch eine fantastische Berglandschaft und verschiedene Vegetationszonen, bis das formidable Bauwerk plötzlich vor einem steht.

ⓘ Mit dem Auto von St. Johann im Ahrntal auf schmaler Bergstraße zum Berggasthof Stallila | Ab Bruneck Bahnhof mit Bus 450 bis St. Johann und zu Fuß weiter zum Berggasthof Stallila (+ 1,5 Std.) | schwarzensteinhuette.com | €€€ (Übernachtung) ◷ Juli–Sept. ⚙ Wanderschuhe, Wanderstöcke, Regenkleidung, Trinkflasche, Sonnenschutz, Handy für Notfälle ⚲ 46.97719, 11.9148 (Start)

Auf sonnigen Wegen

10 🚶 Ein über 40 km langes Wegenetz führt oberhalb der Ahrntaler Dörfer zu beeindruckenden Wasserfällen, Almen und Skulpturen; in Teilstücken begehbar

Der Ahrntaler Sonnenweg verbindet auf einer Höhe zwischen 1000 und 1450 m die Ortschaften Luttach, St. Johann, Steinhaus, St. Jakob und St. Peter auf einem schönen Wanderweg etwas oberhalb der Dörfer. Weil die Strecke auf der

Verwunschen liegen die Ausläufer des Ahrntals weit unter den Radlern auf dem Weg zu den Hühnerspielalmen

Tal-Nordseite entlangführt, kann der Weg auch im Hochsommer gut begangen werden. Die Kulisse in dem recht engen Tal ist überall grandios. **Insider-Tipp** Von allen Ortschaften des Tals aus kann man in den Wanderweg einsteigen, immer in der Nähe der Bushaltestellen. Einige Teilstücke können auch als Extra-Wanderungen begangen werden: der wegen eines schönen Kletterfelsens, einer Bärenhöhle und eines Tunnels besonders für Kinder geeignete Hexensteig, der Leonardiweg zum Skulpturengarten des Künstlers Jakob Oberhollenzer, die große Almenrunde und die Wasserfallrunde, die am Schwarzbachwasserfall vorbeiführt.

Vom Bahnhof Bruneck mit Bus 450 bis zum jeweils gewünschten Einstiegsort | ahrntal.com (> ahrntaler-sonnenwege.html) April–Nov. Normale Wanderausrüstung, gute Bergschuhe, Trinkflasche, Sonnencreme 46.95484, 11.92097 (Start Wasserfallrunde)

Per Rad und zu Fuß

11 Mittelschwere Mountainbike-Tour, kombiniert mit leichter Wanderung, 18 km auf dem Rad, 4 km zu Fuß, 3 Std., 815 hm auf- und abwärts

E-Mountainbike-Fahrer wissen: Das E vor dem Bike erweitert nicht nur ihren Radius. Es schont Gelenke und verkürzt lange Wanderungen, z.B. die zu den Hühnerspielalmen oberhalb von St. Jakob auf 1910 m. Der Motor summt leise auf dem Weg zur ab Juli bewirtschafteten Hollenzalm. Ein gigantischer Steinwall erzählt von gewaltigen Schneemassen und den Lawinen, die im Winter das Ahrntal bedrohen und hier oben aufgehalten werden können. Ab der Alm geht es zu Fuß durch einen Zauberwald mit uralten Lärchen, riesigen Felsbrocken, wilden Farnen und üppig blühenden Alpenrosen zu den Hühnerspielalmen, auf denen tatsächlich mit etwas Glück zwischen März und Juni die Auerhähne und Birkhähne beim Werben um die Hennen beobachtet werden können. Zurück geht es auf dem gleichen Weg oder mit einem Abstecher zur Wollbachalm, die schon ab Mitte Mai bewirtschaftet ist.

Vom Bahnhof Bruneck mit Bus 450 oder dem Auto bis Steinhaus, dort Rad leihen bei Skiverleih Hofer (skiverleih-hofer.com), 3 km bis St. Jakob |

Abgelegen und landwirtschaftlich geprägt – die Pfunderer Höfe im Pfunderer Tal

Kurze Spielpause im Landesmuseum für Volkskunde in Dietenheim

€€€ (Radleihe) Mai–Okt. E-MTB, Karte, normale Radausrüstung, Trinkflasche, Sonnencreme, Kamera 47.00967, 12.01250

BEI BRUNECK

Uraltes Brauchtum erleben

12 Spaziergang zu den Pfunderer Höfen, 7 km, 2 Std., 250 hm auf- und abwärts

Bis heute wird das Leben in Pfunders von seinen Bauern und Handwerkern geprägt, auch von solchen, die es anderswo kaum mehr gibt. Hier werden z. B. noch Fässer gebunden und Hüte gefilzt. In der relativen Abgeschiedenheit halten sich Bräuche eben länger als in der vernetzten Welt. Wie vor 300 Jahren, als man das Brot noch in Holzöfen backte und Verderbliches in natürlichen Eislöchern gelagert wurde, geht es aber nicht mehr zu. Von den „alten Zeiten" erzählen Schautafeln auf dem Pfunderer Höfeweg. Er beginnt am Sportplatz und endet in der Nähe des Wieserhofes, der zu einer Rast in der lauschig überwachsenen Hofschänke einlädt. Bei geführten Touren in der Saison öffnen Bauern und Handwerker ihre Höfe und Werkstätten.

Vom Bahnhof Bruneck nach Vintl, weiter mit Bus 418 nach Pfunders, Schattenseite | gitschberg-jochtal.com/ferienorte/pfunderer-tal/hoefeweg Mai–Sept. Sonnenschutz, Trinkflasche 46.88600, 11.70521 (Start)

Wo die Vergangenheit lebt

13 Auf Entdeckungstour im Südtiroler Landesmuseum für Volkskunde, mind. 2 Std.

Das ca. 4 ha große Freigelände mit den alten, originalen Bauernhäusern, Handwerksstätten und den Bauerngärten gilt als eines der schönsten Freilichtmuseen Europas. In einer Region mit einer unglaublichen Vielfalt an bäuerlicher Architektur, Geschichte und Gegenwart entführt es seine Besucher in die Alltagswelt der verschiedenen bäuerlichen Schichten: vom selbstversorgenden Bauern über ländliche Handwerker bis hin zu Kleinhäuslern und Tagelöhnern. Erkundet werden können eine Vielzahl teils jahrhundertealter Bauernhöfe aus verschiedenen Tälern Südtirols. Das Herzstück des Museums ist der stattliche Ansitz Mair am Hof, in dem das Leben des Landadels, Kunsthandwerk und religiöses Brauchtum dargestellt werden. Auf

Entspannter Spaziergang am Ufer des Antholzer Sees

dem Hof leben viele Tiere, hier gibt es Geschichte zum Anfassen!

Vom Bahnhof in Bruneck fährt der Bus 420.2 bis zum Museum in Dietenheim | Besucherparkplatz | volkskundemuseum.it | € Mitte April–Ende Okt., Mo geschlossen Neugierde 46.80312, 11.95411

GSIESER & ANTHOLZER TAL

Eiskalte Schönheit

14 Einfache Rundwanderung um den Antholzer See auf dem Naturerlebnispfad, 4 km, 1 Std., 75 hm auf- und abwärts

So türkisgrün schimmert der Antholzer See und so schön ist er eingebettet in die Landschaft unterhalb des imposanten Rieserferners, dass er sich locker mit dem Pragser Wildsee messen kann. Hier gehen auch Einheimische gern spazieren, mitten im Sommer wird mit Ski auf Rollen trainiert, im Winter auf dem See, dann natürlich mit Skiern. In gut einer Stunde ist er umrundet, ein Naturlehrpfad bringt einem etwas über Flora und Fauna und die geologischen Besonderheiten bei. Aber der Antholzer See ist ein Bergsee und kein Badesee, dafür ist er schlicht zu kalt. Ein paar Mutige trauen sich trotzdem hinein, zumindest mit den Füßen. Wunderbar an seinem Ufer in der Sonne liegen, lesen und faulenzen kann man natürlich trotzdem. Der Legende nach entstand der See, weil die Besitzer dreier stattlicher Höfe einem Bettler nichts geben wollten – woraufhin dieser sie verfluchte: Hinter ihren Häusern würde sich eine Quelle auftun und ihre Häuser versinken.

Vom Bahnhof Bruneck mit dem Bus 431 bis zum Antholzer See | Mit dem Auto bis zum Parkplatz am Biathlonzentrum | antholz.bz/antholzersee Ganzjährig möglich Picknick, Decke, Buch zum Lesen, Sonnenschutz, Kamera 46.88378, 12.15227 (Start)

Eines der ursprünglichsten Täler erkunden

15 Mittelschwere MTB-Tour von Welsberg durch das Gsieser Tal bis zur Talschlusshütte in St. Magdalena, hin und zurück 40 km, 3 Std., 372 hm auf- und abwärts

Im gesamten Gsieser Tal leben nur etwas mehr als 2000 Menschen. Es ist eines der naturbelassens-

Traditionelle Bauernhöfe gibt es im abgelegenen Gsieser Tal jede Menge zu bewundern

Auf Holzbohlen durch das Biotop Rasner Möser im Antholzer Tal

ten Täler Südtirols, sehr dörflich und abgelegen. Wo im Winter die Langläufer genüsslich dahingleiten, kann im Sommer wunderbar durch malerische Fluren geradelt werden, immer entlang des Gsieser Baches, durch die Ortschaften Welsberg, Taisten und St. Martin. Religion hat hier immer eine wichtige Rolle gespielt. **Insider-Tipp** Daher lohnt es sich, einen Blick in die Kirchen am Wegesrand zu werfen, beispielsweise in die Pfarrkirche St. Margareth in Welsberg mit gleich drei Altarbildern des aus diesem Dorf stammenden Malers Paul Troger. Beeindruckend sind auch die Weiler und alten Bauernhöfe mit ihrer kunstvollen Architektur, für die kein Tropfen Leim und kein Nagel verwendet wurde.

Vom Bahnhof Bruneck mit der Regionalbahn bis Welsberg-Gsies | Kostenloser Parkplatz am Bahnhof | Räder können bei Husky Rentals (huskirentals.com) geliehen werden | €€€ (Radleihe) Mai–Okt. Touren- oder MTB, Karte, normale Radausrüstung, Trinkflasche, Sonnencreme, Kamera 46.75353, 12.10728 (Start)

Besuch bei Fröschen, Libellen und Moorpflanzen

16 Einfache Entdeckungstour durch das Biotop Rasner Möser, 9 km, 2,5 Std.

Das größte Moorgebiet Südtirols in Oberrasen steht seit 1973 unter Schutz. Hier ist ein See am Verlanden; er hinterlässt einen nährstoffarmen Extremstandort mit sumpfigen Wiesen und offenen Wasserflächen, an dem nur hochspezialisierte Moorpflanzen gedeihen können. So z. B. die Torfmoose, die 90 Prozent Wasser aufnehmen können, oder der Sonnentau, eine fleischfressende Pflanze, deren Tentakeln ein klebriges Sekret absondern, mit dem die Pflanze kleine Insekten festhalten kann. Ein Lehrpfad führt über Holzstege durch dieses etwa 23 ha große Moorgebiet auf 1075 m Höhe.

Ab Bahnhof Bruneck mit dem Bus 431 bis Oberrasen Dorfmitte | Mehrere Parkplätze im Ort | Die Wanderung kann auch ab Antholz Niedertal oder Antholz Mittertal unternommen

Schönere Langlauf-Erlebnisse als im Antholzer Tal kann man sich kaum vorstellen, vor allem bei solchem Wetter

werden | antholzertal.com (> biotop-rasner-moeser) ⏲ *Ganzjährig möglich* ⚙ *Lupe, Mückenschutz, Bestimmungsbuch* 📍 *46.80371, 12.07108 (Start, Kulturhaus Oberrasen)*

Langlaufabenteuer im Antholzer Tal

17❄ Anspruchsvolle Langlauftour im Grenzgebiet zu Österreich, 7 km, 2,5 Std., 200 hm auf- und abwärts

Wo, wenn nicht hier?! Die Winterlandschaft des Antholzer Tals ist ein Mekka für alle, die eine unberührte Winterlandschaft auf Langlaufskiern entdecken wollen. Das Highlight unter den Antholzer Langlaufloipen ist die Hochloipe am Staller Sattel. Der Gebirgspass verbindet das Antholzer Tal mit dem Defereggental in Österreich und eröffnet traumhafte Ausblicke auf die umliegende Bergwelt mit der Rieserfernergruppe und den Villgratner Bergen. Die Strecke auf 2000 m Höhe ist konditionell und wegen der zu überwindenden Höhenmeter anspruchsvoll. Sie kann nur im klassischen Stil gelaufen werden. Wer Höhenmeter beim Langlaufen überhaupt nicht mag: Die Seeloipe über den gefrorenen Antholzer See hat 0 hm zu überwinden. ℹ *Mit dem Auto zum Parkplatz Hinterpasslerhütte (Österreich) | antholzertal.com/de/aktivitaeten/langlauf | €€ (Loipenpass)* ⏲ *Sehr schneesicher von Nov. bis März* ⚙ *Langlaufskiausrüstung (kann auch im Tal geliehen werden), sportliche, warme Kleidung, Schokolade, Loipenpass (vorab kaufen, sonst Aufschlag)* 📍 *46.90091, 12.22254*

Langlaufen am dampfenden Fluss

18❄ Auf Langlaufskiern auf leichten Loipen durchs Gsieser Tal, 22 km, viele Ein- und Ausstiege, auch Rundwege möglich

Die Sonne scheint, der Himmel ist tiefblau ohne ein einziges Wölkchen, das Thermometer zeigt minus 10 Grad. Der Gsieser Bach dampft, weil das 4 Grad kalte Wasser im Vergleich zur belebend frischen Luft warm ist. Bloß keine Zeit verschwenden, die Tal-Loipe ruft. Sie windet sich immer entlang des Gsieser Baches mit mal mehr, mal weniger angenehmen Anstiegen und leichten Abfahrten,

Auch im Gsieser Tal erfreuen bestens gespurte Loipen und Skatingstrecken die Fans des sci di fondo, *wie der Sport in Italien genannt wird*

Auf dem Gipfel des Helms steht das seit Jahrzehnten verfallene Helmhaus in 2434 m Höhe

doch meist ziemlich eben durch die weiß glitzernde Auenlandschaft und durch schwer schneebeladenen Tannenwald. Das gesamte, 22 km lange Tal kann beidseitig des Baches auf perfekt präparierten Loipen befahren werden, von Welsberg und Taisten bis nach St. Magdalena und weiter bis zum Talschluss. **Insider-Tipp** Jedes Jahr am 3. Sonntag im Februar wird in Gsies der größte Volkslanglauf in Südtirol abgehalten. Nur in ganz wenigen Bereichen, vor allem im Talschluss, sind die Loipen rot – also mittelschwer – markiert. Alle anderen Abschnitte sind blau – leicht.

Vom Bahnhof Bruneck mit der Regionalbahn bis Welsberg-Gsies, weiter mit Bus 441 ins Gsieser Tal | gsieser-tal.com (> langlauf) Sobald Schnee liegt, definitiv im Dez., Jan., Feb., März Langlaufausrüstung (kann auch vor Ort geliehen werden), sportliche, nicht zu warme Kleidung, Schokolade, Loipenpass (vorab online kaufen, sonst Aufschlag) 46.77002, 12.17537 (möglicher Loipeneinstieg Binta Pub in Henzing)

BEI TOBLACH

Auf den Spuren der Schmuggler

19 Einfache Wanderung auf dem Schmugglersteig, 7 km, 2,5 Std., 430 hm auf- und abwärts

Bis in die 1960er-Jahre herrschte im hinteren Pustertal über die Grenze zu Österreich ein reger Schmuggelbetrieb. Niemand kannte das Gebirge mit seinen geheimen Übergängen, Gefahrenstellen und Lagermöglichkeiten so gut wie die Schmuggler, die noch dazu meist in dunkler Nacht unterwegs waren. Über Scharten und Joche wurde hin- und hergeschleppt, was im Nachbarland billiger oder schwer zu bekommen war: Zigaretten, Kaffee und Kisten voller Wein. Heute verläuft in dieser Grenzregion ein nach den Schmugglern benannter Steig, der von der Helmbahn-Bergstation vorbei am Hasenköpfl hoch hinaus bis auf den Gipfel des Helms führt. Von da geht es über das Helmhaus und die Hahnspielhütte in einer aussichtsreichen Runde wieder zurück zur Seilbahn. An manchen Tagen im Juli und August fährt die Helmbahn angemeldete Gäste sogar zur Sonnenaufgangswanderung auf den Berg.

Vom Bahnhof in Bruneck mit der Regionalbahn nach Innichen, weiter mit dem Bus 446 nach

Einsamkeit und grandiose Bergformationen zeichnen die Fanesregion aus

Seine Weitläufigkeit macht das Pustertal zu einem großartigen Radlerrevier

Sexten | Parkplätze an der Helmbahn | €€€ (Seilbahn) Ende Mai–Anfang Nov. Bergschuhe, Regenschutz, Proviant, Kartenmaterial, Wasserflasche, Handy für Notfälle 46.69840, 12.35682 (Start)

Ins Reich der Fanes

20 Einfache, aussichtsreiche Wanderung vom Gasthaus Pederü zur Faneshütte und zurück, 10,6 km, 5 Std., 600 hm auf- und abwärts

Mythische Geschichten vom verlorenen Volk der Fanes ranken sich um diese Region. Einst kriegerisch und in Feindschaft mit den angrenzenden Völkern, verlor es eine große Schlacht dank einer List, bei der es dem Zauberer Spina de Mul gelang, der Fane-Königstochter Dolasilla ihre unfehlbaren Pfeile abzunehmen. Bis heute, so glauben die Ladiner, lebt das Volk der Fanes bei den Murmeltieren und wartet auf bessere Tage.

Das auf über 1500 m Höhe gelegene Gasthaus Pederü ist einer der besten Einstiege ins Fanes-Gebiet mit seinen Hochebenen, saftigen Wiesen, sprudelnden Bächen und exzellenten Hütten. Eine zauberhafte Wanderung führt über den Grün- und den Limosee bis zur Faneshütte und zurück. Wer tiefer in den Naturpark Fanes-Sennes-Prags eintauchen möchte, übernachtet im Bettenlager auf der Faneshütte oder Senneshütte.

Vom Bahnhof St. Lorenzen mit Bus 462 nach Pederü | Parkplätze am Gasthaus Pederü | rifugiofanes.com, sennes.com Mai–Okt. Normale Wanderausrüstung, gute Bergschuhe, Trinkflasche, Sonnencreme, Kamera 46.63839, 12.04146

Auf Touren kommen

21 Einfache, familienfreundliche Radtour durch das Pustertal von Neu-Toblach nach Bruneck, 25 km, 2–3 Std., 450 hm abwärts

Der mit insgesamt 105 km von Mühlbach nach Lienz in Österreich führende Pustertal-Radweg entlang des Flusses Rienz ist ein Südtiroler Rad-Klassiker. Auch deshalb, weil er einer der wenigen Radwege im Gebirge ist, bei denen nicht allzu vie-

Der Klettergarten im Innerfeld-Tal besticht mit perfekter Felsstruktur und einer schönen Wiese am Felsfuß

le Höhenmeter überwunden werden müssen und die Strecken auch ohne E-Unterstützung gut zu bewältigen sind. Der Abschnitt von Toblach nach Bruneck ist besonders leicht und schön. Er führt durch Niederdorf mit dem Kneipp-Kurpark, durch Welsberg, den Heimatort des bekannten Malers Paul Troger mit der majestätischen Burg, am Olang-Stausee vorbei und am Ende durch einen schwach beleuchteten Tunnel in der engen Rienzschlucht, bevor die sehenswerte Stadt Bruneck einem plötzlich zu Füßen liegt. Viele Rast- und Spielplätze am Wegesrand machen die Tour angenehm und familienfreundlich. Allerdings ist man hier nicht allein unterwegs.

Da die Zugstrecke der Pustertalbahn größtenteils parallel zum Fahrradweg verläuft, können unterschiedliche Abschnitte gewählt werden und das Hinkommen, die Rückreise, Abkürzung oder das Überspringen von Wegstücken ist kein Problem | kronplatz.com (> aktivitaeten > fahrrad route-pustertal) April–Okt. Radausrüstung, Picknick, Trinkflasche, Sonnenschutz 46.72483, 12.22524

Muskeltraining vertikal

22 Der Klettergarten Innerfeld im gleichnamigen Tal bietet interessante Routen in allen Schwierigkeiten

Der Sektor B im Klettergarten Innerfeld ist hervorragend fürs Familienklettern geeignet: Rauer, wenig abgegriffener Fels in verschiedenen, aber vor allem auch leichten Schwierigkeitsgrade, ein einfacher Zustieg, eine gemütliche Hütte ganz in der Nähe und eine weite Spielwiese am Fuß des Berges. New York, Lissabon und Shanghai heißen hier die Routen. Die Ausrichtung nach Westen bringt wärmende Nachmittagssonne, viel los ist eigentlich nie. Der Zustieg vom Parkplatz (2) dauert 40 Min. und führt auf einem kleinen Pfad durch Latschenkiefer- und Lärchenwälder an der Dreischusterhütte und einer Umzäunung vorbei auf einem weiteren Pfad zur Kletterwand. Der ganz neue Sektor A, der direkt hinter der Schusterhütte abgeht, ist definitiv etwas für die Großen: eine einzige Route im 5er-Bereich, der Rest echt schwer, wie schon die Namen Stirb Langsam, Schwitzender Eisbär und Schachmatt nahelegen.

Die Etappe von der Zsigmondyhütte zur Rotwandwiesenhütte ist einer der schönsten Abschnitte des Friedenswegs

Vom Bahnhof Bruneck mit der Regionalbahn bis Innichen, weiter mit Bus 446 bis Abzweigung Innerfeldtal, weiter mit Bus 449 bis Antoniusstein | Mit dem Auto: Die Straße zum Parkplatz 2 wird um 8.45 Uhr geschlossen, danach verkehrt ein Shuttlebus | hochpustertal.net (> klettergaerten/innerfeldtal) | € Mai–Sept. Kletterausrüstung, Helm, Trinkflasche, Picknickdecke, Sonnenschutz 46.67762, 12.29618

Dolomiten ohne Grenzen

23 Mittelschwere Klettersteig-Wanderung auf der 4. Etappe des Friedenswegs in den Dolomiten, von der Zsigmondyhütte zur Rotwandwiesenhütte, 9 km, 6 Std., 750 hm auf- und 1100 hm abwärts

Wo einst Schützengräben und ausgesetzte Kriegssteige verliefen, Soldaten Tunnel in den Berg trieben, wo hart gekämpft und sinnlos gestorben wurde, verbindet heute ein Friedensweg die Berglandschaft der Dolomiten auf insgesamt 108 km. Ein symbolträchtiges gemeinsames Projekt der Tourismusverbände Sexten und Drei Zinnen, der italienischen Provinz Belluno und des Alpenvereins in Österreich. Die kombinierte Tour verbindet Bergwandern und insgesamt zwölf Klettersteige. 17 urige Berghütten am Wegesrand bieten Verpflegung und Unterkunft. Der Weg ist in neun Abschnitte unterteilt, die sehr lang sind und Ausdauer erfordern. Einer der schönsten Abschnitte des Friedenswegs ist die Etappe 4, die über den Alpinisteig führt, den wohl berühmtesten Klettersteig in den Dolomiten. Für die Tour sollten mit Zu- und Abstieg 3 Tage eingeplant werden.

Der Zustieg zur Zsigmondyhütte erfolgt in 2,5 Std. vom Fischleintal, zu erreichen mit der Regionalbahn von Bruneck bis Innichen, weiter mit Bus 446 bis Anderter, von da mit Bus 440 bis Fischleintalboden. Abstieg über die Rotwandbahn möglich | dolomitisenzaconfini.eu | €€€ (Seilbahn, Übernachtungen) Juli und Aug. Bis auf die Abschnitte 6 und 9 Klettersteigset für alle Touren, Bergwanderausrüstung mit guten Schuhen, wetterfeste Kleidung, ausreichend Verpflegung, Handy für Notfälle 46.62852, 12.35784 (Start Zsigmondyhütte), 46.66509, 12.37032 (Ziel)

DER SCHÖNSTE SONNENAUFGANG

Großes Drei-Zinnen-Kino

24 **Einfacher Aufstieg zum Dürrenstein auf dem Weg Nr. 40 vom Parkplatz Plätzwiese, 8 km, 4 Std., 840 hm auf- und abwärts**

Von Mitte Dezember bis zum Jahreswechsel findet mitten in den Dolomiten ein großes Sonnenaufgangsspektakel statt. Nur an diesen wenigen Tagen im Jahr geht die Sonne zwischen der Großen und der westlichen Zinne auf. Der beste Spot, um dies zu beobachten, ist der 2839 m hohe Dürrenstein. Nicht wenige Wanderer machen sich an diesen Winter-tagen früh auf den Weg zum Gipfel, der in einer relativ leichten Wanderung von der Plätzwiese aus zu erreichen ist.

Nur mit dem Auto *Dez., aber auch an allen anderen Tagen im Jahr toll* *Taschenlampe, Grödel mit Metallzacken für Aufstieg im evtl. vereisten Schnee, Kamera, Sonnenaufgangszeit beachten* *46.65405, 12.17918 (Start)*

LOKALE SPEZIALITÄTEN
*UND WO DU SIE PROBIEREN KANNST

Die schmackhaften Kräuter in den Wiesen des Ahrntals verleihen auch dem Eggemoa-Käse aus Mühlwald eine ganz besondere Würze

Raue Schönheiten, das sind die bleichen Berge der Dolomiten. In ihren abgelegenen Tälern haben sich nicht nur Dialekte erhalten, sondern auch eine eigene Sprache, Kultur und Küche, die der Ladiner. In langen schneereichen Wintern, aber auch im übrigen Jahr kreieren die Menschen im Osten Südtirols so allerlei Köstlichkeiten in ihren Küchen.

Käsespezialität aus dem Ahrntal

1 Graukäse

Einst galt der aus saurer Magermilch hergestellte Käse als Arme-Leute-Essen, mittlerweile erlebt er eine Wiedergeburt in der Spitzengastronomie. Mit einem Fettgehalt von 2 % ist er wahrscheinlich der magerste aller Käse.

Nach einer Wanderung hinauf zur Lavarella-Hütte *auf dem Fanes-Plateau schmeckt der mit Zwiebeln und Olivenöl lecker angerichtete Graukäse-Teller besonders gut. Alpe di Fanes 4, Enneberg | lavarella.it | €*

Schmalzgebäck

2 Tirteln oder Tutres

Aus der ladinischen Kultur im Pustertal stammen die Tirteln, auch Tirtlan, Türteln, Tirschtln, Tirschtlan oder Tutres genannt. Diese gefüllten und ausgebackenen Teigfladen sind ein traditionelles Schmalzgebäck und passen hervorragend zur nahrhaften Gerstensuppe.

Die allerbesten gibt es bei Maso Alfarëi *oberhalb von Abtei. Unbedingt reservieren, Alfarëi, 7, Badia | Tel. +39 339 4 69 24 54 | €€*

Kartoffelkrapfen

3 Cajincí arstis

Noch eine köstliche Spezialität aus dem Gadertal sind die Cajincí arstis – frittierte Kartoffelkrapfen. Aus den einfachen Grundnahrungsmitteln Milch, Mehl, Hefe und Kartoffel zaubern die ladinischen Köche und Köchinnen kleine Kunstwerke mit meist herzhafter Füllung, es gibt aber auch eine süße Variante mit Mohn, Rum und Honig.

In der urigen Maso Runch *kann man beim Menüessen viele ladinische Gerichte verkosten; auch hier unbedingt vorbestellen | Runch 11, Abtei | masorunch.it | €€€*

Feines Fleisch

4 Pustertaler Sprinzen

Sprinzen ist der Name einer Pustertaler Rinderrasse mit hervorragender Fleischqualität. Den lustigen Namen verdanken die Rinder der Farbverteilung an ihrem Körper. Sie sind schwarz- oder rot-weiß. Die Flecken wirken, als hätte ein Maler mit einem riesigen Pinsel Farbe auf die Tiere gekleckst.

Schmackhafte Sprinzen-Gerichte serviert das Restaurant Schöneck *in Mühlen bei Pfalzen | Schloss-Schöneck-Str. 11, Pfalzen | schoeneck.it | €€€. Wer selbst ein Stück des guten Fleisches zubereiten möchte, ist bei der* **Meatery** *gut aufgehoben | Florianiplatz 1, Olang | meatery.eu | €€*

Eins für alle(s)

5 Plazores

Südtiroler und ladinische Spezialitäten mit exzellenten Produkten vom Hof und nahe liegenden Anbietern gibt es im Plazores in St. Vigil. Im Lokal mit Holzbänken aus dem 18. Jh. schmeckt es schon wegen des urigen Ambientes besonders gut.

Str. Plazores, 14, S. Vigil | plazores.com | €€

Die mit Sauerkraut oder Spinat gefüllten Tirteln sind eine Spezialität des Gadertals

Mondän, wie hier das Weingut Kornell, präsentiert sich die Bozner Ebene

Bozen & der Süden

WEIN, URBANITÄT UND DOLCE VITA

Die ruppige schöne Landeshauptstadt lebt von menschlichen und historischen Gegensätzen und fährt sprachlich Slalom. Im Sommer ist sie eine der wärmsten Städte Italiens, im Winter eine der kältesten. Gemütlich ist es hier für die Menschen vor allem in den Zwischenjahreszeiten, wenn die Krokusse auf dem Tschöggelberg und die Märzenbecher im Frühlingstal blühen. Die Weintrauben mögen die satte stehende Hitze des Sommers und reifen zu köstlichen Rotweinen autochthoner Sorten heran. Auf Wanderungen und Radtouren durch die Weinberge können die handwerklichen Früchte der bäuerlichen Winzerarbeit verkostet werden. Da ist das Überetsch auf 500 m Höhe schon so etwas wie eine Sommerfrische mit den beiden Montiggler Badeseen und das Unterland ein feines Ausflugsziel mit dem herrlichen Kalterer See und dem Kraftort Castelfeder.

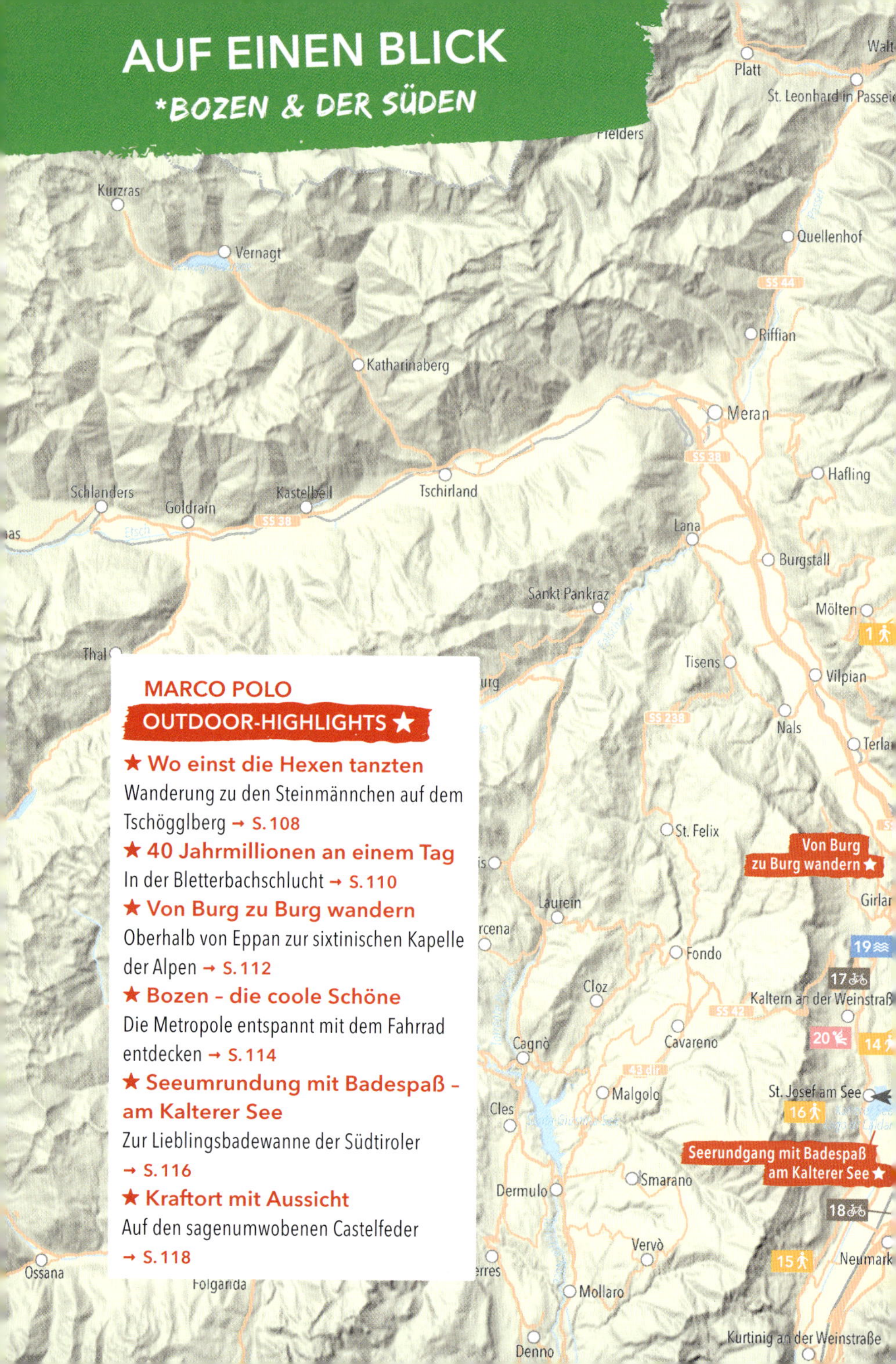

AUF EINEN BLICK
*BOZEN & DER SÜDEN
MARCO POLO
OUTDOOR-HIGHLIGHTS ★
★ Wo einst die Hexen tanzten
Wanderung zu den Steinmännchen auf dem Tschögglberg → S. 108
★ 40 Jahrmillionen an einem Tag
In der Bletterbachschlucht → S. 110
★ Von Burg zu Burg wandern
Oberhalb von Eppan zur sixtinischen Kapelle der Alpen → S. 112
★ Bozen – die coole Schöne
Die Metropole entspannt mit dem Fahrrad entdecken → S. 114
★ Seeumrundung mit Badespaß – am Kalterer See
Zur Lieblingsbadewanne der Südtiroler → S. 116
★ Kraftort mit Aussicht
Auf den sagenumwobenen Castelfeder → S. 118
Platt
St. Leonhard in Passeier
Pfelders
Kurzras
Vernagt
Quellenhof
SS 44
Riffian
Katharinaberg
Meran
SS 38
Hafling
Schlanders
Goldrain
Kastelbell
Tschirland
Etsch
Lana
Burgstall
Sankt Pankraz
Mölten
1
Thal
Tisens
Vilpian
SS 238
Nals
Terlan
St. Felix
Von Burg zu Burg wandern ★
Laurein
Girlan
Fondo
19
17
Cloz
Kaltern an der Weinstraße
SS 42
Cavareno
Cagnò
20
14
Malgolo
Cles
St. Josef am See
16
Seerundgang mit Badespaß am Kalterer See ★
Smarano
Dermulo
18
Vervò
Neumarkt
15
Ossana
Folgarida
Mollaro
Denno
Kurtinig an der Weinstraße

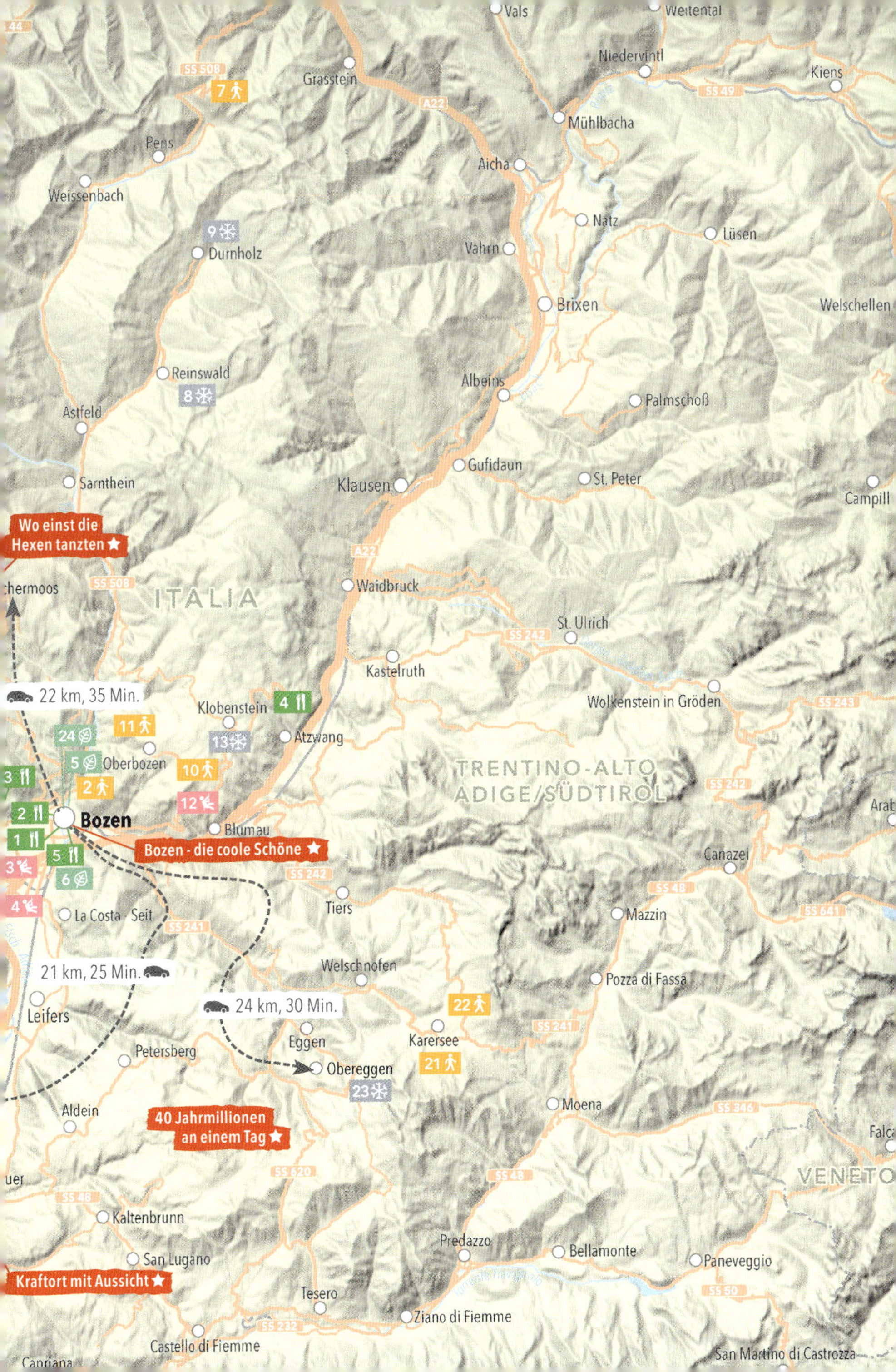

Wo einst die Hexen tanzten
Bozen - die coole Schöne
40 Jahrmillionen an einem Tag
Kraftort mit Aussicht
22 km, 35 Min.
21 km, 25 Min.
24 km, 30 Min.
ITALIA
TRENTINO-ALTO ADIGE/SÜDTIROL
VENETO
Bozen
Brixen
Vals
Weitental
Niedervintl
Kiens
Grasstein
Mühlbacha
Aicha
Natz
Lüsen
Vahrn
Welschellen
Pens
Weissenbach
Durnholz
Reinswald
Albeins
Palmschoß
Astfeld
Sarnthein
Gufidaun
Klausen
St. Peter
Campill
Waidbruck
St. Ulrich
Kastelruth
Wolkenstein in Gröden
Klobenstein
Atzwang
Oberbozen
Blumau
Canazei
Tiers
Mazzin
La Costa - Seit
Welschnofen
Pozza di Fassa
Leifers
Eggen
Karersee
Obereggen
Petersberg
Moena
Aldein
Kaltenbrunn
San Lugano
Predazzo
Bellamonte
Paneveggio
Tesero
Ziano di Fiemme
Castello di Fiemme
San Martino di Castrozza
Capriana
A22
SS 508
SS 49
SS 242
SS 241
SS 243
SS 48
SS 641
SS 346
SS 620
SS 50
SS 232

OUTDOOR-HIGHLIGHTS

*DIE BESTEN ERLEBNISSE DRAUSSEN

Wo einst die Hexen tanzten ★

In längst vergangenen Zeiten trafen sich die Menschen auf dem Kult- und Hexentanzplatz des exponierten Berggipfels Hohe Reisch. Davon zeugen noch heute Hunderte kunstvoll aufgeschichtete Sandsteinfiguren. Der Weg dahin mit dem Mountainbike führt durch uralte Lärchenwälder, die das Hochplateau im Herbst komplett in Orange tauchen.

Hinauf zu Krokuswiesen

Am Parkplatz Schermoos heißt es umsteigen: vom Bus- oder Autositz auf den Fahrradsattel. Auf dem Plan stehen knapp 600 hm und ein magischer Ort. Es geht anfangs gemütlich die Straße aufwärts, bis zum ersten Abzweig links, dann weniger gemütlich auf der Wegmarkierung 17A und später K bis zum Möltner Kaser. Aus Asphalt wird Schotter und erste Lärchenbäume säumen den Weg. Manche von ihnen haben schon 600 Jahre auf dem Buckel. Wo der Weg wieder flacher wird, weitet sich der Blick rechts hinüber zum Eisacktal und den Dolomiten, während sich auf der anderen Seite die im Frühling noch schneebedeckten Berge der Texelgruppe erheben. Im zeitigen Frühling blühen hier oben auf den Wiesen oberhalb von Mölten auf dem Tschögglberg Abertausende Krokusse.

Sagenhaftes aus der Steinzeit

Die geheimnisvollen Mandln – die Steinmännchen auf der Bergkuppe – sind schon von Weitem zu sehen und ziehen mit magischer Kraft den Berg hinauf. Steinmännchen sind im Hochgebirge als Wegweiser keineswegs ungewöhnlich, aber diese hier sind besonders. Mannshoch stehen die Steintürme zu Hunderten auf der Bergkuppe. Fundstücke weisen darauf hin, dass der Ort bereits in der Steinzeit und im Mittelalter für rituelle Zwecke besucht wurde. Einer alten Sage nach trafen sich hier die Hexen mit dem Teufel, um wilde Orgien zu feiern. Auch die Pachlerzottl, die bekannteste Hexe des Sarntals, soll sich hier herumgetrieben haben. Die Erzählungen über sie basieren nachweislich auf der Geschichte von Barbara Pächlerin, die im 16. Jh. lebte und Opfer der Hexenverfolgung wurde.

Zeit für eine Rast ein paar Hundert Höhenmeter weiter unten beim Möltner Kaser. Es gibt die üblichen Gerichte: Kaiserschmarrn, Knödel und Speck, aber wirklich exzellent zubereitet. Nebenan weiden Rinder, Schafe und Haflinger-Pferde friedlich auf der Alm. Ein schmaler Pfad führt durch einen verwunschenen Wald zum Jenesier Jöchl (wo man ebenfalls etwas essen kann) im besten MTB-Flow der Tour abwärts. Später geht es auf einer breiten Fahrstraße zurück nach Schwermoos.

Die Tour im Überblick

Mittelschwere MTB-Tour zu den Stoanernen Mandln, 15 km, 720 hm auf- und abwärts

Ab dem Bahnhof in Bozen mit dem Bus 156 bis Jenesien, dort weiter mit Bus 157 bis Schermoos. Mitnahme von MTBs leider nicht möglich | Anreise mit dem Auto oder, weitaus sportlicher, direkt ab Bozen radeln | €

Im Frühling und im Herbst, wenn die Lärchen Orange tragen

MTB, Karte, Proviant, wetterfeste Kleidung

46.59084, 11.28226 (Start)

✓ DOWNLOAD GPX-Track

Die Hohe Reisch oberhalb von Mölten und Vöran ist nicht nun ein geheimnisvoller und magischer Ort, sondern auch ein gutes Ziel für eine MTB-Radtour

40 Jahrmillionen an einem Tag ★

Die Schlucht, die der Bletterbach seit der letzten Eiszeit am Fuß des Weißhorns in den Berg gegraben hat, ist ein Jackpot für die Geologie: An den steilen Wänden offenbart sich das Innere der Dolomiten in bunten Lagen. Für die einen sind es einfach nur Steine, andere finden hier Saurierspuren, Pflanzenfossilien und Muscheln.

Eine geologische Zeitreise

Eine Reise fast bis zum Mittelpunkt der Erde ist die Wanderung durch die Bletterbachschlucht, die sich ca. 8 km lang und 400 m tief durch die Landschaft bei Aldein zieht. Sie ist ein perfektes Ziel für warme Tage – schattig, kühl und das erfrischende Wasser fließt immer ganz in der Nähe. Der kleine Bach gräbt sich immer weiter in das Tal, bei Gewittern kann er schnell zu einem reißenden Fluss anschwellen, Frost und Regen tragen ein Übriges zur ständig fortschreitenden Erosion bei, die immer wieder neue Fundstücke freilegt. Denn die gibt es reichlich: Abdrücke von Pflanzen, Schnecken und Muscheln sowie die fossilen Vierfüßler-Spuren aus der Zeit des Perm, vor etwa 250 Mio. Jahren. Es wurden Fußabdrücke von 20 verschiedenen Saurierarten gefunden, darunter die des *Pachypes dolomiticus*, des größten Reptils seiner Zeit. Also die Augen offenhalten!

Im Grand Canyon Südtirols

Am Besucherzentrum gibt es zum Eintrittsticket einen Helm dazu, denn die Steinschlaggefahr ist recht hoch. **Insider-Tipp** Es lohnt, sich in dem kleinen Museum vorab noch etwas umzuschauen, dann findet man sich in der Schlucht besser zurecht. Und wer nicht gerade Geologie studiert hat und wirklich etwas lernen möchte, begibt sich am besten in die Hände eines erfahrenen Bergführers. Fünf verschiedene Gesteinsarten kommen in der Schlucht vor: Grödener Sandstein am Eingang der Schlucht und roter Porphyr, der bei heftigen Vulkanausbrüchen entstand. Etwas tiefer in der Schlucht findet sich Gestein aus der Bellerophon-Schicht mit eingeschlossenen hellen Gipsknollen. In der bunten Werfener Schicht stecken besonders viele Fossilien, und aus der Contrin-Formation baut sich der Gipfel des über der Schlucht thronenden Weißhorn auf. Auf dem Rückweg empfiehlt sich eine Rast in der Lahneralm. Die kürzlich um- und ausgebaute Alm, in der das Team um die junge Pächterin Isabella Pöder mit viel Elan typische Tiroler Kost auf die Teller bringt, liegt wunderschön auf einer weiten Wiese.

Tipp: Die meisten wandern bis zum Wasserfall am Butterloch. Man kann aber noch beliebig weiterwandern, z. B. bis zum Talschluss Gorz, oder man besteigt das Weißhorn.

Die Tour im Überblick

Leichte Rundwanderung, ca. 4 km, 3–4 Std., 240 hm auf- und abwärts

Vom Busbahnhof in Bozen mit Bus 181 nach Stenk, weiter mit Bus 184 zum Geoparc Bletterbach | bletterbach.info/infos-und-service/eintrittspreise | €, mit Führung €€

Anfang Mai–Ende Okt., tgl. 9.30–18 Uhr

Wanderausrüstung, warme Kleidung, Trekkingstöcke, Wasser, Taschenmesser, Fotoapparat, Schachtel für Fundstücke

46.36687, 11.40726 (Start)

DOWNLOAD GPX-Track

Die Bletterbachschlucht präsentiert sich ihren Besuchern wie ein aufgeklapptes Geologiebuch

Von Burg zu Burg wandern ★

Bei der Burgenwanderung oberhalb von Eppan kann man Sonne tanken, beeindruckende Burgen und Schlösser erleben, Fresken bestaunen und hoch über der Stadt ein gutes Glas Wein genießen. Die Anzahl der zu bezwingenden Treppen ist überschaubar und die Aussicht auf den Talkessel von Bozen und die Dolomitenberge immer grandios.

Sixtinische Kapelle der Alpen

Obwohl sie schon im Mittelalter, um 1131, geweiht wurde, sind sowohl die Architektur als auch die Malereien der Burgkapelle von Hocheppan sehr gut erhalten. Erst 1926 wurden die wertvollen Fresken entdeckt, die jahrhundertelang übermalt waren. Sie gehören zu den wichtigsten romanischen Kunstdenkmälern in Südtirol. Darunter ist auch eine Darstellung der Geburt Jesu. Sie zeigt eine Frau, die auf dem Boden kniet und etwas isst. Es könnte eine Kartoffel sein oder ein Knödel. Natürlich sind die Südtiroler überzeugt: Es ist ein Knödel! Und zu sehen ist die älteste Knödelesserin der Welt. Logisch!

Zeitreise ins Mittelalter

Die Burgenwanderung beginnt bei Schloss Korb oberhalb von Missian. Heute befindet sich dort ein luxuriöses Hotel und etwas oberhalb gelegen die Burgruine Boymont, ehemals ein prächtiger Wohnsitz für die Herren von Boymont. Vom Turm des Schlosses hat man einen fantastischen Ausblick!

Über Wurzeln und Treppen führt der Weg zunächst steil hinauf und später durch eine Schlucht mit Stiegen und einer Brücke zur Burg Hocheppan. Unterwegs eröffnen sich immer wieder spektakuläre Blicke auf die beeindruckende Burg. Um 1130 erbaut, galt sie lange als die größte und mächtigste im Land. Hier mag man verweilen, sich die

Knödelesserin und die anderen Fresken anschauen, die täglich im Rahmen von Führungen zu besichtigen sind. Und am Ende isst man hier unter den Weinreben auch ganz gern selbst ein paar Knödel zur Stärkung für die letzte Wegstrecke.
Diese führt über den Kreideturm, einen Wehr- und Aussichtsturm, der die östlichen Zugangswege zur Burg Hocheppan sicherte. Später wurde er zum Entfachen von Signalfeuern benutzt. Unterhalb des Turms befindet sich ein historischer Wolfsfang. In eine etwa 3 m tiefe Grube gaben die Bauern einen Lebendköder – eine Gans oder ein Schwein – und deckten die Grube mit Zweigen und Reisig ab. Angezogen vom Geruch und den Lauten des Tieres, kamen die Wölfe und fielen ins Loch, wo die Bauern sie leicht töten konnten. Nach diesem schaurigen Ausflug in die Vergangenheit geht es auf einem schönen Waldweg zurück nach Missian.

Die Tour im Überblick

Leichte, aussichtsreiche Wanderung zur Burg Hocheppan, 5 km, 2 Std., 340 hm auf- und abwärts

Vom Bahnhof in Bozen mit der Buslinie 131 bis Frangart und weiter mit dem Bus 135.2 bis Missianer Weg | Mit dem Auto bis zum Parkplatz 3 Burgenweg gleich neben Schloss Korb

Ganzjährig möglich, besonders schön im Frühjahr und Herbst
Wanderausrüstung, Trekkingstöcke (die vielen Treppen haben es in sich)
46.48411, 11.24895 (Start)

DOWNLOAD GPX-Track

Seit bald 900 Jahren thront die Burg Hocheppan über dem Bozner Tal (li.). Zu ihr gehört natürlich auch eine Burgschenke (o.)

Bozen – die coole Schöne ★

Wer glaubt, die Erkundung der Südtiroler Metropole mit dem Fahrrad sei anstrengend, ist auf dem Holzweg. Bozen ist erstaunlich eben und voller gut ausgebauter Radwege, die malerisch an den Flüssen Eisack und Talfer entlangführen. Jenseits des Zentrums gibt es viel zu entdecken: quirlige Plätze, Kunstschätze und ein Outdoor-Kletterparadies.

Industrie, Innovation & Dolce Vita

Bozen ist umgeben von Berghängen, die nicht nur hübsch anzusehen, sondern auch fruchtbar sind: An ihren Südlagen stehen Weinstöcke mit saftigen Trauben, die sich bis in die Stadtmitte hineinziehen. Dagegen ist es unten im Talkessel erstaunlich flach, und während Autos im Stau stehen, summt es auf den Radwegen nur so von Fahrrädern.

Das erste Ziel der Tour ist das ehemals größte Aluminiumwerk Italiens, ein Meisterwerk der Bauhaus-Bewegung. Anstelle von Transformatoren und Öfen ist neuerdings Innovationsgeist im NOI Techpark zu Hause. Die hiesige Präsenz von Universität, Studenten und jungen Unternehmern schafft, dass etwas Kultur hineinschwappt. Abends gibt es hier Kino, Tanz und Musik.

Wie ein Berg erhebt sich weit im Osten Bozens der Salewa Cube als Teil des Salewa-Firmensitzes. Sobald es warm wird, öffnet sich das riesige Tor dieser coolen Kletterhalle und die Sportler seilen sich vor der grandiosen Berg-Kulisse ab. **Insider-Tipp** Hier kann man Pause machen in der Cafeteria mit Snacks, die aus den Bio-Produkten des firmeneigenen Gartens zubereitet werden.

Am Gerichtsplatz mischen sich Architektur, Historie und Gegenwart zu einem interessanten Cocktail. Die Worte von Hannah Arendt „Kein Mensch hat das Recht zu gehorchen" prangen an dem strahlend weißen Gebäude. Der Ort, an dem es sich so entspannt auf den riesigen Stufen sitzt, ist ein Mahnmal zur Aufarbeitung der Geschichte des italienischen Faschismus.

Kunst-Abstecher

Statt direkt in die Innenstadt zu fahren, gibt es noch einen Schlenker für die Kunst. Neben der Seilbahn hinauf nach Jenesien verbirgt sich der beeindruckende Bau der Fondazione Antonio Dalle Nogare unter tropisch anmutender Vegetation. Die Privatsammlung zeigt zeitgenössische Kunst ebenso wie das Museion an der Talfer, an dem der Radweg zurück zum Waltherplatz auch noch vorbeiführt. Hier, bei diesem futuristischen Glasbau mit Café und Blick auf das bunte Talferwiesen-Treiben, könnte die Radtour enden. So ein herrliches Plätzchen!

Die Tour im Überblick

Einfache, urbane Radtour in Bozen, überwiegend auf Radwegen oder ruhigen Straßen, 17 km, 1,5 Std., 100 hm auf- und abwärts

Bozen ist an das überregionale und regionale Bahn- und Busnetz angeschlossen; die Tour startet ganz in der Nähe des Bahnhofs am zentralen Waltherplatz

Ganzjährig möglich

Einfaches Fahrrad, Helm

46.49833, 11.35515 (Start)

✓ DOWNLOAD GPX-Track

Kunst, Architektur und Urbanität fügen sich auf dieser Radtour durch die Südtiroler Metropole vortrefflich zusammen

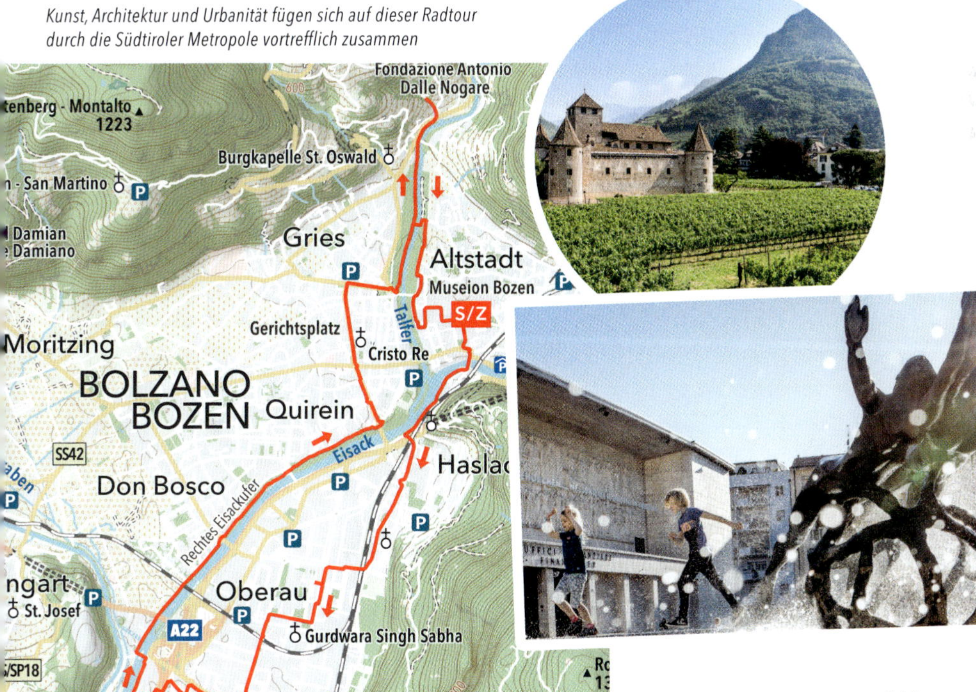

Seeumrundung mit Badespaß – am Kalterer See ★

Mal ist er tiefblau, mal ein grüner Spiegel der umliegenden Landschaft, aber vor allem ist er einer der wenigen und definitiv der schönste Badesee der Gegend: der Kalterer See. Wie sein Name alles andere als nahelegt, ist er auch der wärmste und entsprechend beliebt. In Booten wird gerudert, gesegelt oder getreten, Surfbretter gleiten über das Wasser, oder – wie hier – man wandert um ihn herum.

Eine Perle über der Etsch

Der Kalterer See befindet sich in der Region Überetsch, also auf dem Hochplateau über Bozen, das Südtirol seinen italienischen Namen – Alto Adige – gibt. Im Osten thront erhaben auf einer kleinen Bergkette die Leuchtenburg, im Westen erhebt sich der Mendelkamm. Diese Landschaft hätte man sich schöner nicht ausdenken können.

Ab ins Wasser

Erste Adresse für Badehungrige und der perfekte Einstieg in die Kalterer-See-Umrundung ist das Lido in St. Josef. Wer es nicht erwarten kann, springt gleich hier ins einladend warme Wasser. Dann führt eine kleine Straße in nördlicher Richtung durch Wein- und Apfelplantagen bis zum Kirchlein St. Josef am See. Weißburgunder, Chardonnay, Riesling und Gewürztraminer gedeihen an den Berghängen des Sees prächtig, es ist eines der besten Weinanbaugebiete Südtirols. **Insider-Tipp** Das nahe gelegene Wein- und Rebenmuseum in Kaltern erzählt Interessantes über die Geschichte der Weinproduktion und die Arbeit im Weinberg.

Vogelparadies

Vorbei am Campingplatz, ist es nicht mehr weit zum Biotop. Das Schilf- und Sumpfgebiet steht unter Naturschutz; über 100 Vogelarten wurden

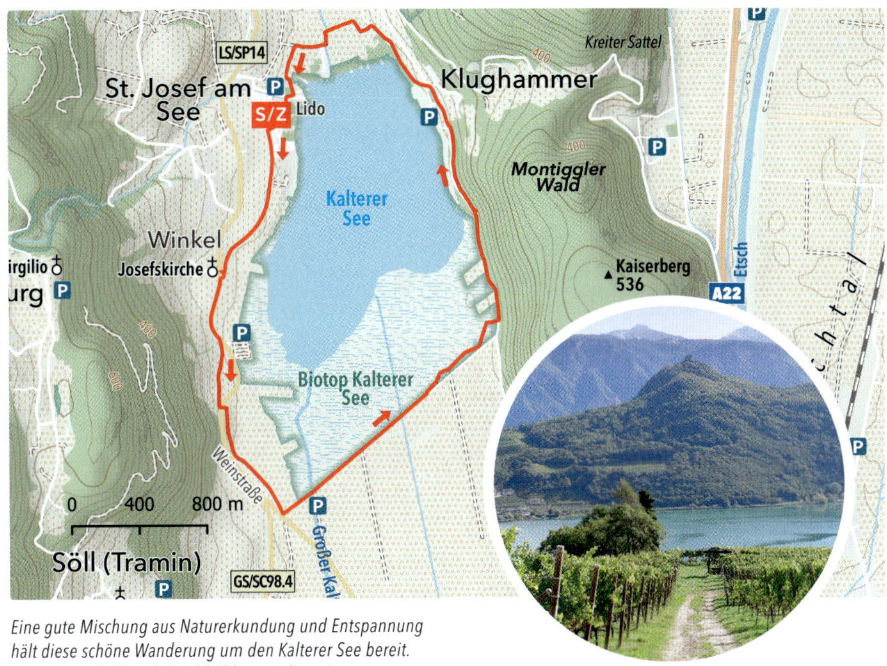

Eine gute Mischung aus Naturerkundung und Entspannung hält diese schöne Wanderung um den Kalterer See bereit. Wenn es zu heiß wird, ist Abkühlung nicht weit

gezählt, darunter seltene und geschützte Arten wie Rohrdommel, Wendehals, Ortolan und Schafstelze. Der Aussichtspunkt Kuchelweg erlaubt einen weiten Blick über das Land und wenig später führt ein Holzsteg direkt ins Moor und das Biotop hinein. Hier regiert die Natur, und die Leuchtenburg blickt von oben herab. St. Josef, der Startpunkt, liegt weit entfernt am gegenüberliegenden Ufer.

Zurück in der Urbanität

Am Strand vom Gasthof Klughammer ist noch mal Baden angesagt, bevor das Lido, der Ausgangspunkt der Wanderung, wieder auftaucht. Auf der mediterranen Flaniermeile vor dem Lido kommt Riviera-Feeling auf: Läden und Cafés laden zum Bummeln und Genießen ein. Zwei weitere Badespots, das Gretl am See, der Treffpunkt für Windsurfer, und der Seegarten liegen direkt nebenan.

Die Tour im Überblick

Einfache Wanderung um den Kalterer See, ca. 2 Std., 7,5 km, 50 hm auf- und abwärts

Vom Bahnhof in Bozen mit der Buslinie 133 direkt bis zum See (fährt selten) oder mit Bus 131 bis Kaltern und dort weiter mit Bus 133 | Mit dem Auto zum Parkplatz Kalterer See in St. Josef

Besonders schön im Sommer bei bis zu 28 Grad Wassertemperatur

Sonnenhut, Trinkflasche, Badesachen, Buch zum Lesen, Fernglas

46.38491, 11.25919 (Start)

DOWNLOAD GPX-Track

Kraftort mit Aussicht ★

Auf dem sagenumwobenen Castelfeder, der oberhalb von Auer 190 m hoch aus der Landschaft ragt, begegnet Besuchern nicht nur die Vergangenheit. Vielmehr entführt einen der Berg mit seiner grandiosen Aussicht und seinen herrlichen Wanderwegen an einen Ort der Ruhe und des Krafttankens im turbulenten Heute.

Ein traumhaftes Plätzchen

Wer einmal von ganz oben den Panoramablick von Überetsch bis hinunter zur Salurner Klause genossen hat, wird verstehen, warum dieser Ort seit jeher für Menschen attraktiv war. Die weite Sicht erlaubte es, anrückende Feinde frühzeitig zu erkennen. Folgerichtig finden sich hier Siedlungsreste aller Volksstämme, die während der Völkerwanderung das Etschtal durchzogen. Ebenso die Ruinen einer alten Ringmauer, die zu einer großen Befestigungsanlage namens Castelfeder aus der Zeit des Weströmischen Reiches gehörte, und die Überreste einer Barbarakapelle aus dem 6. Jh. Der jüngste und letzte Bau war die romanische Burg Alt-Enn aus dem 12. Jh.

Heute kommen die Menschen aus Auer, Montan und Neumarkt nach Feierabend hier heraufspaziert, um mit einem Picknick den Tag angemessen ausklingen zu lassen. Und natürlich Touristen, die die mediterrane, fast steppenartige Vegetation mit niedrigen Sträuchern, Gräsern und den alten Eichenbäumen für eine Wanderung auf dem gut 2 km langen Naturerlebnisweg nutzen. Auf zwölf Tafeln am Rande des Weges findet man Informationen über die Natur, Kultur und Geschichte dieses Ortes.

Verwunschene Wege

Viele Wege führen nach Castelfeder. Es gibt kein Richtig oder Falsch, und wirklich verlaufen kann man sich ohnehin nicht. Eher gibt es auf alten Steinpfaden und schönen Wiesenwegen viel zu entdecken. Besser man geht einmal mehr links und rechts, dann entdeckt man auch die verschiedenen Moore, Mini-Seen und den schönen Aussichtspunkt in Richtung Kalterer See auf halber Höhe. Oder die in Porphyr gehauene flache, fast glatt polierte Fruchtbarkeitsrutsche. Sie diente einem uralten Kult, das Hinunterrutschen soll Frauen angeblich den ersehnten Kinderwunsch erfüllen.

Die Bergkuppe ist das Ziel, man kann sie nicht verfehlen. Hier öffnen sich Blicke in alle Richtungen: Unter uns zieht sich das Band der Etsch in Richtung Süden, im Osten liegt Montan, im Westen erhebt sich das Mendelgebirge gegen die untergehende Sonne und Richtung Norden glänzt der von Weinbergen umgebene Kalterer See.

Die Tour im Überblick

Einfache Wanderung auf den Castelfeder bei Auer, 2 km, ca. 30 Min.

Die Regionalbahn von Brixen über Bozen kommend hält auch in Auer, von dort weiter mit dem Bus 122 bis zur Haltestelle Auer Heide | Mit dem Auto Parkplatz Schwarzenbach oder der Wanderparkplatz auf der Straße nach Montan | €

Ganzjährig möglich, am schönsten im Frühling oder Herbst, definitiv zum Sonnenuntergang

Feste Schuhe, wetterfeste Kleidung, Picknick

46.33751, 11.28849 (Start Parkplatz)

✔ DOWNLOAD GPX-Track

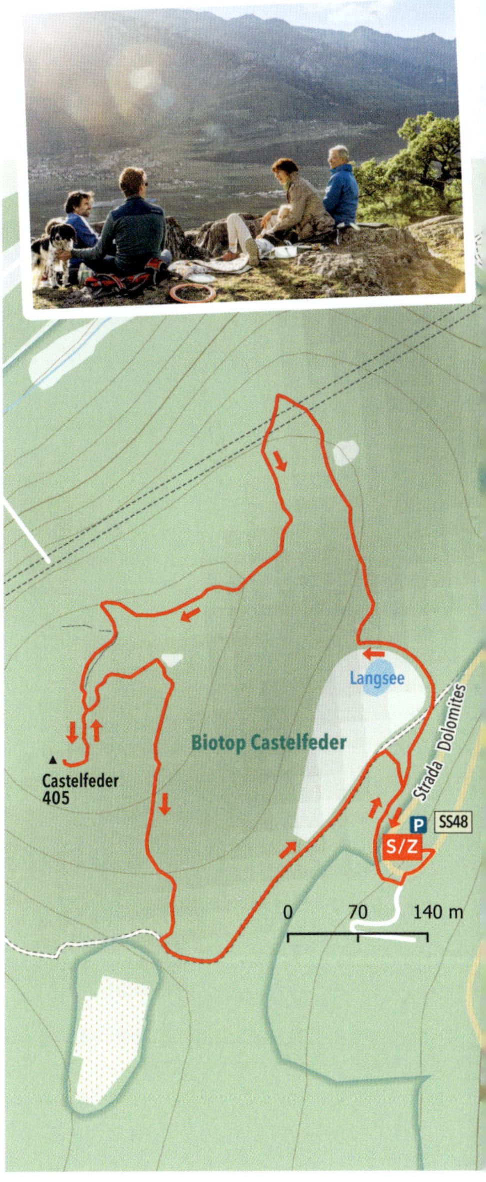

Vom Hügel Castelfeder eröffnen sich Blicke in alle Himmelsrichtungen (li.). Er ist auch ein bei den Einheimischen beliebter Picknickplatz (o.)

MEHR ERLEBEN

*WEITERE ABENTEUER & AUSFLÜGE

Blütenpracht vor der famosen Kulisse der Gipfel des Eisack- und des Passeiertals

Landschaftlich abwechslungsreich ist das Umland der Mini-Metropole Bozen. Schöne Badeseen und eine fast tropische Schlucht stehen im Kontrast zum alpinen Hochland des berühmten Rosengartens, wo im Sommer gewandert und im Winter Ski gefahren wird. In den Weinbergen schenken die Winzer frischen Wein ein, während man in den sommerlichen Gassen von Bozen am liebsten Aperol Spritz trinkt.

BEI BOZEN

Im weiß-violetten Blütenmeer

1 Einfache Frühlingswanderung zum Möltner Joch, 8 km, 3 Std., 415 hm auf- und abwärts
Jedes Jahr im Frühling verwandeln sich die Almwiesen am Tschöggelberg in einen leuchtenden Blütenteppich aus Wildkrokussen, denn nach der Schneeschmelze sprießen sie millionenfach weiß und violett aus dem Boden. Durch diese Kulturlandschaft von Weiden, Wiesen und Lärchenwälder zu wandern ist als Frühlingsaktivität schwer zu toppen. Vom Parkplatz Schermoos geht es auf der Wegmarkierung E5 durch einen Lärchenwald hinauf bis auf die Ebene. Wenn man sich am Wetterkreuz rechts hält, gelangt man zum Möltner Joch. Über den Steinbruch Möltner Joch und die Sattlerhütte geht es über den Weg 17a zurück nach Schermoos.

Vom Bahnhof Bozen mit dem Bus 156 bis Jenesien, weiter mit Bus 157 zum Schermoossattel | Parkplatz am Schermoossattel Anfang April–Anfang Mai 46.59084, 11.28226 (Start, Parkplatz und Bushaltestelle)

Im Weinberg flanieren – mit Bildershow

2 Einfache Rundwanderung vom Schloss Runkelstein nach St. Magdalena, 7 km, 2 Std., 220 hm auf- und abwärts
Die Wanderung beginnt mit der Besichtigung von Schloss Runkelstein. Es ist mit dem größten profanen Freskenzyklus des Mittelalters ein Bilderbuch in Stein, eine Schatzkiste für die Forschung und ein Wohlfühlort für alle Besucher. Und eine Augenweide: gemalte Geschichten, die Geschichte erzählen. Von „Tristan und Isolde", König Artus'

Grandiose Ausblicke auf Bozen bieten sich von der leicht erhöht im Berghang verlaufenden Oswaldpromenade

Eine tibetische Gebetsmühle ist nur eins der vielen Ausstellungsstücke im Messner Mountain Museum

Tafelrunde und dem höfischen Leben des Mittelalters. Das sollte man sich nicht entgehen lassen. Dann folgt man dem Keschtnweg in Serpentinen aufwärts, bis er oberhalb des Weindörfchens St. Peter auf die Oswaldpromenade führt. Im Namen des heiligen Oswald flanieren hier die Bozner durch Blütenpracht und Weinhänge. Die über 100 Jahre alte Promenade führt leicht erhöht über der Stadt an den Porphyrwänden des Hörtenberges entlang zum bekannten Weinanbaugebiet von St. Magdalena. Von dort geht es auf der Promenade zurück bis zu ihrem Ende in St. Anton. Auf der gegenüberliegenden Flussseite führt ein Fußweg zurück zum Schloss Runkelstein.

Vom Bahnhof Bozen mit dem Stadtbus 12 bis Schloss Runkelstein, Juni–Okt. zusätzlich kostenloser Shuttlebus ab Bozen, Waltherplatz | Parkplatz unterhalb des Schlossfelsens | runkelstein.info | € Ganzjährig möglich 46.51601, 11.35830

Bergsteigen im Museum

3 Sportlicher Museumsbesuch, im Messner Mountain Museum Firmian, ½ Tag, Zustieg zum Museum 20 Min.

Hoch über Bozen thront eine Burg, deren ursprünglicher Name Formicaria (Ameisenhügel) treffend beschreibt, wie der Mitterberg sich über der Stadt erhebt. Nur wuseln hier keine Insekten, sondern die Besucher des Messner Mountain Museum. Die Ausstellung in der behutsam sanierten Burgruine ist eine Hommage des berühmten Gipfelstürmers Reinhold Messner an die Berge und der Museumsbesuch eine durchaus sportliche Angelegenheit. Wer nicht mit dem Auto anreist, kann sich die Burg wie einen Berg erobern: Etwa 20 Min. dauert der Aufstieg vom Bahnhof Sigmundskron. Dann führen Wege, Treppen und Türme in der Burg zu den Ausstellungsthemen: die Entstehung und Ausbeutung der Berge, die religiöse Bedeutung der Gipfel und die Geschichte des Bergsteigens bis zum alpinen Tourismus unserer Tage. Erschöpft sinkt man nach reichlich Input auf die Terrasse des Museumsrestaurants und genießt das Ambiente der mittelalterlichen Burg bei einem Aperol Spritz.

Vom Bahnhof Bozen mit der Regionalbahn bis Sigmundskron | Parkplatz beim Museum | messner-mountain-museum.it | €€ Ende März–Mitte Nov. 46.48082, 11.30549 (Museum)

Drin sein und doch draußen: Das geht prima im Salewa Cube, der angesagten Kletterhalle im Bozner Süden

Drinnen sein und doch draußen

4 Klettern an 180 Routen zwischen dem 3. und 8. Schwierigkeitsgrad, bis zu 19 m die Wand hinauf, im Salewa Cube in Bozen, ½ Tag

Fingerspitzengefühl ist hier angesagt, Muskelspiel und Eleganz. Der Salewa Cube ist eine der schönsten Kletterhallen in Europa – besonders wenn das große Tor geöffnet ist und sich die Kletterer vor der grandiosen Bergkulisse des Bozner Umlandes abseilen, während draußen auf der Freitreppe die Community zuschaut und fachsimpelt. Im Salewa Cube versammeln sich im Winter oder bei Regen all die Kletterer, die sonst draußen in den Bergen unterwegs sind. Wer mit diesem Hobby anfangen möchte, ist bei den Kursen gut aufgehoben.

Vom Bahnhof Bozen mit Bus 10B bis Fercam-Parkplatz, weiter noch etwa 12 Min. zu Fuß | Parkmöglichkeiten in der Salewa World | salewa-cube.com | €€ Jederzeit 46.47016, 11.31444

Abhängen auf den Talferwiesen

5 An den Talferwiesen, ein paar Stunden bis ½ Tag

Die Bozner tummeln sich im Sommer faul oder sportlich auf ihren geliebten Wiesen entlang des Talferflusses. Den Wettbewerb der Coolness gewinnen mit Abstand die Skater im Skatepark Platza. Wer einen Kickflip von einem Ollie unterscheiden lernen möchte, stellt sich entspannt an den Zaun oder greift beherzt zum eigenen Brett. Alle anderen suchen sich ein Schattenplätzchen unter den großen Bäumen, die die beliebte Talfer-Promenade entlang der mittelalterlichen Wassermauer säumen, setzen sich auf einen Kaffee in die Bar St. Antonio oder erkunden das Flussufer bis hin zur chilligen Outdoor-Terrasse beim Museion.

Vom Bahnhof Bozen mit dem Bus 10A in 4 Min. bis zur Haltestelle Petrarca-Park oder vom Bahnhof in ca. 20 Min. zu Fuß April–Nov. 46.50131, 11.34801

Einfach schweben

6 Von Bozen mit der Seilbahn Kohlern in die Natur schweben, 2–3 Std., 840 hm

Mit der ältesten freischwebenden Personenseilbahn der Welt schnurrt man flugs aus dem Bozner Talkessel hinauf nach Kohlern. Seit der Eröffnungsfahrt am 29. Juni 1908 sind über 100 Jahre vergangen. Eine Nachbildung einer originalen Kabine kann an der Bergstation besichtigt werden.

Rodeln im Getrumtal – natürlich mit Hütte, Knödeln und einem alkoholfreien Hugo vor der Abfahrt

Die Talferwiesen sind Bozens zentrale Parkanlage und die grüne Lunge der Stadt

Dann weicht die Lebendigkeit der Stadt einer unvergleichlichen Ruhe, wenn man durch das Tote Moos, das Wolfstal oder die Schneiderwiesen spaziert, die Krokuswiesen im Frühling besucht oder Bozen aus der Vogelperspektive vom knarzenden Holzturm aus bestaunt. Der steht ganz in der Nähe der Bergstation.

Vom Bahnhof Bozen mit Bus 9 bis zur Talstation Seilbahn Kohlern, zu Fuß ca. 25 Min. | € Jederzeit 46.49133, 11.36914

IM SARNTAL

Wenn die Alpenrosen blühen

7 Unterwegs auf der Panorama-Passstraße Penser Joch

Ein Naturschauspiel der ganz besonderen Art, nämlich ein Feuerwerk aus Rosé- und Rottönen, kann man von Mitte Juni bis Mitte Juli entlang der Panorama-Passstraße übers 2211 m hohe Penser Joch erleben. Die zur Gattung der Rhododendren gehörenden Sträucher, die in Höhen zwischen 1000 und 2800 m wachsen, stehen dann in voller Blüte und lassen die Almhänge links und rechts der Straße in einem Meer aus Rot erstrahlen. Aber lieber die Finger davonlassen, sie sind geschützt und giftig!

Vom Bahnhof Bozen mit Bus 150 bis Sarnthein, Busbahnhof, weiter mit Bus 154 bis zum Penser Joch Mitte Juni–Mitte Juli 46.80908, 11.43745

Auf dem Schlitten durchs Getrumtal

8 Einfache Winterwanderung mit Schlittenfahrt im Getrumtal bei Reinswald im Sarntal, 5 km, 2–3 Std., 550 hm auf- und abwärts

Was gibt es Schöneres als nach einer gemütlichen Wanderung und genussvoller Hütten-Knödel-Rast durch den verschneiten Winterwald mit einem Schlitten auf einer Naturrodelbahn hinab ins Tal zu gleiten? Mit weitem Blick auf hohe Berge, dem eisigen Wind und der Sonne im Gesicht. Besonders gut geht das im schneesicheren Sarntal bei der Talstation der Kabinenbahn Reinswald, die allerdings diesmal nicht als Aufstiegshilfe dient – es wird ge-

Schneeschuhwandern ist eine der vielen Wintersportaktivitäten in Südtirol

Interessantes über das Imkern und das Leben der Bienen erfährt man im Imkereimuseum

wandert! In angenehmer Steigung geht es auf dem Weg Nr. 7 bis kurz unter die Sunnolm, dann bei der Weggabelung mit einem Gedenkkreuz rechts und der Beschilderung zur Getrumalm folgen. Nach gemütlicher Einkehr erfolgt die Abfahrt, und wer noch Lust hat, wiederholt das Ganze!

ℹ *Vom Bahnhof Bozen mit dem Bus 150 bis Sarnthein, weiter mit Bus 152 bis zur Kabinenbahn in Reinswald | Parkmöglichkeiten an der Talstation*
Nov.–März *46.68828, 11.42088*

Auf leisen Sohlen

9 ❄ Mittelschwere Schneeschuhwanderung im Sarntal beim Durnholzer See, 14 km, 5 Std., 800 hm Auf- und Abstieg

Im Winter bei klirrender Kälte und Sonnenschein querfeldein durch den Schnee zu wandern hat einen ganz eigenen Zauber. Es ist ungewöhnlich still, der Schnee schluckt viele Geräusche, mit etwas Glück tauchen Rehe, Hasen oder Schneehühner auf. Schneeschuhwanderer sind im freien Gelände unterwegs, deshalb gehören sowohl das Checken des Lawinenlageberichts als auch das Mitführen der Notfallausrüstung dazu. Beim Durnholzer See startet die Tour. Ein schöner Waldweg führt am linken Seeufer bis zum nördlichen Ende des Sees, dann geht es immer weiter den Bachlauf entlang durch das schattige, aber in reichlich glitzernden Pulverschnee gepackte Großalmtal. Bald sind die sonnigen Almhänge über die Innerhütten-Alm zur Fortschellscharte erreicht. **Insider-Tipp** Bei guten Schneeverhältnissen kann mit der nahe liegenden Kassiansspitze (2581 m) auch noch ein richtiger Gipfel bestiegen werden (+1 Std. Aufstieg). Zurück geht es auf dem gleichen Weg.

ℹ *Vom Bahnhof Bozen mit Bus 150 bis Sarnthein, weiter mit Bus 152 bis Durnholz | Gebührenpflichtiger Parkplatz vor dem Dorf Durnhoz | sarntal.com*
Sobald und solange ausreichend Schnee liegt
46.73907, 11.43961 (Start)

AM RITTEN

Alles über Bienen

10 🚶 Einfacher Lehrpfad um das Imkerei-Museum auf dem Ritten, 1 km, 30 Min., 60 hm auf- und abwärts

Die Rittner Erdpyramiden sind eine geologische Besonderheit aus leicht erodierbarem Gestein

Hoch über Bozen auf dem Ritten steht der 600 Jahre alte Plattner-Bauernhof, in dem bis 1975 zwei Schwestern ohne Strom- und Wasserversorgung lebten. Die Bozner Kaufmannsfamilie Gramm sanierte den Hof und richtete ein Imkerei-Museum ein. Im Bauerngarten summt es und ein Lehrpfad verrät Faszinierendes aus der Welt der Bienen. Zum Beispiel, dass ihre Augen aus 5000 Einzelaugen bestehen und die Bienen doch nicht so gut sehen können wie wir Menschen. Dass die Königin zwischen 1500 und 3000 Eier pro Tag legt, die zusammen etwa gleich schwer sind wie die Königin selbst, und dass die Arbeiterinnen unter den Bienen ihren Kolleginnen vortanzen, wo sie eine gute Stelle eines bestimmten Nektars gefunden haben. Selbstverständlich gibt es im Museum auch Honig zu verkosten. Ein wirklich schönes Platzl!

i Mit der Rittner Seilbahn nach Oberbozen, weiter mit der Rittner Schmalspurbahn bis Wolfsgruben, von dort 7 Min. zu Fuß | Mit dem Auto bis Parkplatz Wolfsgrubensee, von dort 20 Min. zu Fuß | museo-plattner.com Ostern–Ende Okt. 46.52526, 11.42781 (Museum)

Dem Geheimnis der Erdsäulen auf der Spur

11 Einfache Wanderung zu den Erdpyramiden am Ritten, 5,6 km, 2 Std., 200 hm auf- und abwärts

Der Legende nach sind sie versteinerte Hexen und ganz real die höchsten und formschönsten Erdpyramiden Europas. Am Ritten finden sie sich gleich an drei Orten: in Lengmoos, in Unterinn und im Katzenbachtal unterhalb von Oberbozen. Von der Bergstation der Rittner Seilbahn aus geht es auf dem Erdpyramidenweg bis zu den eleganten Erscheinungen in Braun, die hier ideale Bedingungen vorfinden: Die Böden aus späteiszeitlichem Moränenlehm weichen bei Regen auf und rutschen ab. Einzelne Gesteinsbrocken sitzen aber so fest, dass sich unter ihnen ein geschützter spitzer Kegel bildet, vom Stein vor Erosion geschützt. Eine Erdpyramide ist geboren! Fällt der Stein ab, ist ihr Ende besiegelt. Zurück geht es über das St.-Jakob-Kirchlein, die alten Villen und Höfe der Sommerfrischesiedlung Maria Himmelfahrt und auf dem Weg Nr. 2 nach Oberbozen. Wer noch

Kletterparadies mit Ausblick auf den berühmten Rosengarten

nicht genug hat: Die Rittner Bahn fährt bis Klobenstein, wo die Lengmooser Erdpyramiden stehen.
Mit der Rittner Seilbahn zur Bergstation | ritten.com/de/1201-erdpyramiden | € Ganzjährig möglich, besonders schön im Nebel oder Neuschnee 46.52849, 11.40496

Raus aus der Komfortzone

12 Seilklettern vom 3. bis 9. Schwierigkeitsgrad im Klettergebiet Matz bei Unterinn auf dem Ritten, 25 Min. Zustieg, ½–1 Tag

Eines der spektakulärsten Klettergebiete um Bozen befindet sich bei Unterinn auf dem Ritten. Knapp 50 Routen gibt es in diesem Gebiet in einer abwechslungsreichen Gesteinsstruktur mit Rissen, Leisten und Löchern. Die nach Südwesten ausgerichtete rötliche Porphyr-Felswand Matz sammelt und speichert auch an kühleren Tagen die Wärme der Sonne. So klettert es sich wohlig in abwechslungsreichen Routen sogar bis in den Winter hinein – mit fantastischem Blick auf den Rosengarten.
Vom Busbahnhof Bozen mit Bus 165 bis St. Sebastian, von dort 25-minütiger Zustieg | € Frühling, Herbst und an sonnigen Wintertagen 46.50718, 11.43109 (Start Parkplatz, Bushaltestelle)

Einfach mal laufen lassen – eiskaltes Vergnügen in der Ritten Arena

Vor erhabener Kulisse dahingleiten

13 Entspannt Schlittschuhlaufen auf dem Eisring der Ritten Arena, 2 Std.

Einen neuen Weltrekord auf der schnellsten Freiluft-Eislaufbahn der Welt vor der unglaublichen Kulisse des Schlern-Massivs zu laufen – davon träumen viele Profis des Eisschnelllaufsports. Auf dem Glatteis der Ritten Arena in Klobenstein hoch über Bozen erproben sich an Wintersonntagen auch die Freizeit-Kufenliebhaber. Dann wird die perfekt präparierte Bahn für die Öffentlichkeit freigegeben. Schöner Schlittschuh laufen geht eigentlich nicht. Und wer noch etwas dazulernen möchte, checkt die Termine für die kommenden Wettkämpfe und schaut sich bei den Profis was ab.
Von Bozen mit der Rittner Seilbahn nach Oberbozen, weiter mit Rittner Schmalspurbahn bis Weidacher | ritten.com/de/3207-eislaufen | € Sonntagnachmittags von Anfang Okt. bis Anfang Feb. 46.53855, 11.45427

Märzenbecher blühen im Frühlingstal schon Ende Februar

Mit etwas Glück trifft man im Herbst die Winzer beim Wimmen – der Weinlese

BEI KALTERN

Im frühlingshaften Glöckchentaumel

14 Einfache Wanderung durch das Frühlingstal bei Montiggl, 14 km, 4 Std., 480 hm auf- und abwärts

Die Märzenbecher lieben dieses Tal, aber auch die Leberblümchen, Frühlingsknotenblumen, gelben Primeln, Veilchen und andere Frühlingsboten. Millionenfach recken sie ihre hübschen Köpfchen schon Mitte Feb. im sonnigen und windgeschützten Frühlingstal zwischen dem Kalterer und dem Großen Montiggler See in die Sonne. Logisch, dass man sie sich dann mit all den anderen Frühlingshungrigen teilen muss, die zu den weißen und bunten Waldwiesen pilgern. Insider-Tipp Später im Jahr, von Juni bis in den Herbst hinein, kann man in den Montiggler Seen auch vorzüglich baden. Der gemütliche Rundweg führt durch Mischwälder, an Bachläufen entlang, aber auch über offene Wiesen, durch Apfelplantagen und zu den beiden schönen Seen.

Vom Bahnhof Bozen mit Bus 131 bis Eppan, weiter mit Shuttlebus 135.6 zum Großen Montiggler See | Parkplatz direkt am Großen Montiggler See | montiggler-see.com Mitte Feb.–Ende März 46.42202, 11.28604 (Start)

Weinaromen schnuppern im Weinberg

15 Einfache Weinbergwanderung von Kurtatsch nach Margreid, 4 km, 2 Std., 250 hm auf- und abwärts

Jedem Dörfchen seinen Weinbergsweg – es gibt ihrer wirklich viele: in Girlan, Terlan, Kaltern und in Kurtatsch. Einer der ältesten Weinwege startet in Kurtatsch und folgt der Saltner Pratze, einer hölzernen Hand, die an den Beruf des Weinbergbewachers erinnert. Unterwegs gilt es Wein-Duftnoten in kleinen Amphoren zu erschnuppern. Die älteste Rebe Südtirols befindet sich seit 1601 in Margreid am Augustin-Haus gleich neben dem Weingut Alois Lageder, wo ansprechendes Design und bröckelnder Putz im Innenhof der Vineria Paradeis für das zum Weingenuss passende Ambiente sorgen. Zurück geht es auf dem Weinweg oder durch das Biotop der Gemeinde Möser. Ein weiterer schöner Ort für ein Gläschen Wein ist die Terrasse der Kellerei Kurtatsch. In deren grandiosem Neubau erfährt man während einer Führung

In der Rastenbachklamm oberhalb des Kalterer Sees fühlt man sich fast wie in einem tropischen Gewächshaus

viel über die Weine der Region. Wer nicht allein durch die Weinberge gehen mag, kann hier auch eine Tagestour buchen.

Vom Bahnhof Bozen mit der Regionalbahn bis Auer, von dort fährt der Bus 122 bis Kurtatsch Busbahnhof | tramin.com/de/weinlehrpfad-kurtatsch Ganzjährig möglich, am schönsten im Herbst 46.30994, 11.22032

Wasserfalldusche mit Dschungel-Feeling

16 Einfache Wanderung durch die Rastenbachklamm, 7 k,m 3 Std., 350 hm auf- und abwärts

In den sonnenverwöhnten Sommermonaten kann es am Kalterer See schon mal richtig heiß werden. Dann bringt auch der wärmste See Südtirols kaum Erfrischung. Nur 45 Min. zu Fuß vom See entfernt sorgt das besondere Mikroklima der Rastenbachklamm für Erfrischung. Prächtige Moose und Farne gedeihen hier, vor allem aber ist es in der schattigen Klamm deutlich kühler. Abenteuerliche Brücken kreuzen den Bach, Wasserfälle produzieren einen angenehmen Sprühnebel, immer wieder kann man sich seiner Schuhe entledigen und die Füße abkühlen. **Insider-Tipp** Wer Badesachen dabeihat, kann sich für eine erfrischende Dusche sogar unter den einen oder anderen Wasserfall stellen. Die Wanderung beginnt an der Bushaltestelle Rastenbachklamm bzw. beim Parkplatz Müllereck und führt durch die Schlucht bis zu den Sportanlagen St. Anton. Über den Weg Nr. 10 und den Friedensweg geht es wieder zurück in Richtung Altenburg.

Vom Bahnhof Bozen mit Bus 131 nach Kaltern, weiter mit Bus 135.5 bis Rastenbachklamm | Wenige Plätze am Parkplatz Müllereck | kaltern.com/de/die-rastenbachklamm.html | € Mai–Okt. 46.38030, 11.23854 (Start)

Mit dem Rad auf der Weinstraße

17 Mittelschwere Fahrrad-Rundtour auf der Weinstraße Kaltern, 23 km, 2 Std., 420 hm auf- und abwärts

Auf einem Wein-Radrundweg lassen sich die malerischen Weinhänge des Bozner Tals perfekt erkunden. Durch die Weindörfer Kaltern, Eppan und Girlan führt die Route auf der ältesten Weinstraße

Weil er auf einer ehemaligen Bahnlinie verläuft, weist der Fleimstalradweg nur angenehme Steigungen auf

Die Montiggler Badeseen liegen im gleichnamigen Wald bei Kaltern

Italiens von Weingut zu Weingut, wo die Rot- und Weißweine, die hier reifen, verkostet werden können. Zu allen Jahreszeiten sind die fleißigen Bauern und Bäuerinnen in den Weinbergen zu sehen. Sie verschneiden im Winter die Reben, geizen im Frühling die Triebe aus und im Herbst wird „gewimmt", so nennt man hier die Traubenlese.

ℹ *Vom Bahnhof Bozen mit dem Bus 131 oder 132 nach Kaltern, Fahrradmitnahme im Bus nicht möglich, aber Radleihe im Tourismusbüro in Kaltern | suedtiroler-weinstrasse.it* ⏲ *Frühling, Herbst und an sonnigen Wintertagen*

📍 *46.42086, 11.25209 (Start Kellerei Kaltern)*

Einmal durch die Dolomiten

18 🚲 Mittelschwere Radtour auf der Strecke der ehemaligen Fleimstalbahn, 37 km, 4–5 Std., 1120 hm auf- und abwärts

Die Schmalspur-Fleimstalbahn zwischen Auer und Predazzo im Trentino wurde in den Kriegsjahren 1916/17 erbaut und diente als Nachschub- und Versorgungslinie im Ersten Weltkrieg. In den 1960er-Jahren ersetzte man sie durch eine Buslinie. Heute ist der Streckenabschnitt von Auer bis St. Lugano eine legendäre Fahrradstrecke. Sie führt über Brücken und durch Tunnel, durch Apfel- und Weingärten und unberührte Naturschutzgebiete wie das Biotop Castelfeder oder den Naturpark Trudner Horn. Der Rückweg kann auf dem Hinweg erfolgen oder man radelt ab Kaltenbrunn auf der Landstraße über Truden zurück nach Montan und Auer. Ein schöner Abstecher für diejenigen, die den Rückweg über Truden nehmen, ist die wunderbare Panoramafahrt zur Cisloner Alm.

ℹ *Vom Bahnhof Bozen mit der Regionalbahn bis zum Bahnhof Auer, von dort 4 km zum Startpunkt Parkplatz Castelfeder | Mit dem Auto zum Parkplatz Castelfeder |* ⏲ *Mai–Okt.*

📍 *46.33343, 11.28169 (Start Parkplatz)*

Naturbad im Wald

19 ≋ Abkühlung und Rast in den Montiggler Seen

Wie auch beim nahe gelegenen Kalterer See waren eiszeitliche Gletscher für die Ausformung der

Nicht viel falsch machen bei maximalem Spaß können auch die kleinen Besucher des Wald-Hochseilgartens bei Kaltern

zwei Montiggler Seen verantwortlich. Sie liegen schattig im Naturschutzgebiet Montiggler Wald und sind von Rundwanderwegen umgeben. Die Qualität des Wassers ist hervorragend, und auch wenn die Seen im Reigen der Südtiroler Bergseen eher zu den warmen gehören, ist ihr Wasser doch wunderbar erfrischend. Entsprechend groß ist der Andrang im Sommer. Auf der Westseite des großen Sees gibt es ein öffentliches Schwimmbad, das Lido Montiggl. Aber man findet auch immer wieder gemütliche Plätze zum Abkühlen oder Entspannen und nahe dem Seeschloss einen Steg durchs Schilf, von dem aus man die Vögel im Sumpfgebiet beobachten kann. Deutlich naturbelassener ist der Kleine Montiggler See, an dem sich ebenfalls ein Lido mit Liegewiese befindet, aber auch viele natürliche Badestellen, für die kein Eintritt gezahlt werden muss. Es ist nur ein kurzer Spaziergang vom zentralen Parkplatz bis zur ersten Badestelle. Um Parkprobleme zu vermeiden, fährt in der Sommerzeit ein See- und Wanderbus von Eppan nach Montiggl und wieder zurück.

ⓘ *Vom Bahnhof Bozen mit Bus 131 bis Eppan, weiter mit Shuttlebus 135.6 zum Großen Montiggler See | Parkplatz direkt am Großen Montiggler See | montiggler-see.com* ⏲ *Mai–Okt.*
📍 *46.42203, 11.28608 (Parkplatz und Bushaltestelle Großer Montiggler See)*

Im abgesicherten Modus in die Baumwipfel

20 Klettern im Wald-Hochseilgarten bei Kaltern, ½–1 Tag

Im Hochseilgarten Kaltern sind an den Buchen, Fichten und Lärchen Holz-Plattformen verankert, von denen aus Seilbrücken unterschiedlicher Art und Schwierigkeit starten. Netze, Balken, Baumstämme und Seilbahnen mit Längen zwischen 3 und 60 m bilden die Verbindungen zwischen den Bäumen. Schon die Einweisung und das Equipment verschaffen Respekt. Einklinken und los geht's! Auf den wackligen Balken und Tritten zu balancieren ist nicht so leicht, wie es auf den ersten Blick und von unten scheint, und die Parcours der mittleren Schwierigkeitsstufe sind eine echte Herausforderung. Außerdem braucht es Vertrauen in die Technik, denn es geht bis zu 25 m hoch in die Baumwipfel. Doch mit jedem Schritt wird man

Eine echte Schönheit mit interessanter Geschichte ist der Karersee im Eggental

Kurz anhalten und durchatmen ist angesagt bei der Wanderung auf den Vajolonpass

mutiger und am Ende kommt die Belohnung mit einer der Seilrutschen, die einen schnell wieder zurück zur Erde bringen. Spezieller Kleinkinder-Parcours für Kinder ab 3 Jahren.

ⓘ *Vom Bahnhof Bozen mit Bus 131 bis Kaltern, Rottenburgerplatz, weiter mit Bus 135.5 Sportzone St. Anton | Parkplatz vor Ort | abenteuerpark.it | €€€ ⏲ Anfang April–Anfang Nov. 📍 46.39767, 11.23449*

IM EGGENTAL

Die Wasserfee vom Karersee

21 🚶 Einfacher Spaziergang um den Karer- und Mittersee, 5 km, 1,5 Std., 90 hm auf- und abwärts

Der Karersee ist zweifelsohne einer der schönsten Seen in den Alpen. Einerseits, weil sich Latemar und Rosengarten in ihm spiegeln, andererseits wegen des einzigartigen Farbenspiels seiner Wasseroberfläche in Blau, Grün, Türkis, Goldgelb und Rottönen. Die Südtiroler Mythologie hat dafür natürlich eine Erklärung: Der Sage nach warf einst ein Hexenmeister einen Regenbogen nebst Juwelen in den See, weil er darüber erbost war, dass eine Wasserjungfrau ihn verschmähte.

Man sieht ihn quasi im Vorbeifahren, so nah liegt er an der Staatsstraße 241, doch wer aussteigt und noch ein wenig weiterwandert, entdeckt nicht nur eine wunderschöne Landschaft unterhalb des Latemar-Massivs, sondern auch noch einen zweiten, sehr bemerkenswerten See, der aber deutlich weniger besucht wird. Der Mittersee existiert nur für kurze Zeit, im Mai und Juni, wenn sich auf einer Wiese das eiskalte Schmelzwasser des Latemar sammelt. Im Juli verschwindet er dann wieder.

ⓘ *Vom Bahnhof in Bozen mit Bus 180 bis zum Sessellift Paolina | Parkplätze vor Ort | eggental.com/de/activity/seenrundwanderung-zum-karersee-mittersee_5638 ⏲ Mai und Juni, wenn beide Seen existieren 📍 46.40734, 11.59153 (Start)*

Wandern im versteinerten Rosengarten

22 🚶 Mittelschwere, spektakuläre Dolomitenwanderung mit Klettersteig-Option im Eggental den Vajolonpass hinauf, 7 km, 3¼ Std., 520 hm auf- und abwärts

Die Rotwand in der Rosengartengruppe flößt selbst erfahrenen Kletterern Respekt ein. Auf den ersten

Einmal abheben bitte! Im Skigebiet Obereggen gibt es auch einen Funpark

Blick scheint es für Normalsterbliche kein Durchkommen zu geben, auf den zweiten schon: Die Seilbahn zur Paolina-Hütte (2125 m) übernimmt die ersten 500 hm. Auf dem Weg 552 geht es Richtung Vajolonpass und nach etwa 1,5 km in der steilen Scharte hinauf. Treppen, Leitern und Drahtseile erleichtern den Aufstieg. Das Panorama, das sich am Pass bietet, gehört zu den schönsten der Dolomiten. **Insider-Tipp** Rechter Hand beginnt hier ein spannender Klettersteig auf den Gipfel der Rotwand (2806 m). Weniger Mutige halten sich links, um zur Rotwandhütte und zur Pederiva-Hütte zu gelangen. Hier ist es so schön, dass man am liebsten für immer bleiben möchte. Doch irgendwann geht es dann doch auf einem fast ebenen Weg zum Sessellift zurück. Er führt vorbei an einem großen Bronzeadler, der zu Ehren von Theodor Christomannos hier aufgestellt wurde, der in der Tourismusentwicklung der Region Pionierarbeit leistete.

Vom Bozner Bahnhof fährt der Bus 180 bis zum Sessellift Paolina | Parkplatz vor Ort | €€ (Lift) Juni–Sept. 46.40821, 11.59173 (Start)

Skifahren mit Aussicht

23 Abfahrtsskifahren, Snowboarden und Rodeln im Skigebiet Obereggen bei Bozen, ½–1 Tag

Während unten im Tal der Frühling schon alles zum Blühen bringt, kann weiter oben im Skigebiet Obereggen noch immer Ski gefahren werden. Mit 18 Liften und 48 Pistenkilometern ist es so groß, dass man an einem Tag keinen Lift zweimal nehmen muss. Wer am Tag nicht genug bekommt, kann hier auch in der Nacht auf den Brettern stehen. Das Setting des Skigebiets am Fuße des Latemar-Massivs ist atemberaubend. Nicht weniger aufregend ist die futuristische Architektur der Berghütte Oberholz, die sich perfekt in die Berglandschaft einfügt. Durch ihre Panoramafenster geht der Blick auf Dutzende Dreitausender. Nicht zu lange an der Scheibe kleben, denn übernachten kann man hier nicht.

Vom Busbahnhof Bozen mit Bus 184 nach Obereggen | Parkplätze vor Ort | obereggen.com, oberholz.com | €€€ Ende Nov.–Mitte April 46.38351, 11.52633

DER SCHÖNSTE SONNENAUFGANG

Die Morgensonne anbeten

24 Auf der Guntschnapromenade oberhalb von Bozen

Nur ein paar wenige Serpentinen auf dem schmalen Pfad der Guntschnapromenade oberhalb der Wandelhalle am Einstieg in Bozen Gries liegt dir die erwachenden Mini-Metropole zu Füßen. Diese Terrasse unter uralten Nadelbäumen ist ein ganz besonderes Plätzchen. Hier bist du mittendrin in einem mediterranen botanischen Garten – es duftet, zirpt, funkelt und raschelt. Tipp für alle, die es nicht erwarten können: Hier ist der Frühling zuerst da!

Vom Bahnhof Bozen mit Bus 10A zum Kulturheim Gries, hinter der Alten Grieser Pfarrkirche beginnt die Promenade

Ganzjährig 46.50579, 11.33210 (Start)

LOKALE SPEZIALITÄTEN

*UND WO DU SIE PROBIEREN KANNST

Kunstvoll geformt und mit feinem Ricotta gefüllt sind die Tortelloni im Pastalab in Bozen

Bozen lebt Gegensätzlichkeiten: Äpfel und Wein begegnen Oliven und Zitronen, süß trifft deftig, die italienische Lebensart flirtet mit dem korrekten Norden. Was die Köche und Köchinnen daraus machen, sollte man sich genüsslich auf der Zunge zergehen lassen.

Eiskalte Erfrischung

1 Gelato

Italienisches Eis ist der Inbegriff von sommerlichem Genuss. Das Geheimnis eines guten Gelato? Immer schön langsam rühren, dann kommt weniger Luft in die Eismasse und das Eis zeichnet sich durch ein besonders intensives Aroma und eine hohe Cremigkeit aus. Auch wichtig: hervorragende Zutaten verwenden, am besten aus der Region.

ⓘ *In der* **Officina del Gelo Avalon** *kommen die Erdbeeren aus dem Martelltal, die Himbeeren aus Völs am Schlern und die Eier vom Gampenhof in Aldein – eben von überall das Beste – und das schmeckt man auch | Freiheitsstr. 44, Bozen | officinadelgeloavalon.com | €*

Frische Pasta

2 Pasta Fresca

Noch eine Spezialität, auf die man in Italien nicht verzichten möchte – *pasta fresca*. Am Morgen in Handarbeit produziert, kommen Spaghetti, Tagliatelle, Pappardelle, Fettuccine und Ravioli mit leckeren Füllungen und feinen Saucen mittags und abends frisch auf den Tisch.

ⓘ *Im* **Pastalab** *von Diego und Stephano geht es um nichts Geringeres als „l'arte della pasta", die Kunst der Nudelherstellung | Romstr. 74c, Bozen | pastalab.eatbu.com | €€*

Bozner Weine

3 St. Magdalener

Auf den Weinhängen von St. Magdalena im Bozner Talkessel wachsen die begehrten Trauben der autochthonen Sorten Vernatsch und Lagrein satt und kräftig. Der berühmte Cuvee aus ihren Trauben, der St. Magdalener, wird in vielen Kellereien rund um Bozen mit viel Liebe und Sachverstand gekeltert.

Im **Weinshop Vinarius** *gibt es ihn zu kosten und zu kaufen | Moritzinger Weg 36, Bozen, kellereibozen.com/vinarius-wineshop | €€*

Mit Süßem gefüllt, mit Staubzucker überpudert

4 Krapfen

Während die Festtagskrapfen im Pustertal herzhaft und salzig sind, werden jene weiter im Süden eher süß serviert – gefüllt mit Preiselbeer- oder Marillenmarmelade, Mohn und Kastanienpüree. Serviert werden sie besonders beim Törggelen.

Am Zunerhof *gibt es nicht nur einen traumhaften Ausblick auf den Schlern, sondern auch besonders leckere Krapfen | Antlas 17, Lengstein/Ritten | zunerhof.com | €*

Hier findest du alles

5 Bozner Wochenmarkt

Auf dem Siegesplatz und in den umliegenden Straßen tummeln sich jeden Samstag die Bozner und Gäste der Stadt auf dem beliebten Wochenmarkt. Sie füllen ihre Einkaufstaschen mit Köstlichkeiten oder gebrauchten Dingen. Die Stimmung ist durch und durch italienisch: Während die einen hitzig und laut um Preise feilschen, treffen sich die anderen entspannt auf einen Aperol Spritz.

Siegesplatz, Bozen

Unter der Rittenbahn reift im Bozner Stadtteil St. Magdalena der berühmte Vernatsch heran

Die Wiege der Grafschaft Tirol liegt gut versteckt in den Weinhängen von Dorf Tirol

Meraner Land

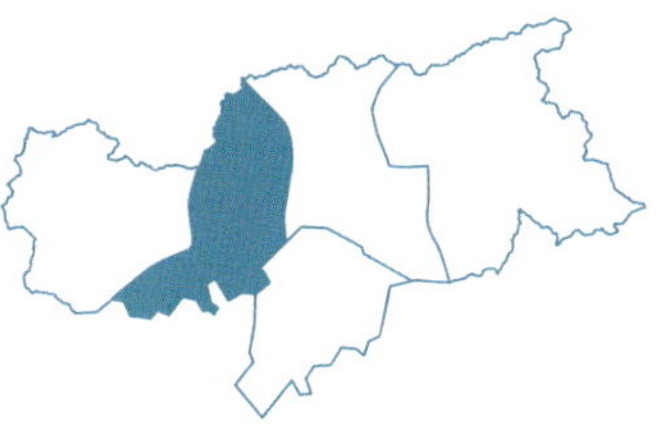

STILVOLL ELEGANT UNTER PALMEN UND BERGEN

Kontrastreicher geht es kaum: Mediterrane Pflanzenwelten mit Zypressen, Zedern und Zitronen und eisige Pässe, Jugendstil-Ambiente und ursprüngliche Täler mit traditionellen Bauernhäusern. Meran ist elegant und fürstlich, lässig und entspannt. Man flaniert auf Promenaden entlang und zelebriert das Kulinarische. Es ist ein freigeistliches Tor zum Wilden Westen. Dort locken hohe schneebedeckte Berge und glitzernde Seen wie die Spronser Seen in einsame Seitentäler, mit grandiosen Wasserfällen und Schluchtenwegen an der Passer weg vom Mondänen, hin zu Ruhe und Wald. Auf halbem Wege liegen Orte wie Dorf Tirol und Schenna, erhaben und sonnenverwöhnt mit grandiosen Blicken nach oben und unten. In den Knottnkinos bei Vöran nimmt man sich die Zeit, dem Wechsel des Wetters in der Landschaft wie einem Film zuzuschauen.

AUF EINEN BLICK

*MERANER LAND

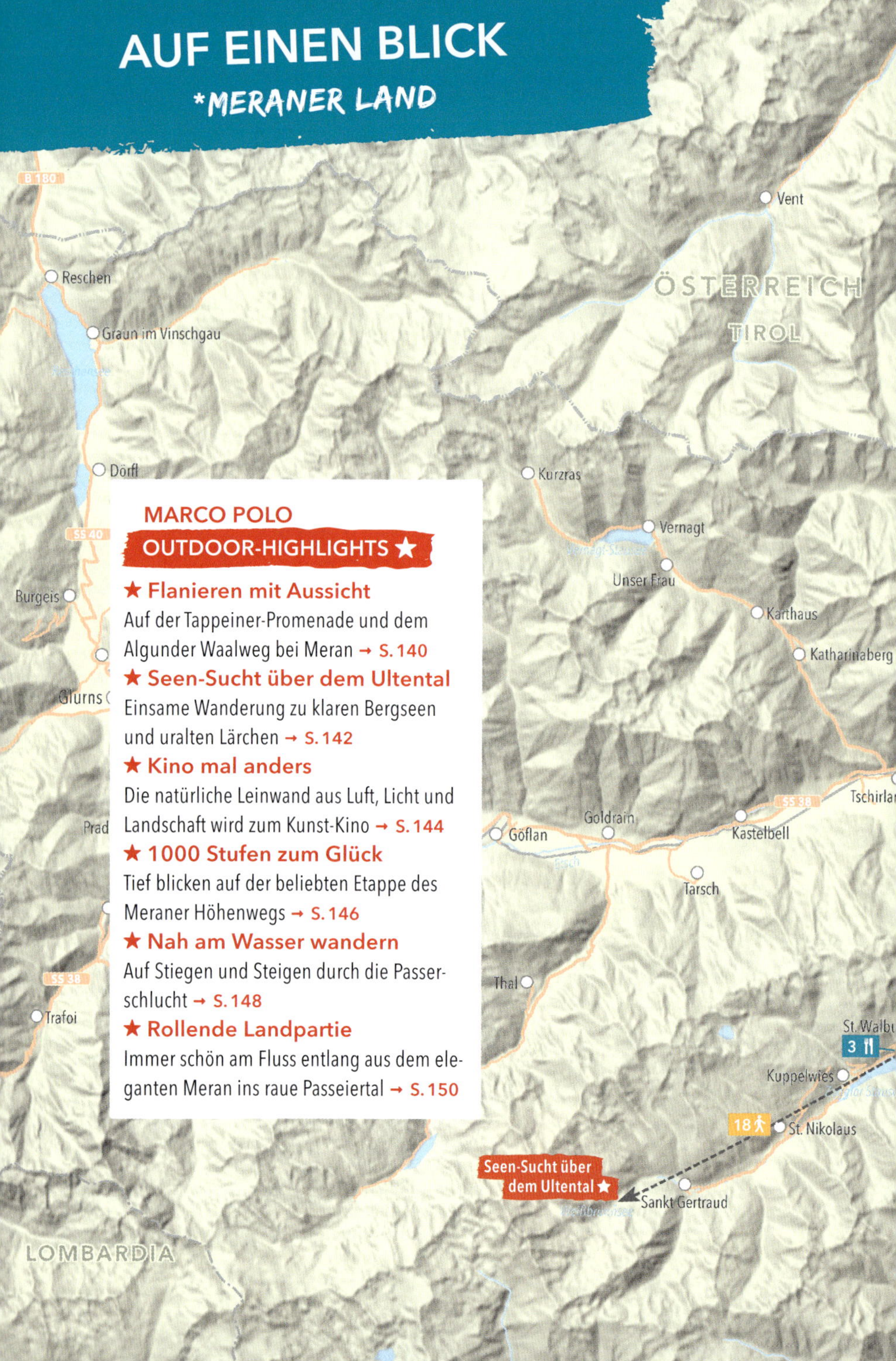

MARCO POLO

OUTDOOR-HIGHLIGHTS ★

★ Flanieren mit Aussicht

Auf der Tappeiner-Promenade und dem Algunder Waalweg bei Meran → S. 140

★ Seen-Sucht über dem Ultental

Einsame Wanderung zu klaren Bergseen und uralten Lärchen → S. 142

★ Kino mal anders

Die natürliche Leinwand aus Luft, Licht und Landschaft wird zum Kunst-Kino → S. 144

★ 1000 Stufen zum Glück

Tief blicken auf der beliebten Etappe des Meraner Höhenwegs → S. 146

★ Nah am Wasser wandern

Auf Stiegen und Steigen durch die Passerschlucht → S. 148

★ Rollende Landpartie

Immer schön am Fluss entlang aus dem eleganten Meran ins raue Passeiertal → S. 150

Gossensaß
Sterzing
Afens
Ridnaun
Ratschings
Elzenbaum
Trens
Bichl
Mittertal
Mau
Obergurgl
Rabenstein
Moos in Passeier
Platt
Walten
St. Leonhard in Passeier
Nah am Wasser wandern
Grasste
Pfelders
St. Martin in Passeier
Pens
Weissenbach
29 km, 40 Min.
Quellenhof
Durnholz
ITALIA
TRENTINO-ALTO ADIGE/SÜDTIROL
Aussicht
Riffian
Rollende Landpartie
Dorf Tirol
Partschins
Reinswald
Rabland
Meran
Falzeben
Astfeld
Plaus
Marling
Hafling
Sarnthein
1000 Stufen zum Glück
Villande
13 km, 20 Min.
Lana
Burgstall
Kino mal anders
Waidbruck
Sankt Pankraz
Mölten
Völlan
Gargazon
Flaas
43 km, 1,20 Std.
Tisens
Vilpian
Wangen
Lengstein
Klobenstein
Nals
Jenesien
Terlan
Atzwang
Oberbozen
Unterinn
Siebeneich
Bozen
Karneid
Blumau
St. Felix
Frangart
Missian
Breien
Proveis
Girlan
Laurein
Castelfondo
La Costa
Pineta
Gummer
Malosco
Cloz
St. Nikolaus
Leifers

OUTDOOR-HIGHLIGHTS

*DIE BESTEN ERLEBNISSE DRAUSSEN

Flanieren mit Aussicht ★

Zwei Klassiker-Wege bei Meran lassen sich zu einer perfekten Tour kombinieren: Der Algunder Waalweg führt am rauschenden Wasser entlang von Oberplars bis unterhalb der Brunnenburg und Schloss Tirol bei Dorf Tirol, dann übernimmt der Tappeinerweg bis in Merans Innenstadt.

Auf dem Waalweg

Einst dienten diese Wege nur dem Waaler, der für die aufwendige Kontrolle und Instandhaltung des Waales zu sorgen hatte und auch die genau eingeteilten Bewässerungszeiten der Felder überwachen musste. Das Waalwasser wurde und wird von höher gelegenen Gebirgsbächen und Flüssen eingeleitet, im Falle des Algunder Waalweges von der Etsch beim Stauwehr in Töll, wo auch die Wanderung beginnt. Das Wasser durchläuft den Haupt- und Tragwaal und fließt dann durch ein dicht verzweigtes Netz von kleineren Waalen, bis es zur genau festgelegten Zeit zum Feld gelangt, das mit einem Wasserrecht ausgestattet ist. Das ist bis heute so.

Schöne Aussicht bei Dorf Tirol

Unter Weinreben und durch Apfelwiesen, ständig vom Plätschern des Wassers begleitet, geht es gemütlich oberhalb der Ortschaften Mittelplars und Algund bis nach Gratsch. Die Aussicht auf das näher kommende Meran und auf Dorf Tirol mit dem berühmten Schloss verändert sich beständig. **Insider-Tipp** Wer neugierig ist, warum Dorf und Schloss den Namen eines österreichischen Bundeslandes tragen, unternimmt am besten einen Abstecher zum ehemaligen Stammsitz der Grafen von Tirol und heutigen Südtiroler Landesmuseum. Bei einer Hängebrücke endet der Algunder Waalweg, aber der Eingang zum Tappeinerweg liegt nur ein paar Schritte entfernt.

Auf Merans Höhenpromenade

Der Weg wurde nach dem Kurarzt, Anthropologen und Botaniker Dr. Franz Tappeiner (1816–1902) benannt, dessen Mäzenatentum die Stadt Meran den Promenadenbau zwischen Gratsch, den aussichtsreichen Hängen des Küchelberges und dem Pulverturm zu verdanken hat. Wärmeliebende Zypressen und Pinien prägen die mediterrane Pflanzenwelt – auch Olivenbäume, Feigenkakteen und Agaven wachsen hier. Der Weg führt vorbei am Aussichtspunkt Belvedere, am Duftgarten, den Mittelmeerterrassen, den vom Gletschereis glatt gehobelten Gletscherschliffen und dem öffentlichen Kräutergarten. Das Ende der Wanderung markiert der Pulverturm, ehemals Teil einer mittelalterlichen Befestigungsanlage. Von seiner Aussichtsplattform hat man einen einzigartigen Blick auf Meran und die zurückgelegte Wanderung.

Die Tour im Überblick

Einfacher Spaziergang von Töll nach Meran, 9 km, 3 Std., 10 hm auf- und 200 hm abwärts, auch in umgekehrter Richtung möglich

Vom Bahnhof Meran oder Rennweg (Nähe Ende der Wanderung) mit Bus 213 bis zur Schleuse in Töll

Ganzjährig begehbar, sehr beliebt

Gute Schuhe und eigenes Obst, damit man sich nicht in den Obstplantagen bedient

46.68046, 11.09193 (Bushaltestelle beim Start) 46.67171, 11.16777 (Ende)

DOWNLOAD GPX-Track

Der Turm der Stadtpfarrkirche St. Nikolaus ist das Wahrzeichen der Kurstadt Meran (li.). Auch im Etschtal bieten die Waalwege schöne Spaziergänge (re.)

Seen-Sucht über dem Ultental ★

Stille herrscht am Talschluss des abgelegenen und lang gezogenen Ultentals. Besonders im Herbst lohnt hier eine ausgedehnte Wanderung zu fünf Bergseen, wenn das Türkis des Wassers und das Orange der Lärchenwälder einen Farbkontrast ergibt, der seinesgleichen sucht. Im oberen Teil der Wanderung kommt man durch beeindruckendes hochalpines Gelände.

Tal der Urlärchen

Das Tal ist berühmt für seine Lärchen, besonders die drei Urlärchen bei St. Gertraud. Der Legende nach sollen sie über 2000 Jahre alt sein, das morsche Innere der Bäume macht eine korrekte Zählung der Jahresringe jedoch schwierig, vermutet wird aber eher ein Alter von 850 Jahren. Knorrige Schönheiten gibt es auch rund um den Weißbrunner Stausee, wo beim Parkplatz die Ultner-Seen-Rundwanderung auf dem Weg Nr. 12 beginnt.

Hinauf zu türkisblauen Perlen

Durch den Lärchenwald geht es zügig aufwärts, bis die Baumgrenze erreicht ist und der Weg durch eine karge Felslandschaft weiter steil hinaufführt. Nach knapp 2 Std. sind 600 hm überwunden und der anstrengende Teil der Wanderung ist geschafft. Hier oben bei der Höchsterhütte auf 2560 m am Grünsee ist die Landschaft schon hochalpin, die Pflanzenwelt macht sich rar. Die umliegenden Gipfel sind alle weit über 3000 m hoch. Entlang der Staumauer und weiter durch eine braungraue Schotterwelt führt der Ultner Höhenweg zum Teil über große natürliche Steinplatten zum Langsee. Auf dem Weg hinunter zum Oberweißbrunnsee ist der Wechsel der Vegetationszonen deutlich zu spüren – die Kargheit wechselt wieder zu Lebendigkeit. Man überquert einen Bergbach und

Orange und Blau sind die vorherrschenden Farben dieser Wanderung, die im Talschluss des Ultentals durch Lärchenwälder (re.) und zu zahlreichen Seen führt (li.)

genießt das grandiose Panorama bei einer Rast am glasklaren See. Über einen weiteren Stausee, den Fischersee, geht es in leichtem Auf und Ab zur Fiechtalm und von dort durch Moore und Lärchenwälder hinunter zum Ausgangspunkt, dem Weißbrunner Stausee.

Indian Summer in Südtirol

Der Anblick der sich im Herbst verfärbenden Lärchen, die das Ultental in ein tiefes Orange tauchen, hat seinen ganz eigenen Zauber. Als Schutzkraft gegen Hexen und sonstiges Ungemach galten die Bäume bis in die Neuzeit als „Bewacher" von Gehöften und alleinstehenden Anwesen. Definitiv Schutz bietet ihr Holz allen Gebäuden, die aus ihm erbaut sind. Denn es ist formstabil und hart, resistent gegen Schädlinge und hält auch ohne Holzschutzmittel Wind und Niederschlag stand.

Die Tour im Überblick

Mittelschwere Bergwanderung im Ultental, 13 km, 5 Std., 730 hm auf- und abwärts, kann auch in umgekehrter Richtung unternommen oder mit der Seilbahn abgekürzt werden

Vom Bahnhof Meran mit Bus 245 bis St. Gertraud im Ultental, weiter mit Bus 243 bis zum Weißbrunnsee | Mit dem Auto zum Wanderparkplatz Weißbrunnsee

Ende Juni–Anfang Nov.

Normale Bergwanderausrüstung: gute Schuhe, ggf. Trekkingstöcke, Regensachen

46.48439, 10.82724 (Start)

DOWNLOAD GPX-Track

Kino mal anders ★

In den Knottnkinos auf den drei Porphyrkuppen zwischen den Dörfern Hafling und Vöran wird Platz genommen vor einer Leinwand aus Luft, Licht und Landschaft. Das Programm wechselt ständig: Es zeigt die Bergwelt und den Talkessel von Meran zu allen Jahres- und Tageszeiten. Wer Pech hat, sieht Nebel.

Film ab im Naturkino

Es ist der längste Film, den man in einem Kino sehen kann, und er wird nonstop gespielt: jeden Tag, jeden Monat, das ganze Jahr. Es gibt diesen Film nur hier, in diesem speziellen Kino auf 1465 m Höhe, und er wird nie langweilig, denn jede Vorführung ist anders. Die Idee stammt von dem Bozner Künstler Franz Messner, der zur Jahrtausendwende 30 wetterfeste Kinosessel aus Edelstahl und Kastanienholz auf dem roten Porphyrfels des Rotsteinkogels – „Roatstoanknottn" sagen die Einheimischen – anbringen ließ. Inzwischen sind zwei weitere Kinos und Aussichtsplätze auf dem Beimstein und dem Timpfler Knott hinzugekommen. Sie laden Wanderer ein, Platz zu nehmen und das fantastische Panorama zu genießen, das sich hier eröffnet.

Regisseurin ist die Natur

„Knottn" bedeutet im Südtiroler Dialekt Felsen. Vor Millionen von Jahren, als der Tschögglberg von Lava und Aschenregen geformt wurde, entstanden bei Vöran drei rote, runde Kuppen, die eine schöne Wanderung miteinander verbindet. Vom Gasthof Grüner Baum in Vöran (1317 m) geht es auf den Wanderwegen 1 und 12 auf den Roten-steinkogel mit dem bekannten Knottnkino. Je nach Wetterlage reicht der Blick weit übers Etschtal und das Burggrafenamt bis zum Ulten- und Passeiertal. Am Horizont liegen die mächtigen Gipfel der Texelgruppe, der Dolomiten und der Ötztaler Alpen. Wetter, Wolken, Sonne und die Jahreszeiten verändern das Panorama, die Farben und die Stimmung.

Faszinierend, was so eine Idee mit den Menschen macht. Sie lassen sich ein, spielen den Kinobesuch mit. Sie bleiben lange, starren Löcher in die Luft, spielen Gipfel-Erraten, picknicken oder beobachten die anderen Kinobesucher. Gespräche entspinnen sich unter Fremden. Das Ende der Vorführung bestimmt jeder selbst. Immerhin warten noch zwei weitere Lichtspieltheater am Wegesrand.

Dafür geht es zurück zum Weberhof und weiter über den Schützenbründlweg. Bald ist das neue Kino Attimo beim Beimsteinknott erreicht. Der Weg Nr. 14 über den Obertimpflerhof führt zum letzten Kino am Timpflerknott mit dem Schattenspiel Wolf. Dann geht es zurück nach Vöran.

Die Tour im Überblick

Mittelschwere Rundwanderung, 12 km, 4–5 Std. mit „Kinobesuch", 416 hm auf- und 409 abwärts, auch in umgekehrter Richtung möglich

Vom Bahnhof Bozen mit Bus 201 bis Burgstall, Seilbahn Vöran. Mit der Seilbahn auf den Tschögglberg und durch Vöran zum Gasthof Grüner Baum | Kostenloser Parkplatz am Gasthof | € (Seilbahn)

Ganzjährig möglich, bei schönem Wetter gibt es mehr zu sehen

Normale Bergwanderausrüstung

46.60109, 11.19919 (Start)

DOWNLOAD GPX-Track

Stehen bleiben, schauen, staunen … und schnell weiter Richtung Gipfel, das normale Wanderprogramm: In den Open-Air-Kinos des Künstlers Franz Messner ist das Sitzenbleiben Programm

1000 Stufen zum Glück ★

Er zählt zu den bekanntesten Panoramawanderwegen in Südtirol und umrundet die gesamte Texelgruppe – der Meraner Höhenweg. Spektakulär und aussichtsreich ist die Etappe durch die 1000-Stufen-Schlucht. Es geht vorbei an Wasserfällen, über zwei Hängebrücken und zu einer atemberaubenden Aussichtsplattform.

Treppauf, treppab

Insgesamt rund 100 km können auf dem Meraner Höhenweg erwandert werden, fünf bis acht Tage braucht man für die gesamte Strecke. Die Wegetappe entlang am Naturnser Sonnenberg ist ein beliebter Abschnitt, weil trotz der 1000-Stufen-Schlucht, aber dank der Seilbahnen am Anfang und am Ende insgesamt recht wenig Höhenmeter absolviert werden müssen.

Steile Wiesen und Felsschluchten

Von der Bergstation der Texelbahn über das Gasthaus Giggelberg kommt man zum Einstieg des 1985 eröffneten Meraner Höhenwegs. Mit der Nr. 24 markiert, führt er wie auf einer Höhenterrasse zunächst durch wunderschöne Lärchenwälder auf nahezu gleichbleibender Höhe immer weiter ins Vinschgauer Tal hinein, mit spektakulären Ausblicken auf den Flickenteppich der Apfelplantagen im Tal und auf die gewaltigen Gletschergipfel der Ortler-Gruppe. An einem steilen Wiesenhang liegt der Hochforch-Hof, danach beginnt felsigeres Gelände. Etwa in der Mitte der gesamten Tour führt der Pfad in die 1000-Stufen-Schlucht hinab. **Insider-Tipp** Mitzählen ist aussichtslos, denn über die Diskussion, welche Steinsammlung nun als Stufe zählt, ist der Zählstand schnell vergessen. Außerdem sind es etwas weniger Stufen, seit im unteren Teil beim Wasserfall eine große Hängebrücke die Schlucht überspannt.

Brunnenkresse, Bergprimeln, wilde Orchideen und Pelzanemonen stehen am Wegesrand. Dann führt der Weg noch einmal über eine Hängebrücke und vorbei an Wiesen und alten Höfen, die einen Eindruck davon vermitteln, wie hart das bäuerliche Leben hier oben früher gewesen sein muss. Sowohl am Pirchhof als auch am Galmeinhof kann man einkehren und rasten.

Spektakuläre Aussichtsplattform

Kurz vor der Bergstation der Seilbahn Unterstell gibt es noch einmal ein echtes Highlight: Eine massive Plattform ragt 16 m weit über den Felsen hinaus – und lässt tief blicken. Und auch weit – fast den gesamten Vinschgau kann man von hier oben sehen. Die Plattform ist ein Geschenk des auf dem Sonnenberg ansässigen Bauern Konrad Götsch, der sich damit auch einen privaten Traum erfüllte.

Die Tour im Überblick

Mittelschwere Bergtour auf dem Meraner Höhenweg, 8 km, 3 Std., 200 hm auf- und 450 abwärts, auch in umgekehrter Richtung möglich

Vom Bahnhof Meran mit Bus 213 bis Partschins, Parkdeck, von dort in 15 Min. zu Fuß oder mit Bus 265 bis zur Seilbahn. Zurück von der Seilbahn Unterstell mit Bus 251 nach Meran | €€€ (Seilbahn)

Ende Mai–Okt.

Normale Bergwanderausrüstung: gute Schuhe, ggf. Trekkingstöcke, Regensachen

46.67945, 11.06419 (Start)

DOWNLOAD GPX-Track

Der Meraner Höhenweg an der Grenze zum Vinschgau (li.) mit der 1000-Stufen-Schlucht (re.) und einer Aussichtsplattform (u.)

Nah am Wasser wandern ★

Lange war die Passerschlucht nicht zugänglich. Zu wild das Wasser, zu steil und unzugänglich die Felsflanken, in die sich das Wasser über Jahrtausende seinen Weg geschliffen hat. Seit 2015 gibt es hier einen beeindruckenden Wanderweg: auf Stiegen und Steigen führt er direkt über und neben dem Wasser durch die Schlucht.

Die Stimmen des Wassers

Besonders im Frühjahr zur Schneeschmelze, wenn das Wasser mit gewaltiger Kraft ins Tal stürzt, ist diese Wanderung ein unvergessliches Erlebnis. An eine gemütliche Unterhaltung ist da nicht zu denken, der Lärm des tosenden Wassers übertönt einfach alles. Dafür entfaltet das Element seine vollen Sprachkünste: Es gurgelt, gluckst, plätschert, rauscht, braust, tost und manchmal brüllt es sogar.

In der Schlucht

Von St. Leonhard führt zunächst ein gemütlicher Forstweg am Fluss entlang, doch schon bald tauchen die ersten eisernen, futuristisch wirkenden Stege auf. Man trickst die Gesetze der Schwerkraft aus, ist plötzlich da, wo man eigentlich nicht hingehört, und genießt den Blick auf den Fluss und den angenehmen Perspektivwechsel. Doch auch der Blick nach oben lohnt sich, denn auf der rechten Seite stürzen die Stuller Wasserfälle ins Tal. In zwei Kaskaden, mit zunächst 112 m und dann 250 m, gehören die Fälle zu den höchsten in Europa.

Etwa auf der Hälfte des Weges kommt man am alten Gomioner Kraftwerk vorbei. Im Inneren erfährt man Interessantes zur historischen Wasserkraftgewinnung. Die ist auch heute noch bedeutend im Passeiertal. Viele kleine Kraftwerke gewinnen Strom für die nahe liegenden Dörfer. Südtirol produziert 200 Prozent seines Energiebedarfs aus

Was die Kraft des Wassers vermag, ist an den glatt geschliffenen Felsen gut zu erkennen (li.). Wanderer queren die Schlucht gut abgesichert über Brücken (re.)

erneuerbaren Energiequellen. Das Wasser spielt dabei eine entscheidende Rolle.

Abschluss mit Aussicht

Das Tal wird enger und enger. Der Gebirgsfluss hat im oberen Teil der Wanderung beeindruckende Felsformationen hervorgebracht, mal sammelt sich das Wasser in einladenden Gumpen, dann bildet es Strudel und kleine Wasserfälle. Dass es bergauf geht, merkt man kaum, zu groß ist die Neugierde, was einen hinter dem nächsten Felsvorsprung erwartet und auf dem nächsten Abschnitt des gut gesicherten Metallweges. Eine letzte Aussichtsplattform lädt zum Verweilen ein, bevor bei der gewaltigen Staumauer in Moos das Ziel fast erreicht ist. Wer dem Wasser gern noch näher kommen möchte, kann das Abenteuer einer geführten Canyoning-Tour wagen.

Die Tour im Überblick

Einfache Wanderung in der Passerschlucht, auch für Kinder geeignet, 7 km, 2,5 Std., 420 hm auf- und 80 hm abwärts, auch in umgekehrter Richtung möglich

Der Bus 240 fährt vom Meraner Bahnhof bis St. Leonhard (Start) und weiter bis Moos (Rückfahrt) | Canyoning-Touren bei actionpur-passeiertal.it und acquaterra.it | €€€ (Canyoning)

Frühling, Sommer, Herbst
Komplette Bergausrüstung
46.81099, 11.24553 (St. Leonhard)

DOWNLOAD GPX-Track

Rollende Landpartie ★

Immer am Wasser entlang verläuft der Radweg relativ flach neben dem Fluss Passer, für ausreichend Abkühlung ist also an heißen Tagen immer gesorgt. Das Passeiertal ist eines der urigsten und vielfältigsten Täler Südtirols. Es ist auch die Heimat des Tiroler Volkshelden Andreas Hofer.

Von Kämpfern, Malern und malerischen Landschaften

Startpunkt in der Kurstadt Meran ist der Thermenplatz, von dem aus es in östlicher Richtung durch den Elisabeth-Park ins Passeiertal geht. Zu Beginn ist der Weg asphaltiert, später führt er die meiste Zeit über Schotter, nix für Rennräder, leider. Weit oben links und rechts der Passer, die einen von Beginn an begleitet und ein erfrischendes, kühles Lüftchen schickt, thronen die bekannten Südtiroler Dörfer Schenna und Tirol.

Insider-Tipp Eine Besonderheit des Passeiertals sind die im 12.–14. Jh. errichteten Schildhöfe auf der Ostseite. Wer auf einem Schildhof lebte, verpflichtete sich dazu, im Auftrag des Grafen von Tirol den Weg Richtung Jaufenpass zu schützen. Dafür galten die Bewohner steuerrechtlich als adelig und führten ein Siegel.

Genau im rechten Moment taucht in Saltaus der Radlstadl auf. Radfahrer fühlen sich hier verstanden und finden bei feiner Kost aus dem Garten der Gastgeberfamilie, bei frisch gebackenem Kuchen, Eis und kühlen Getränken angenehme Stärkung. Kurz vor St. Martin führt eine schöne Holzbrücke über den Fluss. Der Ort selbst macht mit seinem verkehrsberuhigten Dorfkern und dem modernen, mit Architekturpreisen überhäuften Dorfhaus echt etwas her. Etwas oberhalb des Friedhofs steht das freskengeschmückte Malerhaus, wo im 18. und 19. Jh. die Schüler der barocken Passeirer Malerschule tätig waren, deren Werke in ganz Tirol sehr geschätzt wurden.

Museum mit Denkanstößen

In St. Leonhard (693 m) weht ein spürbar frischerer Wind. Der Ort ist mit seinen 3500 Einwohnern das städtische Zentrum des Tals und hat eines der interessantesten Museen Südtirols zu bieten. Die Dauerausstellung des MuseumPasseier nähert sich dem hier geborenen Tiroler Kämpfer Andreas Hofer mit einem Augenzwinkern und der konsequenten Verweigerung profaner Heldenverehrung. Sie zeigt, wie es 1809 zum Aufstand der Tiroler gegen Napoleon kam und wie die Zeit nach Hofers Tod aus ihm einen Helden fabrizierte – trotz seines Scheiterns. Bevor es auf den Rückweg nach Meran geht, kann man im schönen Freibereich des Museums noch etwas chillen. Obwohl es auf der gleichen Strecke zurückgeht, sieht die Landschaft doch völlig anders aus. Denn man bewegt sich nicht mehr auf den Talschluss zu, sondern das Passeiertal öffnet sich mehr und mehr hin zum Meraner Becken. Man radelt nun die ganze Zeit leicht abwärts der Nachmittagssonne entgegen.

Die Tour im Überblick

Leichte Radtour am Fluss Passer, 40 km, 4 Std., 350 hm auf- und abwärts

Von Brixen und/oder Bozen mit der Regionalbahn bis Meran | €

März–Okt.

Normale Radausrüstung, Helm, gute Schuhe, Regensachen

46.66972, 11.16202 (Start)

DOWNLOAD GPX-Track

Die Wildheit ihres Oberlaufs hat die Passer zwischen Meran und St. Leonhard längst hinter sich gelassen (li.). Lieblich plätschert das Flüsschen nun durch ein beschauliches Tal (o.)

MEHR ERLEBEN

*WEITERE ABENTEUER & AUSFLÜGE

Die zehn Spronser Seen liegen zwischen 2117 und 2589 m über dem Meer

Während die alte Kurstadt Meran auch dank ihres mediterranen und heilsamen Klimas lebendig brodelt, locken rundherum die Berge und Hügel auf Gipfel und eisige Pässe, hinein in die ursprünglichen Seitentäler, weg vom Mondänen, hin zu Ruhe, Wald, Wasser und Abenteuer.

IN UND UM MERAN

Lebenselixier Wasser

1 Einfacher Brunnen-Spaziergang durch Meran, 5 km, 2–3 Std.

Das Meraner Trinkwasser stammt fast ausschließlich aus Quellen im Passeiertal, dem Vinschgau und dem Naiftal. Bevor es aus dem Fels strömt, reichert es sich mit wertvollen Mineralien an. Da das Quellwasser nur ein paar Stunden unterwegs ist, behält es seine hohe Qualität und Reinheit bei. Somit ist das Wasser aus den 69 Trinkwasserbrunnen in Meran gesünder als aus jeder Wasserflasche im Supermarkt. Elf Brunnen, zu denen eine Geschichte erzählt wird, sind durch den Brunnenweg verbunden. Er ist auf einem in der Kurverwaltung erhältlichen Stadtplan eingezeichnet und steht auch als Download fürs Smartphone zur Verfügung. Der Weg ist chronologisch nach den Baudaten der Brunnen gegliedert. Man beginnt beim ältesten Brunnen aus dem Jahr 1462 am Kornplatz, das Ende bildet der Brunnen am Trappeinerdenkmal, der von 1881 stammt.

Meran, Kurverwaltung am Kornplatz | merano-suedtirol.it (> brunnenweg.html) Ganzjährig möglich, perfekt im Sommer Wasserflasche und Trinkgefäß 46.67062, 11.16205 (Kornplatz)

Spronser Seenzauber

2 Anspruchsvolle Wanderung zu den Sponser Seen von Vellau zur Oberkaseralm, Trittsicherheit und Schwindelfreiheit erforderlich, 14 km, 6 Std., 1200 hm auf- und abwärts

Sie sind eine Erbschaft der Eiszeitgletscher, die zehn Spronser Seen, die im Herzen der Texelgruppe die größte hochalpine Seengruppe Südtirols bilden. Die Wanderung beginnt an der Talstation

Bestes Trinkwasser sprudelt aus den über 60 Brunnen in Merans Innenstadt. Schon Kaiserin Sissi wusste die besondere Qualität des Meraner Wassers zu schätzen

Die Hochebene über der Fragsburg bei Meran ist ein perfektes Radelterrain

des Vellauer Korblifts. Die ersten 640 hm absolviert man mit Leichtigkeit, stehend im kleinen grünen Panorama-Korb, der zu den ungewöhnlichsten Aufstiegsanlagen in Südtirol zählt. Dann beginnt der anspruchsvolle Aufstieg zur Hochgangscharte, wo der Blick auf den tiefblauen Langensee für alle Mühen entschädigt. Auf dem Weg Nr. 22 gelangt man zum Grünsee und später zum Schutzhaus Oberkaseralm. **Insider-Tipp** Wer über Nacht bleibt, kann in den Morgen- und Abendstunden Gämsen erleben und Murmeltiere, die sich mit ihrem Pfeifen gegenseitig warnen. Der Abstieg führt über die Taufenscharte zurück nach Vellau.

Vom Meraner Bahnhof mit Bus 237 bis Algund, Wiesenhof, von dort mit Bus 235 bis Vellau | Parkplatz am Lift | oberkaseralm.it | € (Korblift) Sommer und Herbst Normale Wanderausrüstung, Proviant 46.69572, 11.10932 (Talstation) Download GPX-Track

Die Feierabendrunde der Meraner Mountainbiker

3 Leichte Tour von Meran zum Greiterhof, 20 km, 2 Std., 620 hm auf- und abwärts

Der alte Bergbauernhof Greiterhof liegt auf 1000 m Höhe und ist, obwohl er nur noch an wenigen Tagen geöffnet hat, das beliebteste Ziel der Meraner Biker, wenn es um Feierabend-Ausfahrten geht. Denn die Strecke hier hinauf hat moderate Anstiege, wird wenig von Autos befahren und am Ende wartet ein schöner Rastplatz mit einladenden Bänken.

Vom Brunnenplatz in Meran-Obermais geht es über den malerischen Sissiweg bis nach St. Valentin oberhalb der botanischen Gärten von Schloss Trauttmansdorff. Dann führt ein Traktorweg teilweise etwas steil durch die malerische Weinlandschaft von St. Valentin. Auf der Teerstraße oberhalb der Kirche St. Valentin geht es locker für weitere 100 hm nach oben, bis der Stegerhof erreicht ist. Immer der Straße folgend, geht es dann vorwiegend flach dahin bis oberhalb von Sinich, wo der Anstieg zur Fragsburg beginnt. Danach führt die teils steile Teerstraße hinauf zum Greiterhof.

Meran, Brunnenplatz | visitmeran.it/e-bike-tour-greiter-hof-meran, greiterhof.org Frühling und Herbst Tourenrad oder MTB, Karte, normale Radausrüstung, Trinkflasche, Sonnencreme, Kamera 46.66881, 11.17381 (Start)

Alles über Südtirols Paradefrucht erfährt man auf dem Apfelweg bei Dorf Tirol

Die Pflanzenvielfalt in den Gärten von Schloss Trauttmansdorff sucht ihresgleichen

Auf den Spuren der Kaiserin

4 In den Gärten von Schloss Trauttmansdorff, 3–6 Std.

Zweimal, 1870 und 1889, zog Kaiserin Elisabeth für ihre Winterkur nach Schloss Trauttmansdorff. Der Garten sah damals natürlich noch nicht so aus wie heute, wo sich vier Gartenwelten über 12 ha Land erstrecken, die es in sich haben. Insgesamt gedeihen hier rund 5800 Pflanzen aus der ganzen Welt. Am Südhang blühen die schönsten Pflanzen des Mittelmeers neben Pinien und Zypressen, karibische Palmen wachsen neben Lorbeersträuchern, japanische Zierkirschen neben Zedern aus dem Westhimalaya. Wie ist das möglich? Zum einen durch großes gärtnerisches Können, professionelle Arbeit mit verschiedenen Erdtypen sowie ausgefeilten Überwinterungs- und Schnitttechniken, zum anderen dank der perfekten Mischung aus alpinem und mediterranem Klima im Meraner Talkessel. Unbedingt anschauen: den Verbotenen Garten, der sich neben der Sissi-Terrasse auf der Südseite des Schlosses anschließt.

Vom Bahnhof Meran mit Bus 1B oder 4 bis zu den Gärten | Parken vor Ort | trauttmansdorff.it | €€ (Eintritt) Geöffnet April–Mitte Nov.

46.66138, 11.18527

UM DORF TIROL

Das Geheimnis der knackigen Äpfel

5 Einfache Wanderung auf dem Apfelweg rund um Dorf Tirol, 4 km, 1,5 Std., 170 hm auf- und abwärts

Kaum ein Ort in Südtirol hat so viele Sonnenstunden wie Dorf Tirol. Der Höhenrücken öffnet sich nach Ost und West und ist nach Norden hin vom Gebirgsmassiv der Texelgruppe mit der Mutspitze als Hausberg gegen kalte Nordwinde geschützt. Hier gedeiht alles gut, vor allem Äpfel. Der Apfel-Themenweg rund um das Dorf gibt interessante Einblicke in den heimischen Obstbau. **Insider-Tipp** Der Weg ist vor allem zur Apfelblüte ein echtes Highlight! Verschiedene Stationen erzählen von den Arbeiten im Jahresverlauf, von neuen und alten Südtiroler Apfelsorten und von Meilensteinen in der Geschichte des Apfelanbaus in Südtirol.

Auf dem Marlinger Waalweg können Pausen gesundheitsfördernd mit Kneipp-Anwendungen kombiniert werden

Der teilweise schmale Vellauer Felsenweg ist nur etwas für Schwindelfreie

ℹ *Vom Bahnhof in Meran mit Bus 221 bis Tirol, Busbahnhof, 3 Min. zu Fuß bis zum Startpunkt der Wanderung bei der Tourismusinformation | Parken vor Ort | merano-suedtirol.it (> wanderung-entlang-des-apfelweges.html) Im Frühling zur Apfelblüte Taschenmesser 46.68911, 11.15675 (Start)*

Am Wasser entlang in den Frühling

6 Einfache Wanderung auf dem Marlinger Waalweg zwischen Töll und Lana, 12 km, fast eben, 2–3 Std., auch für Familien geeignet, kann von beiden Seiten begangen werden, Zwischenein- und -ausstiege möglich

Weil es im Meraner Raum selten regnet, legten die Bauern hier schon im 13. Jh. kilometerlange sogenannte Waale an, die teilweise bis heute der Bewässerung der fruchtbaren Hänge dienen. Die Bezeichnung leitet sich vermutlich vom lateinischen Wort Aqualis (Wasserlauf) ab. Das Wasser kommt aus Bergbächen und wird oberhalb der Felder in Kanäle geleitet, neben denen ein schmaler Weg verläuft, der ursprünglich für die Pflege der Waale vorgesehen war. Einer der schönsten Wasserwege um Meran ist der Marlinger Waalweg, der von der Etsch-Staustufe in Töll über die Dörfer Forst, Marling und Tscherms nach Lana führt. Zwischen Kastanienhainen und weitläufigen Obstanlagen begeistern die grandiosen Ausblicke auf das Meraner Becken. Kinder lieben diesen Weg, denn während sie Blätter und Blüten hineinwerfen und ihre Füße im kalten Wasser erfrischen, wird ihnen garantiert nicht langweilig.

ℹ *Vom Bahnhof in Meran mit dem Bus 213 bis Töll, von Lana zurück nach Meran mit Bus 211 | merano-suedtirol.it Ganzjährig begehbar, am schönsten im Frühjahr, wenn die blühenden Obstbäume alles weiß färben, oder im bunten Herbst 46.68081, 11.09305 (Start in Töll)*

Dicht am Abgrund

7 Mittelschwere Rundwanderung für Schwindelfreie auf dem Vellauer Felsenweg, 7 km, 3 Std., 570 hm auf- und abwärts

Ausgangspunkt ist die Kirche zur heiligen Dreifaltigkeit in Vellau. Der Weg Nr. 22 führt durch ein schönes Waldstück, doch schon bald ist eine be-

In der ehemaligen Knappensiedlung St. Martin auf 2355 m Höhe sind die Spuren der harten Arbeit noch sichtbar

eindruckende Felswand erreicht. Hier sollte nur weitergehen, wer keine Angst vor Höhe oder ausgesetzten Wegstellen hat. Der Felsenweg ist ein solider Steinpfad mit vielen Seilsicherungen, der sich an die Hänge unterhalb der Mutspitze klammert, aber Trittsicherheit ist zwingend erforderlich. Nach 45 Min. ist das Berggasthaus Hochmuth mit seiner hervorragenden Küche erreicht. Zeit für eine Rast, die Aussicht über das Meraner Becken ist fantastisch!

Der weitere Weg führt über den Gasthof Steinegg und über ein Teilstück des Meraner Höhenwegs zur Leiteralm und zurück nach Vellau. Auch hier gibt es noch die eine oder andere Herausforderung für höhensensible Wanderer. Wer sich den rund einstündigen Abstieg sparen will, gelangt auch mit dem Korblift zurück nach Vellau.

Vom Meraner Bahnhof mit Bus 237 bis Algund, Wiesenhof, von dort mit Bus 235 bis Vellau | Parkplatz bei der Bushaltestelle | Mai–Okt., nicht bei Schnee und Eis, Vorsicht auch bei Regen wegen Steinschlag Normale Wanderausrüstung 46.69623, 11.11605 (Start)

Versilberter Berg

8 Mittelschwere Wanderung in die Südtiroler Bergbau-Vergangenheit zur ehemaligen Knappensiedlung St. Martin, 8,5 km, 3 Std., 700 hm auf- und abwärts

Im Talschluss des Ridnauntals, wo der mächtige Schneeberg ein Weiterkommen verhindert, wurden über 800 Jahre lang Silber, Blei und Zink abgebaut. Der Reichtum aus dem Inneren der Berge war der Grundpfeiler für das Entstehen der damaligen Großmacht Österreich. Das Bergwerk Schneeberg galt bis zu seiner Schließung 1985 als eine der höchstgelegenen Abbaustätten Europas. In dieser hochalpinen Einöde sind die Aktivitäten der Vergangenheit noch deutlich sichtbar und die Knappensiedlung St. Martin auf 2355 m Höhe, in der bereits im Mittelalter mehr als 1000 Knappen ganzjährig lebten, ist einer der faszinierendsten Orte in Südtirol.

Bis heute gelangt man nur zu Fuß hinauf, entweder selbst organisiert ab der Schneebergbrücke an der Timmelsjoch-Hochalpenstraße oder mit einer zehnstündigen Exkursion, organisiert vom Landes-

Nur Mut beim Gang auf die Mutspitze. Der Hausberg der Dorf Tiroler ist recht steil, aber vergleichsweise leicht zu erklimmen

museum Bergbau. Dann sieht man auch das Innere der Berge und fährt mit der Grubenbahn hinein.
ℹ *Vom Meraner Bahnhof mit Bus 240 bis Moos, Rathaus, weiter mit Bus 335 bis zur Haltestelle Schneebergbrücke | Mit dem Auto über die (mautpflichtige) Timmelsjochstraße, Parkmöglichkeiten etwa 200 m vor der Brücke | bergbaumuseum.it/de/schneeberg | € ⏲ Juli–Sept. 📍 46.87964, 11.16361 (Start)*

Voll leichter 2000er

9 🚶 Mittelschwere Wanderung auf die Mutspitze, den Hausberg der Dorf Tiroler, 8 km, 4 Std., 1050 hm auf- und abwärts

Die grafische Höhenlinien-Darstellung des Weges auf die Mutspitze sieht in etwa aus wie der markante Berg selbst: Ein spitzer Kegel, man könnte meinen, ihn zu besteigen braucht Mut. Dem ist aber gar nicht so. Insider-Tipp Klar, es geht steil bergauf, Kondition, Trittsicherheit und gute Kniegelenke sind unabdingbar, aber auch Höhenängstliche können ihn gut bezwingen.

Mit der Hochmuth-Seilbahn geht es hinauf zum Gasthof. Dort beginnt der Weg Nr. 22 zum Gasthof Mutkopf, der auf 1684 m liegt. Weiter oben an einer Weggabelung geht es links weiter auf dem Steig Nr. 23 über den steilen Ostgrat und trotzdem recht unschwer empor zum Gipfel auf 2295 m. Das Meraner Land, die nahen Berge des Naturparks Texelgruppe, das Passeiertal, das Etschtal und der Vinschgau liegen einem hier zu Füßen. Auf demselben Weg geht es auch wieder hinunter.
ℹ *Vom Meraner Bahnhof mit Bus 221 bis zum Busbahnhof Dorf Tirol, weiter mit Bus 222 zur Seilbahn Hochmuth | Parkplatz vor Ort | visitmeran.it/mutspitze | €€ (Seilbahn) ⏲ Mai–Okt. ⚙ Normale Wanderausrüstung 📍 46.69663, 11.15282 (Start Seilbahn)*

Die schönste Aussichtskanzel Südtirols steht auf der Hochmuth über Dorf Tirol

Der Sonne entgegen

10 🚶 Leichte Wanderung über die Muthöfe auf die Hochmuth, 4 km, 1,5 Std., 750 hm aufwärts, hinunter mit der Seilbahn

Wer kam nur auf die Idee, an diesem Berghang hoch über Dorf Tirol mehrere Bauernhöfe zu errich-

Die Sträßchen durch die Weinberge von Algund eignen sich perfekt zur Erkundung mit dem Fahrrad

ten? Die Wiesen sind so steil, dass einem schon bei der Vorstellung von der Heuernte schwindlig wird. Es war König Meinhard II. von Tirol, der die Bewirtschaftung der Steilhänge an der Mutspitze im Mittelalter anordnete. Seither hat sich an den landwirtschaftlichen Arbeiten auf den wunderschönen Bauernhöfen am Sonnenhang nicht viel geändert: Statt Maschinen- ist Handarbeit gefragt. Heute sind die Muthöfe ein beliebtes Ziel für Wanderer. Am Tiroler Kreuz oberhalb von Dorf Tirol beginnt der alte Muter Weg Nr. 23, der sich durch Kastanien- und Fichtenwälder den Berg hinaufschlängelt. Insider-Tipp In den beiden Gasthäusern Talbauer und Hochmuth gibt es vorzügliche traditionelle Südtiroler Kost. Dann sind es nur noch wenige Minuten hinauf zur Aussichtsplattform Hochmuth, wo einem der Meraner Talkessel magisch zu Füßen liegt. Und mit der Seilbahn ist man in Nullkommanix wieder unten.

Vom Bahnhof in Meran mit Bus 221 bis Dorf Tirol, weiter mit Bus 222 bis zum Tiroler Kreuz (verkehrt auch ab der Talstation der Seilbahn) | Parken an der Seilbahn, von dort in 15 Min. zum Tiroler Kreuz | seilbahn-hochmuth.it | €€€ Ganzjährig Feste Schuhe, warme Kleidung 46.70217, 11.15804 (Bushaltestelle Tiroler Kreuz)

Durchs Apfelland rollen

11 Leichte Radtour durch das Meraner Land, 20 km, 2 Std., 410 hm auf- und abwärts

Von oben betrachtet sehen die Apfelplantagen mit ihren dunklen Hagel- und Sonnennetzen recht unschön aus. Aus der Nähe allerdings sind die in Reih und Glied stehenden Bäumchen eine Augenweide. Schon Anfang April blühen sie über und über, im Herbst hängen sie dann voller saftiger Äpfel.

Von Algund folgt man dem Vinschgau-Radweg und muss kurz vor Töll eine Höhenstufe in mehreren Serpentinen überwinden, danach geht es fast eben an der Etsch entlang bis nach Rabland. Dort zweigt der Weg in die Cutraunstraße ab, quert die Staatsstraße und führt durch das Dorf und die Zielstraße weiter nach Partschins. Über die Vertigenstraße gelangt man zum Partschinser Waalweg, dem man 400 m folgt. Danach geht es über eine kleine Straße nach Oberplars mit der schönen Kir-

Mit dem Panorama-Sessellift ganz entspannt von Meran nach Dorf Tirol

Der Passeirer Wasserfall ist an heißen Sommertagen ein beliebtes Ausflugsziel

che St. Ulrich und vorbei am Schloss Plars auf die Alte Landstraße und zurück nach Algund.

Von Meran mit der Regionalbahn bis Algund | Mehrere Parkplätze im Ort | suedtirolerland.it (> zur-apfelbluete-durch-das-meraner-land) Frühling und Herbst Tourenrad- oder MTB, normale Radausrüstung, Helm, Karte, Trinkflasche, Sonnencreme, Kamera 46.67906, 11.13192 (Start)

Nostalgische Liftfahrt

12 Entspannt in luftige Höhen mit dem Panorama-Sessellift von Meran nach Dorf Tirol, 6 Min., 180 hm

Dieses Erlebnis hat man definitiv für sich allein. Denn über die Weinberge zwischen Meran und Dorf Tirol schweben einzelne rote Sitze, die an Kinosessel erinnern. Ausgeschlossen, dass man sich hier zu zweit hineinquetscht wie z. B. in den ebenfalls ziemlich nostalgischen Korblift bei Vellau. Die rote Aufstiegshilfe, wie man hier auch zu den allgegenwärtigen Liften sagt, wurde in den späten 1940er-Jahren zusammen mit dem heutigen Hotel Panorama erbaut und war der erste große Schritt von Dorf Tirol auf dem Weg zu einem der wichtigsten Tourismusorte im Meraner Land. Bis heute ist die Fahrt ein großes Vergnügen, mit einer fantastischen Aussicht. So schnell entschwebt man der lauten Stadt. Dann kann auch großzügig darüber hinweggesehen werden, dass es von der Bergstation noch gut 20 Min. zu laufen sind bis zum schönen Burglehenpark, dem Sternerestaurant Castel, der Falknerpromenade und zum berühmten Schloss Tirol.

Vom Meraner Bahnhof mit dem Bus 221 bis Theaterplatz, dann 10 Min. Fußweg | Keine Parkplätze in der Nähe | panoramalift.it | € Ganzjährig möglich Kamera 46.67276, 11.16241 (Talstation)

IM PASSEIERTAL

Wildes, herabstürzendes Wasser

13 Einfacher Spaziergang zum Passeirer Wasserfall, 2 km, 1–2 Std.

Kein Tal in Südtirol ist so reich an Wasserfällen wie das Passeiertal. Der Passeirer oder auch Kalmtaler

Den Jaufenpass ziert die Kapelle Maria Heimsuchung in exponierter Lage

Wasserfall ist der schönste unter ihnen. Gelegen im romantischen Kalmtal, ist er auf einer gemütlichen Wanderung am Passerdammweg ab St. Leonhard, St. Martin oder Riffian zu erwandern. **Insider-Tipp** Wer es eilig hat, kann auch von Neuhaus hinaufspazieren, dann sind es nur etwa 30 Min. zu gehen. Vor allem im Frühsommer führt er viel Wasser, das tosend aus 48 m Höhe hinabfällt und für eine wohlige Erfrischung nach dem Aufstieg sorgt. Aus diesem Grund ist er besonders an heißen Sommertagen ein beliebtes Ausflugsziel.

Ab Meraner Bahnhof mit dem Bus 240 bis St. Martin in Passeier, Kalmtal | Parkplätze im Ort und in der Nähe des Wasserfalls | merano-suedtirol.it (> erholung-natur/wasserfaelle) *April–Okt.* *Badesachen, Handtuch, Sonnenhut, Picknick* *46.77061, 11.21248 (Wasserfall)*

Stramme Waden und schöne Aussichten

14 Anstrengende Radtour von Meran über den Jaufenpass nach Sterzing, 58 km, 4–5 Std., 1800 hm auf- und 1150 m abwärts, in umgekehrter Richtung etwas leichter

Die schon von den Römern erstmals ausgebaute Jaufenstraße, über Jahrhunderte bewacht von der Jaufenburg kurz oberhalb von St. Leonhard, ist wegen der relativ kurzen Verbindung nach Sterzing im Wipptal ein Klassiker unter sportlichen Radfahrern, die Passquerungen mögen. Die Aussicht auf dem Jaufenkamm in 2000 m Höhe ist grandios und im Frühjahr und Herbst nehmen unzählige Zugvögel diesen Weg über die Alpen. Dabei passieren sie die höchste Stelle nur knapp über dem Boden. Vogelliebhaber dokumentieren den Durchzug von Staren, Ringeltauben, Schwalben, Bergfinken, Prachttauchern und vielen anderen. Ab und zu fliegt auch ein Radfahrer vorbei, wenn der anstrengende Anstieg geschafft ist und das Serpentinengleiten bergab beginnt.

Start am Meraner Bahnof | suedtirolerland.it (> ueber-den-jaufenpass-von-sterzing-nach-meran) *Frühling und Herbst* *Rennrad, Tourenrad oder MTB, normale Radausrüstung, Helm, Trink-*

Die Rötenspitze bei Moos ist ein äußerst beliebtes Ziel bei Tourengehern

Eiskalte Bergschönheit – der Kratzberger See

flasche, Sonnencreme, Kamera 46.67327, 11.14955 (Start, Bahnhof Meran)

Winterwunderland auf Skiern

15 **Mittelschwere Skitour auf die Rötenspitze, 7,3 km, 3–4 Std., 1270 hm auf- und abwärts**
Skitouren gehen ist die Königsdisziplin des Wintersports. Denn so entkommt man dem Rummel der Liftanlagen und Abfahrtspisten. Allerdings braucht es als Grundvoraussetzung Ausdauer und Fitness, die Beherrschung einer stabilen Technik beim Skifahren und Grundwissen über Lawinen und den Umgang mit dem Lawinenverschüttungssuchgerät (LVS-Gerät). Neulinge schließen sich am besten einem erfahrenen Bergführer an.

Das Passeiertal mit der Berggemeinde Moos ist Ausgangspunkt zahlreicher Skitouren. Hier, nahe am Alpenhauptkamm, sind die Schneebedingungen oft ideal. Besonders beliebt ist die Tour zur Rötenspitze (2875 m) mit Einstieg beim Gasthof Bergkristall. Den 7,3 km langen Aufstieg begleitet bis fast auf den Gipfel der Faltmarbach. Diese Skitour ist aufgrund ihrer Lage fast immer mit Pulverschnee gesegnet, was man besonders auf der unvergesslichen Abfahrt zu schätzen weiß.

Vom Meraner Bahnhof mit dem Bus 240 bis zum Gasthof und Campingplatz Bergkristall in Pfelders | Großer Parkplatz vor Ort | almenrausch.at/touren/detail/roetenspitze-2875-m-durch-das-faltmartal Dez.–April Komplette Tourenskiausrüstung inkl. LVS-Ausstattung, warme Kleidung, Thermosflasche mit heißem Tee, ausreichend Verpflegung, eine Tafel Schokolade 46.80411, 11.11739 (Start)

SÜDLICH VON MERAN

Auf zum Kratzberger See

16 **Einfache Rundwanderung zum Kratzberger See, auch mit Kindern gut zu bewältigen, 11 km, 4 Std., 370 hm auf- und abwärts**
Die Seilbahn von Falzeben schwebt mit beneidenswerter Leichtigkeit zum Piffinger Köpfl hin-

Uralte Bäume säumen den Kastanienweg bei Völlan

auf. Diese 300 hm auf- und abwärts zu Fuß sparst du dir. Bei der Bergstation nimmst du den breiten Wanderweg Nr. 3 in Richtung Missensteiner Joch. Er quert im sanften Anstieg die weiten Weidewiesen am Fuße des Ifinger und des Verdinser Plattenspitz. **Insider-Tipp** Auf beide Berge führen leichte Klettersteigrouten. Während der Ifinger als Hausberg von Meran oft überlaufen ist, klettert man auf den Plattenspitz eher in Abgeschiedenheit. Für die hier beschriebene Tour sind die gewaltigen Berge aber nur Kulisse. Wie auch die restliche Bergwelt, die sich am kreuzgeschmückten, zwischen dem Sarntal und dem Etschtal eingeschnittenen Missensteiner Joch vor einem ausbreitet. Hier zweigt der Weg Nr. 4 zum Kratzberger See ab. Diese eiskalte und glasklare Bergschönheit lädt zur Rast ein, baden ist angesichts 3 Grad Wassertemperatur allerdings weniger zu empfehlen. Zurück geht es wieder über das Missensteiner Joch und die Kirchsteiger und Waidmannalm zurück zur Bergstation.

ℹ *Vom Meraner Bahnhof mit Bus 225 zur Talstation der Seilbahn Falzeben | Großer Parkplatz an der Seilbahn | visitmeran.it/kratzberger-see| €€ (Seilbahn)* ◷ *Mai–Okt.* ⚙ *Normale Wanderausrüstung* ⚲ *46.66637, 11.24148 (Start)*

Überraschendes von der Kastanie

17 Leichte Wanderung auf dem Völlaner Kastanienweg, 5 km, 1,5 Std., 130 hm auf- und abwärts

Eine Kastanienwanderung ist etwas für den Herbst, wenn die reifen Früchte von den Bäumen fallen und in Südtirol, wo es sich in der Regel um Esskastanien handelt, auch noch gegessen werden können. Stimmt schon, aber es gibt auch einen weiteren Aspekt! Neben der Frucht der Edelkastanie, die heute als Köstlichkeit und wegen ihrer wertvollen Inhaltsstoffe als Gesundheitselixier geschätzt wird, war einst – hinter vorgehaltener Hand – die Wirkung ihrer Blüten gefragt. Denn deren Duft wirkt erotisierend. Also kann ein Besuch des Kastanienwegs in Völlan auch im Frühling absolut lohnend sein. Am Eingang des Kastanienweges liegt ein riesiger Keschtnigl, wie die stachelige Hülle der Kastanien in Südtirol genannt wird, am

Im abgelegenen Ultental stehen viele alte und urige Bergbauernhöfe, die auf dem Ultener Höfeweg erwandert werden können

Wegesrand. Unterwegs gibt es uralte Kastanienhaine zu sehen und jede Menge interessanter Informationen zu lesen.

ℹ *Vom Bahnhof in Meran mit Bus 211 bis Lana, weiter mit Bus 214 bis zur Kirche in Völlan, Startpunkt der Wanderung ist hinter dem Fußballplatz | Parkplatz am Fußballplatz ⏲ Frühling und Herbst ⚲ 46.59409, 11.14091 (Start)*

Urige Bauernhöfe

18 Mittelschwere Rundwanderung im Ultental, 10 km, 3,5 Std., 310 hm auf- und abwärts

Das einsame und ursprüngliche Ultental ist trotz seiner Nähe zu Meran noch ein echter Geheimtipp. Hier gibt es einige der ältesten Südtiroler Bergbauernhöfe zu sehen. Die typischen Ultner Paarhöfe sind ein Kulturdenkmal: Haus und Wirtschaftsgebäude stehen aus Brandschutzgründen getrennt und leicht versetzt voneinander, ihre Dächer tragen mit Steinen beschwerte Legschindeln. Viele dieser jahrhundertealten Höfe verbindet der insgesamt 18 km lange Ultner Höfeweg. Diese Wanderung beschreibt ein Teilstück und startet beim sehenswerten Talmuseum in St. Nikolaus. Auf der Sonnenseite führt der Weg zu den Gasteiger- und Gschörahöfen, den Schwaig- und Eggenhöffn bis nach St. Gertraud. Von dort geht es auf der Schattenseite zu den drei beeindruckend dicken, 850 Jahre alten Urlärchen und über weitere Höfe zurück nach St. Nikolaus. Weiter unten im Tal bei St. Pankratz wurde einst ein Holzhaus unwissentlich auf einem riesigen Stein errichtet. Als 1882 bei einem Unwetter der Bach anschwoll und alles mitriss, blieb dieses Haus stehen und ist noch heute von außen zu besichtigen.

ℹ *Vom Meraner Bahnhof mit Bus 245 bis St. Nikolaus | Parkplatz hinter dem Talmuseum | meranosuedtirol.it/de/ultental ⏲ Mai–Okt. ⚙ Normale Wanderausrüstung ⚲ 46.51216, 10.92392 (Start)*

Den Felixer Weiher hat man auch im Hochsommer manchmal für sich allein

Kühle Oase am Ende der Südtiroler Welt

19 Einfacher Spaziergang zum Felixer Weiher, 5 km, 2 Std., 230 hm auf- und abwärts

Gerade noch in Südtirol, ganz nah am Trentino, liegt der kleine Ort St. Felix, zu dessen Gemeindegebiet der Felixer Weiher gehört. Der dunkelgrüne, fischreiche See ist ein geschütztes Naturdenkmal und zum Baden freigegeben. Er liegt inmitten einer Wald- und Wiesenlandschaft, durch die der Spaziergang zum See führt. Immer wieder überraschen Ausblicke zu den Brenta-Dolomiten. Weil der See so abgelegen ist, erreichbar nur über das Gampenjoch von Lana oder den Mendelpass von Kaltern, trifft man hier nie viele Menschen. Ein kleiner Wanderweg mit Infotafeln führt um den See, Einkehrmöglichkeiten gibt es bei der Felixer Alm und dem Gasthof Waldruhe ganz in der Nähe.

Vom Busbahnhof in Lana mit Bus 246 bis St. Felix, dann in 25 Min. zu Fuß zum Startpunkt | Mit dem Auto vom Gampenjoch kommend kurz vor dem Ortseingang links abbiegen zum Parkplatz Klammbrücke, auf dem Wanderweg Nr. 9 zum See wandern | suedtirolerland.it/de/highlights/natur-und-landschaft/seen-in-suedtirol/felixer-weiher

Sommerliches Badevergnügen im Naturbad Gargazon

Zum Baden im Sommer, als Wanderung ganzjährig möglich *Badesachen, Sonnencreme, Buch zum Lesen* *46.49583, 11.14149 (Start, Parkplatz)*

Erfrischung im Naturbad

20 Entspannter Sommernachmittag im Naturbad Gargazon, ½–1 Tag

Ein Ökoteich, der ein Schwimmbad ist! In Gargazon auf halbem Weg von Bozen nach Meran kann man in einem künstlich angelegten See chlorfrei baden. Er ist ein Paradies für Libellen und Wasserpflanzen, aber auch für Allergiker und Menschen, die sich in unbehandeltem Wasser einfach wohler fühlen. Im Naturbad wird vollständig auf chemische Wasserreinigung verzichtet, stattdessen nutzt man die Selbstreinigungskräfte der Natur. Zu diesen zählen auch Wasserflöhe, die wie eine lebende Filteranlage funktionieren und das Was-

Wer hoch hinaus will, darf sich auch ein bisschen anstrengen, z. B. im Klettergebiet nahe dem Hotel Fragsburg

ser klar halten. Dabei muss auf den Komfort eines Freibades nicht verzichtet werden – es gibt Umkleidekabinen, schattige Liegewiesen, Duschen, ein Nichtschwimmerbecken, einen Spielplatz mit Bachlauf, ein Beach-Volleyballfeld und einen Kiosk. Den Blick vom Beckenrand in die Südtiroler Berge gibt's obendrein. Mehr braucht es eigentlich nicht zum Sommerglück.

Von Meran mit der Regionalbahn bis Gargazon, von dort 3 Min. zu Fuß bis zum Bad | Parkplätze vor Ort | naturbad-gargazon.it | € Ende Mai–Anfang Sept. 46.57485, 11.20026

Klein, aber fein

21 Gemütlicher Klettergarten New Fragsburg mit Routen im leichten und mittleren Schwierigkeitsgrad, kurzer Zustieg

Vor 270 Mio. Jahren schufen Vulkanausbrüche den Bozner Quarzporphyr. Der harte Porphyr überstand auch die vor 115 000 Jahren einsetzende und bis vor 12 000 Jahren dauernde Eiszeit, da er widerstandsfähiger war als die anderen Gesteine der Umgebung. In dieser Felslandschaft liegt heute der Klettergarten New Fragsburg. Er zählt zu den empfehlenswertesten Porphyr-Klettergebieten in Südtirol, vor allem seitdem er umfassend saniert worden ist. **Insider-Tipp** Aufgrund der geschützten Lage und der Ausrichtung nach Westen kann man an sonnigen Tagen hier sogar im Winter klettern. Von den Routen aus hat man einen herrlichen Blick auf das Meraner Becken.

Auf der Straße zum Hotel Fragsburg kurz hinter dem Hotel auf der linken Seite parken. Links führt ein Weg Richtung Greiter, später markieren Steinmännchen den Weg bis zu einem Geröllfeld, dann rechts über einige Leitern zu den Felsen | suedtirol.com/wanderurlaub-suedtirol/klettergaerten/meran Ganzjährig möglich Komplette Kletterausrüstung, Kletterführer, kleines Picknick 46.64368, 11.19562

Die Gärten des Kränzelhofes sind Spielplatz und Landschaftspark in einem

Eine Magnolienblüte im Pflanzenparadies der Gärtnerei Galanthus

Pflanzenparadies mit Seele

22 In der Gärtnerei Galanthus in Lana, 2–3 Std.

Wer die Gärtnerei Galanthus in Lana besucht, sieht schnell, was „privilegierte Lage" bedeutet. Auf den ehemaligen Obstwiesen des Konvents, eines Klosters des Deutschen Ordens aus dem 19. Jh., haben Helmuth und Sabina Mairhofer kurz nach der Jahrtausendwende ein großzügiges und lichtes Gartencenter errichtet, dessen liebevoll gestaltete Außenbereiche sehr vom Charme der alten Mauern der ehemaligen Klostergärtnerei profitieren. **Insider-Tipp** Hier werden samenechte Sorten verkauft statt Hybridsorten und die Tomaten schmecken wie früher. Galanthus soll nicht nur ein Ort sein, an dem man Pflanzen kaufen kann, sondern auch ein Ort der Begegnung und Inspiration, eine Gärtnerei mit besonderer Atmosphäre abseits von Hektik und Stress. Dazu passt auch *galanthus*, der botanische Name für Schneeglöckchen, gut, denn die Pflanze steht für Aufbruch, Frühlingserwachen, Hoffnung und Freude.

Vom Bahnhof in Meran mit dem Bus 211 bis Lana, Kreuzkirche | Parken vor Ort | galanthus.it Ganzjährig möglich Pflanzenbestimmungsbuch 46.61362, 11.15123

Gartenlabyrinth mit Wein und Kunst

23 In den sieben Gärten des Kränzelhofes, 2–3 Std.

Den mittelalterlichen Kränzelhof in Tscherms haben Franz und Stefanie von Pfeil zu einem paradiesischen Ort gemacht. Sie rodeten Obst- und Weinplantagen, um sieben Gärten anzulegen. In der Mitte befindet sich ein Labyrinth aus Weinreben, zahlreiche Kunstwerke sind ebenfalls zu sehen. Die Pfeils haben auch den Weinbau des Gutes wiederbelebt und so gibt es im Weinladen, im Restaurant oder im Gartenbistro erlesenen Wein vom eigenen Hof zu genießen oder zu kaufen. In der Küche kreieren die Jahreszeiten und die Früchte des restauranteigenen Gartens die Speisekarte.

Vom Bahnhof in Meran mit dem Bus 211 bis Tscherms Sportzone | Parken vor Ort | kraenzelhof.it | €€ (Eintritt) April–Sept. geöffnet 46.62583, 11.14742

DER SCHÖNSTE SONNENUNTERGANG

Funkelnder Tagesausklang

24 **Spaziergang oberhalb der Fragsburg, 2 km, 30 Min., 100 hm auf- und abwärts**

Schüttelbrot, Käse, Oliven und eine Flasche guten Lagrein, mehr braucht es nicht an diesem herrlichen Plätzchen hoch über dem Meraner Becken. Der neu angelegte Wanderweg zum Greiterhof führt vom Wasserfall-Parkplatz bei der Fragsburg nach etwa 20 Min. zu einem Aussichtspunkt mit einem Rastplatz. Während die letzten Sonnenstrahlen über die Berge oberhalb von Marling kratzen, gehen unten im Tal die ersten Lichter an. Und je weiter der Abend voranschreitet, verwandelt sich das Tal mehr und mehr in ein funkelndes Lichtermeer.

Wanderparkplatz Fragsburger Wasserfall *Ganzjährig möglich* *Gute Schuhe, Picknick, Flasche Wein, Weinglas, Korkenzieher* *46.63854, 11.194328*

LOKALE SPEZIALITÄTEN

*UND WO DU SIE PROBIEREN KANNST

Mit Ruhe gebacken. Das gilt ganz besonders für die leckeren Brote aus der Bäckerei Forno in Meran

Elegant und fürstlich, lässig und entspannt, Meran ist ein Freigeist und das Tor zum wilden Westen. Während es in der Stad kulinarisch brodelt, locken die Seitentäler weg vom Mondänen, hin zu Ursprünglichkeit und Natürlichkeit auch beim Essen. Wieder einmal sind es die hervorragenden Zutaten aus der Region, die den Gaumen verwöhnen.

Bier con e senza alcol

1 🍴 Kastanienbier

Craft-Biere gibt es auch in Südtirol, viele kleine Brauereien produzieren exzellenten Gerstensaft. Die hervorragende Qualität des Südtiroler Wassers spielt ihnen da automatisch in die Kessel. In Lana probiert sich die Brauerei Pfefferlechner an ungewöhnlichen Zutaten wie Kastanien und Holz, und das leckere Freedl ist alkoholfrei.

ℹ *Im schönen* **Freisitz der Brauerei** *kann alles probiert und bei der Produktion zugeschaut werden | St. Martinsweg 4, Lana | pfefferlechner.it | €€*

Das beste Brot weit und breit

2 🍴 Regiokorn

Um 1900 wuchs in Südtirol auf fast 30 000 ha Getreide. Knapp 100 Jahre später waren es nur noch 250 ha. Mit dem Projekt Regiokorn wird versucht, den regionalen Getreideanbau wieder zu etablieren – mit Erfolg, die Anbauflächen nehmen zu. Und die Qualität des Korns, das in der Meraner Mühle vermahlen wird, ist hervorragend. Davon profitieren viele Bäckereien.

ℹ **Ivo de Pellegrini** *ist einer, der mit lokalem Getreide bäckt. Er lässt sich und dem Teig für seine knusprigen Sauerteigbrote sehr viel Zeit. Es gibt sie Mi und Sa vormittags in der* **Bäckerei Forno** | *Rennweg 141a, Meran | forno.it | €*

Wild und schön

3 🍴 Kräutervielfalt

Kräuter verleihen Speisen Geschmack und betören mit ihrem Aroma die Sinne. In Südtirol hat die Beschäftigung mit Heilkräutern eine lange

Tradition, denn das milde, sonnenverwöhnte Bergklima sorgt für ein intensives Aroma der Pflanzen und kräftige Blütenfarben.

ℹ *Das* **Kräuterreich Wegleit im Ultental** *kann jederzeit besucht werden. Im Laden gibt es Teemischungen, Essige und Öle, Naturkosmetik und handgestrickte Schafwollsocken | Wegleit 315, St. Walburg | kraeuterreich.com | €*

Vom Baum in die Flasche

4 Schnäpse und Brände aus dem Wald

Hergestellt aus den frischen Spitzen von Südtiroler Nadelbäumen wie Tanne, Lärche, Latschenkiefer, Zirbe und Fichte, verfeinert mit einem Hauch von Preiselbeere und Schafgarbe, tragen die lokalen Schnäpse und Brände, aber auch Whisky den Geruch des Waldes in den Südtiroler Bergen in sich.

ℹ *Im schönen* **Hofladen der Schwarzbrennerei** *kann der Spitzengin der Brüder Manuel und Christian Schwarz verkostet werden | Möltnerstr. 29, Mölten | schwarz-brennerei.it | €€€*

Hier findest du alles

5 Pur Südtirol

In Meran befindet sich das Stammhaus der Slow- und Regiofood-Kette Pur Südtirol, die inzwischen fünf Standorte in der Region betreibt. Auf der Bistroterrasse des Genussmarkts trifft man sich zur Marende – hier gibt's die typische Südtiroler Aufschnittplatte in Bioqualität.

ℹ *Freiheitsstr. 35, Meran | pursuedtirol.com | €€*

Kräuterpflanzen sind ein Segen der Natur und verfügen über zahlreiche Heilwirkungen

Auf der Spitzigen Lun oberhalb von Mals im Vinschgau werden erste Vorbereitungen für das Herz-Jesu-Feuer getroffen

Vinschgau

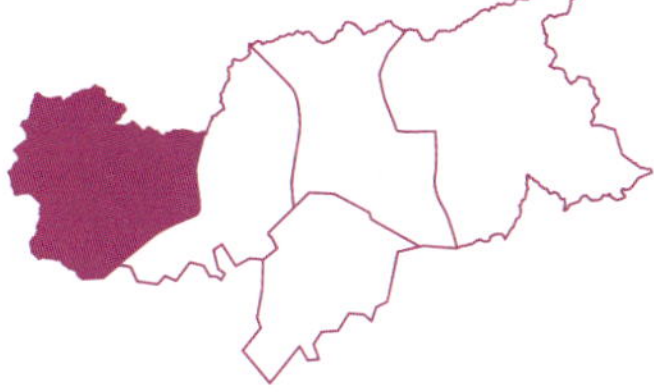

AKTIV-PARADIES ZWISCHEN ORTLER UND OBSTGÄRTEN

Die Reise in die Grenzregion Italien, Österreich und Schweiz kann beginnen. Im Dreiländereck am Reschensee wird Geschichte lebendig und sie hat eindrückliche Spuren hinterlassen – wie den versunkenen Kirchturm und die Panzersperre Plamort. Heute erobern die Kiter, SUPler und Bootsfahrer den Turm im glitzernden Wasser, wird hier gewandert, geradelt und Ski gefahren. Im Westen zieht König Ortler Bergsportler in seinen Bann, während im Osten vor 5300 Jahren der berühmteste Südtiroler aller Zeiten – Ötzi – im Schnalstal den Tod fand. Der wiederum zweitberühmteste Südtiroler bewacht nun den Taleingang von seinem Schloss Juval aus, in dem sich auch eines der großartigen Messner Mountain Museen befindet. Im sonnenverwöhnten Tal kann auf alten Waalwegen gewandert, wunderbar geradelt und die Welt des Laaser Marmors erkundet werden.

AUF EINEN BLICK

*VINSCHGAU

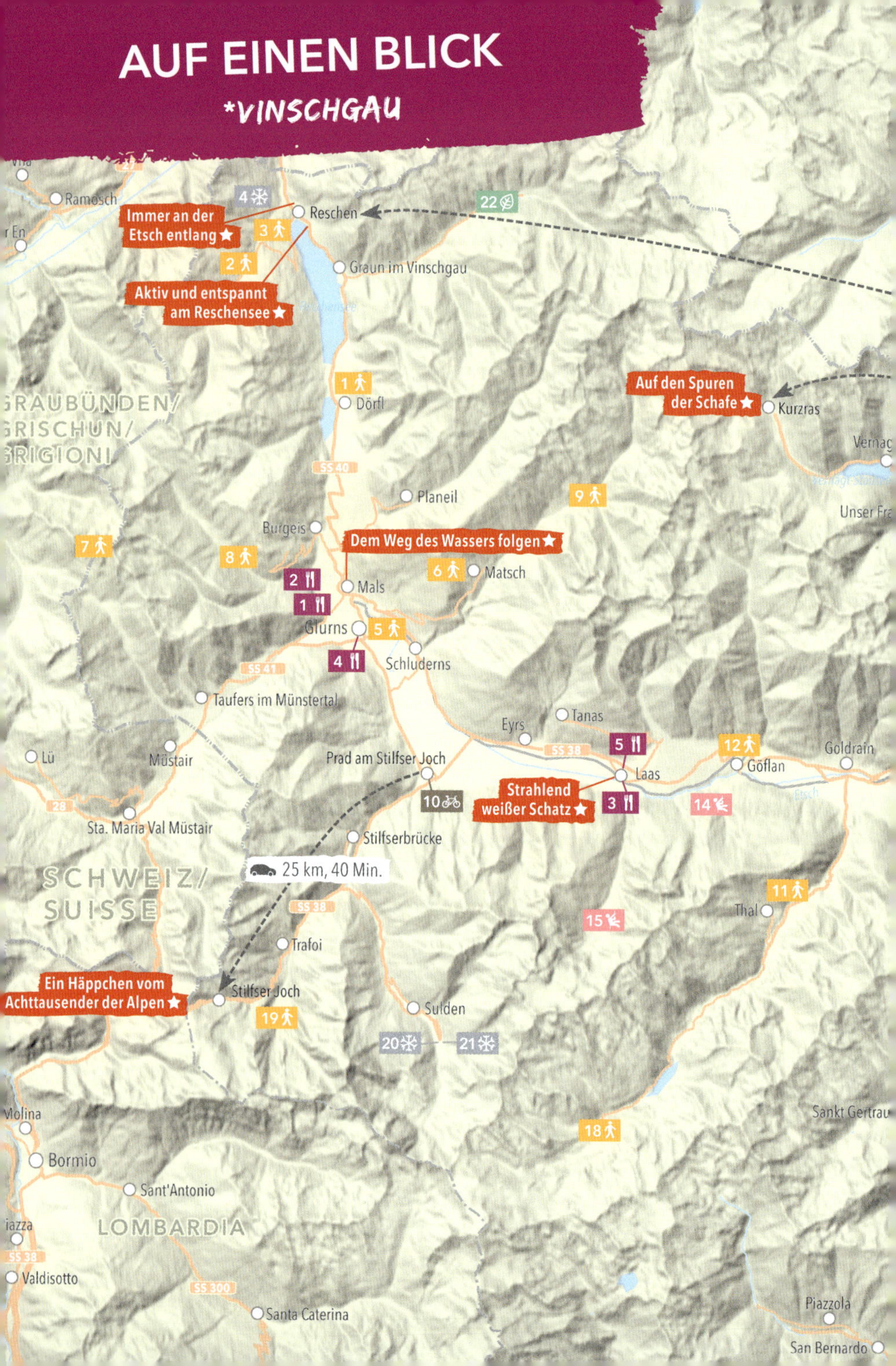

MARCO POLO

OUTDOOR-HIGHLIGHTS ★

★ Aktiv und entspannt am Reschensee

Das Geheimnis des versunkenen Turms erkunden → S. 174

★ Auf den Spuren der Schafe

Mit den Hirten zur Transhumanz über den Alpenhauptkamm wandern → S. 176

★ Immer an der Etsch entlang

Auf der Radfernroute Via Claudia Augusta durch das Vinschgauer Tal → S. 178

★ Strahlend weißer Schatz

Auf den Spuren des berühmten Laaser Marmors → S. 180

★ Dem Weg des Wassers folgen

Auf Waalwegen – Blicke auf den Ortler inklusive → S. 182

★ Ein Häppchen vom Achttausender der Alpen

Schnupperwanderung auf dem Ortler Höhenweg → S. 184

OUTDOOR-HIGHLIGHTS

*DIE BESTEN ERLEBNISSE DRAUSSEN

Aktiv und entspannt am Reschensee ★

Die meisten Besucher stoppen am Reschensee nur, um einen Blick auf den berühmten Stausee mit seiner Kirchenruine zu werfen. Dabei lohnt es sich, länger zu bleiben und den See z. B. auf einer gemütlichen Radtour genauer zu erkunden. Natürlich kann man im eiskalten Reschensee auch baden, aber bekannt ist er vor allem für Sportarten auf dem Wasser.

Ein See für Genussradler

Im Dreiländereck Italien-Österreich-Schweiz im hintersten Zipfel des Vinschgau liegt der größte See Südtirols – der Reschensee. Ein 15 km langer, asphaltierter Rad- und Wanderweg führt einmal um ihn herum. Nahezu ohne jedwede Steigung geht es durch eine traumhafte Landschaft immer nah am Wasser entlang – an heißen Tagen ist die Abkühlung nie weiter als 50 m entfernt. Keine Durchzugsstraßen stören das Radl-Vergnügen, weshalb diese Tour besonders gut für Familien geeignet ist.

Von Reschen radelst du auf der östlichen Seeseite in Richtung Graun. Schon von Weitem kündigt sich der Ort mit Südtirols Wahrzeichen an: dem Kirchturm, der mahnend und trotzdem wunderschön aus dem Wasser ragt.

Der versunkene Turm

Die Geschichte vom ehemaligen Altgrauner Kirchturm ist eine traurige: Die schönen alten Dörfer von Reschen und Graun, ihre Felder, Wiesen und Weiden wurden 1950 gegen den erbitterten Widerstand der Bevölkerung einem Stausee geopfert. Die meisten Bewohner verließen daraufhin ihre Heimat. Die Pläne für den See gehen noch in die Zeit des italienischen Faschismus zurück. Dass der Kirchturm bis heute aus dem See ragt, liegt absurderweise daran, dass er unter Denkmalschutz stand und steht.

Beachflair auf 1400 Meter

Am Ufer entstand das neue Dorf Graun. Hier herrscht im Sommer Beachflair: Menschen in bunten Badehosen und Hemden, manche mit Kiteboards unter dem Arm, flanieren von Café zu Café, es wird gebadet, gesegelt, gepaddelt. Ausflugsschiffe laden zu einer Rundtour auf dem türkisblauen Wasser, das sich aus der Etsch, dem Rojen- und dem Karlinbach speist. Auch im Winter ist der See ein beliebter Kite-Spot, an dem sich die Weltelite zu nationalen und internationalen Meisterschaften trifft. Weiter in Richtung Süden ist bald die Staumauer erreicht, mit traumhafter Aussicht über die Malser Haide und auf das Ortler-Massiv. Auf dem Rückweg auf der Westseite laden die beiden Hofschänken Greinhof und Giernhof zur Rast.

Die Tour im Überblick

Einfache Radtour um den Reschensee, 15 km, praktisch ohne Steigungen, kann in beide Richtungen befahren werden

Vom Meraner Bahnhof mit der Regionalbahn nach Mals, weiter mit dem Bus 273 nach Reschen, Altdorf | Parkplatz beim Hotel Seeresidence | suedtirol-rad.com und sport-winkler.it in Reschen | €€€ (Fahrradleihe)

April–Okt.
Fahrrad, Turnschuhe, Badesachen
46.82722, 10.51942 (Start)

DOWNLOAD GPX-Track

An diesem Kirchturm im Wasser kommt ohne anzuhalten keiner vorbei (li.). Die Umrundung des Reschensees per Fahrrad folgt konsequent der Uferlinie (o.)

Auf den Spuren der Schafe ★

In der ersten Junihälfte wandern Südtiroler Hirten auf der sogenannten Transhumanz mit ihren Schafen und Ziegen vom Vinschgau auf die saftig grünen Hochweiden an den Nordhängen des Hinteren Ötztals. Diese Wandertour folgt einem Stück ihres Weges durch die atemberaubende hochalpine Szenerie des hinteren Schnalstals bis zur Schutzhütte Schöne Aussicht.

Unterwegs zu saftigen Weideplätzen

Grund für die Transhumanz – den Wechsel der Weideplätze – sind neben begrenzten Weideflächen die unterschiedlichen Niederschlagsmengen auf der Nord- und Südseite der Alpen, die seit jeher dazu führen, dass die nördlichen Wiesen des Alpenhauptkamms deutlich saftiger sind. Zunächst führt unser Weg durch die recht karge Felslandschaft am Talschluss des Schnalstals. Danach wird er schroff und steil. Kaum vorstellbar, wie sich die Schafe hier im oft noch schneereichen Juni auf vorbereiteten Passagen ihren Weg auf dem rutschigen Weiß bahnen. Schon die kleinen Lämmer im Alter von acht Tagen schaffen die Transhumanz mit insgesamt 5000 hm und 45 km Länge. Nicht anstrengend sei das für die Schafe, weiß der Wirt der Schutzhütte Schöne Aussicht. Fressen, laufen, fressen, das sei das Leben der Schafe. In der Schutzhütte kann man sich selber stärken: mit Kaiserschmarrn und Limonade etwa. **Insider-Tipp** Wer über Nacht bleibt, kann in der höchstgelegenen Sauna Europas umringt von Gletschereis unter einem weiten Sternenhimmel schwitzen.

Schöne Aussicht inklusive

Der Ort macht seinem Namen alle Ehre. Die Landschaft ist bezaubernd in ihrer Kargheit. Der Gletscher hat sich in den letzten Jahrzehnten schmerzlich weit auf den Hochjochferner zurückgezogen. Von dort ist es nicht weit bis zum Tisenjoch auf 3200 m, wo Wanderer 1991 die berühmteste Gletschermumie der Welt fanden: den 5300 Jahre alten Ötzi, der unter nach wie vor nicht geklärten Umständen hier den Tod fand. Er gehörte offenbar zur fortschrittlichen Gruppe der Bauern und Viehzüchter, die sesshaft wurden und damit das Zusammenleben in großen Gemeinschaften begründeten. Der Gedanke ist berauschend.

Während die Schafe im Juni zur Transhumanz von hier aus weitergehen in Richtung Österreich, kehrst du entweder auf dem Hinweg, auf dem breiten Hüttenfahrweg (gestrichelte Linie) oder mit der Schnalstaler Gletscherbahn (Achtung, kurzes ausgesetztes Wegstück) zurück nach Kurzras.

Die Tour im Überblick

Mittelschwere Wanderung von Kurzras zur Hütte Schöne Aussicht, 9 km, 5 Std., 800 hm auf- und abwärts, Wanderweg Nr. 3 ab Parkplatz folgen

Vom Bahnhof in Meran mit der Regionalbahn bis Naturns, weiter mit Bus 261 bis Kurzras | schoeneaussicht.it

Die Hütte Schöne Aussicht ist ganzjährig geöffnet mit 2 Monaten Pause im Mai und Juni, der Weg ist von Ende Juni bis Okt. gut begehbar

Feste Schuhe, wetterfeste Kleidung

46.75835, 10.77897 (Start)

DOWNLOAD GPX-Track

Meist folgen die Schafe bei der Transhumanz nicht so ordentlich dem Weg (li.), sondern gehen querfeldein, wobei auch kleine Bäche locker überwunden werden (re.)

Immer an der Etsch entlang ★

Eine versunkene Stadt, eine Zeitreise ins Mittelalter, weltberühmtes weißes Gold – an einem Tag! Der Vinschgau hat viel zu bieten auf diesem 86 km langen Teilstück Reschen–Meran der insgesamt 700 km langen Radfernroute Via Claudia Augusta, die von Bayern in die Lagunenstadt Venedig führt. Das Beste auf dem gewählten Abschnitt: Es geht fast nur bergab.

Auf der alten Römerstraße

Die Etsch, der mit 415 km zweitlängste Strom Italiens, der südlich von Venedig ins Adriatische Meer mündet, entspringt am Reschenpass an der Grenze zwischen Österreich und Italien als unscheinbares Bächlein und bahnt sich seinen Weg durch den Vinschgau und das Meraner Becken. Durch das Tal zogen schon die Etrusker, Räter, Kelten und später die Römer auf der Via Claudia Augusta. Diese Radtour ist ein Teilstück des viel befahrenen Fernradweges Via Claudia Augusta, der auf der Route der alten Römerstraße von Donauwörth in Bayerisch-Schwaben über die Alpen bis nach Venedig führt.

Wertvolles, Wunder und Weite

Mit jedem Meter durch den Vinschgau und das Meraner Becken wird die Etsch breiter. Sie passiert den Reschensee, den Haidersee und das idyllische Burgeis. Mals ist Zentrum der Südtiroler Umweltbewegung. 2017 erklärten sich die Malser via Volksabstimmung zur pestizidfreien Gemeinde, weil ihnen die giftige Apfelindustrie ein Dorn im Auge war. Das Wunder von Mals fand tatsächlich statt: biologische Landwirtschaft, Bauernläden und Kräutergärten sind hier Regel statt Ausnahme. Die kleinste Stadt Italiens, das mittelalterliche Glurns mit seiner beeindruckenden Stadtmauer, ist definitiv ein guter Ort für eine Rast. Dann, bei Laas, ist etwa die Hälfte der Strecke geschafft. Der begehrteste Marmor der Welt wird im nahen Steinbruch abgebaut. Kirchen und Museen zeigen Stücke, die einmal hier aus dem Berg gebrochen und mit handwerklichem oder künstlerischem Geschick weiterverarbeitet wurden. Mitten in der Fußgängerzone von Schlanders steht das neue Besucherzentrum des Nationalparks Stilfser Joch mit seiner interessanten Vogelausstellung. Avimundus genannt, ist seine helle, luftige Architektur an das Lebensumfeld der Vögel angelehnt.

Im unteren Vinschgau ist Mals weit weg und die Apfelbauern haben das Tal fest im Griff. Im Frühling zur Apfelblüte und im Herbst, wenn die Früchte reif sind, ist das natürlich sehr schön fürs Auge. An der Töll endet der Vinschgau und steil abwärts führt der Radweg nach Algund und ins Meraner Zentrum.

Die Tour im Überblick

Mittelschwere Radtour von Reschen nach Meran, 83 km, 5 Std., 300 hm auf- und 1450 hm abwärts, kann auch verkürzt werden, z. B. ab Glurns (60 km) oder ab Laas (41 km)

Von Meran mit der Regionalbahn bis Mals und weiter mit dem Bus 273 bis Reschen, Vereinshaus | Räder können in Reschen geliehen und in Meran zurückgegeben werden (suedtirol-rad.com), €€

Mai–Okt.
Gutes Fahrrad, Helm, Kamera
46.82912, 10.51799 (Start)

DOWNLOAD GPX-Track

Es geht viel bergab, aber mit Kindern sollte man besser die verkürzten Tourabschnitte wählen (li.), Spielplätze sorgen für Abwechslung (re.)

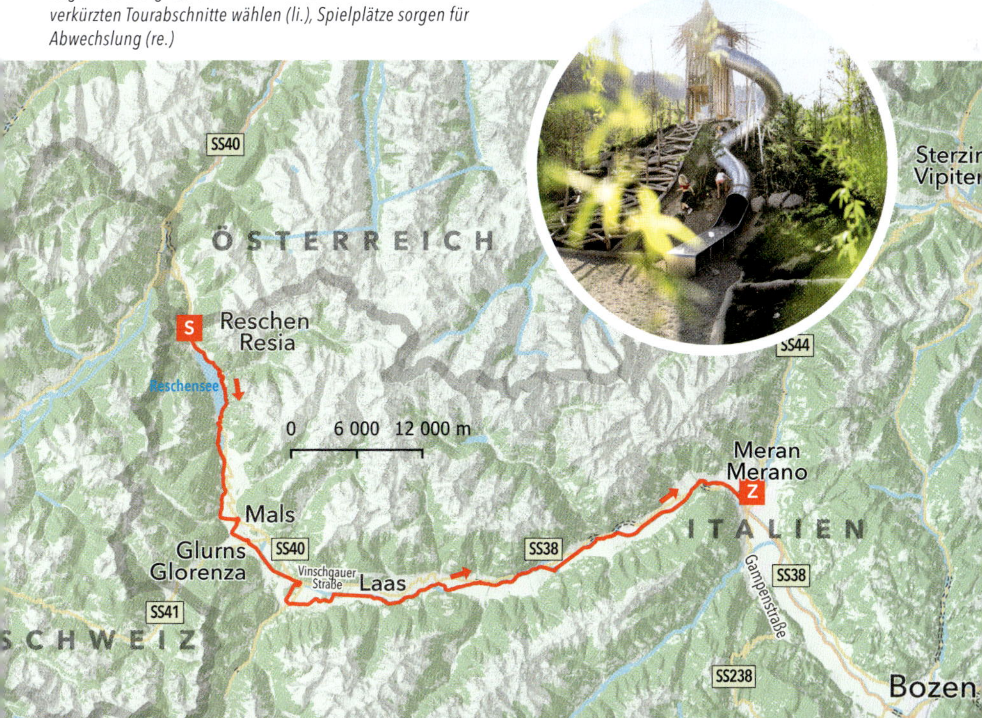

Strahlend weißer Schatz ★

In Laas wird der reinste und härteste Marmor der Welt abgebaut. Das Queen-Victoria-Denkmal vor dem Buckingham-Palast besteht aus ihm, ebenso der U-Bahnhof am One World Center in New York. Bei einer Erlebnisführung oder eigenen Erkundungstour kommt man mit dem Material und seiner Geschichte auf Tuchfühlung.

Von Urkräften geformt

Vor 400 Millionen Jahren lagerte sich im Norden Afrikas Kalkstein ab, der im Zuge der Kontinentalplattenverschiebung bis nach Südtirol gelangte. Dabei war der Kalkstein großer Hitze von bis zu 600 Grad Celsius und gewaltigem Druck ausgesetzt, was ihn in den schneeweißen Marmor verwandelte, den wir heute kennen. Das Laaser Marmorvorkommen wird auf gewaltige 500 Mio. m³ geschätzt. Dieser Schatz macht das 2000-Seelen-Dorf Laas zu einem der wertvollsten in Südtirol. Es lohnt sich, tiefer in das Thema einzutauchen, z. B. bei einer Erlebnisführung der Marmorplus Genossenschaft, es ist aber auch gut möglich, eine eigene Erkundungstour zu unternehmen.

Im Marmordorf

In den Werkstätten und im Shop des traditionsreichen Steinmetzmeisterbetriebs Mayr Josef kann man im Rahmen einer Führung den geschickten Händen der Steinmetze zusehen. Experimenteller geht es an der renommierten Fachschule für Steinbearbeitung zu, deren Wurzeln bis ins Jahr 1874 zurückreichen. Junge Künstlerinnen und Bildhauer aus aller Welt kommen hierher, um von den hiesigen Meistern zu lernen.

Beim Rundgang durch das Marmordorf wird klar, dass der wertvolle Werkstoff nicht nur in alle Welt exportiert wird: Das Portal der St. Sisinius-Kirche besteht aus reinem Marmor, die Pfarrkirche, die Grabstelen auf dem Friedhof, der Dorfplatz, die

Gehwege – Laas glänzt nur so vor kristallinem Weiß. Zum Marmorwerk Lasa Marmo, das nur im Rahmen einer Führung zu besichtigen ist, gehört das Freilichtmuseum Laaser Marmorwelt. Hier ist anfassen erlaubt und erwünscht! Kalt sind sie, diese Skulpturen, aber auch edel und elegant, und sie wirken lebendig.

Auf dem Laaser Marmorweg

Wer noch mehr über das Gestein wissen möchte, wandert auf dem Laaser Marmorweg weiter. Er führt von der Talstation der Marmorschrägbahn hinauf zum Kirchlein St. Martin und zur Bergstation am Bremsberg. Schautafeln erläutern die einzelnen Stationen der Bahn, mit der seit 1930 die tonnenschweren Marmorblöcke aus 1567 m Höhe ins Tal gelangen. Sie wird auch heute noch als ein Wunderwerk der Technik gefeiert.

Die Tour im Überblick

Stadtspaziergang durch Laas „Auf den Spuren des Marmors", 3 km, 3 Std. (reine Gehzeit 1 Std.); anschließend Wanderung zur Marmorschrägbahn, 10 km, 3 Std., 650 hm auf- und abwärts

Von Meran mit der Regionalbahn nach Laas | Parken vor Ort | laaser-marmorwelt.it, marmorplus.it/marmor-erlebnistour | €€€ (Erlebnistour)

April–Okt.
Kamera
46.61862, 10.69530 (Startpunkt)

DOWNLOAD GPX-Track

Marmorplatten (li.) und ein Marmorblock am Berg (u.): Der wertvolle Stein wird gleich vor Ort in Laas weiterverarbeitet (re.)

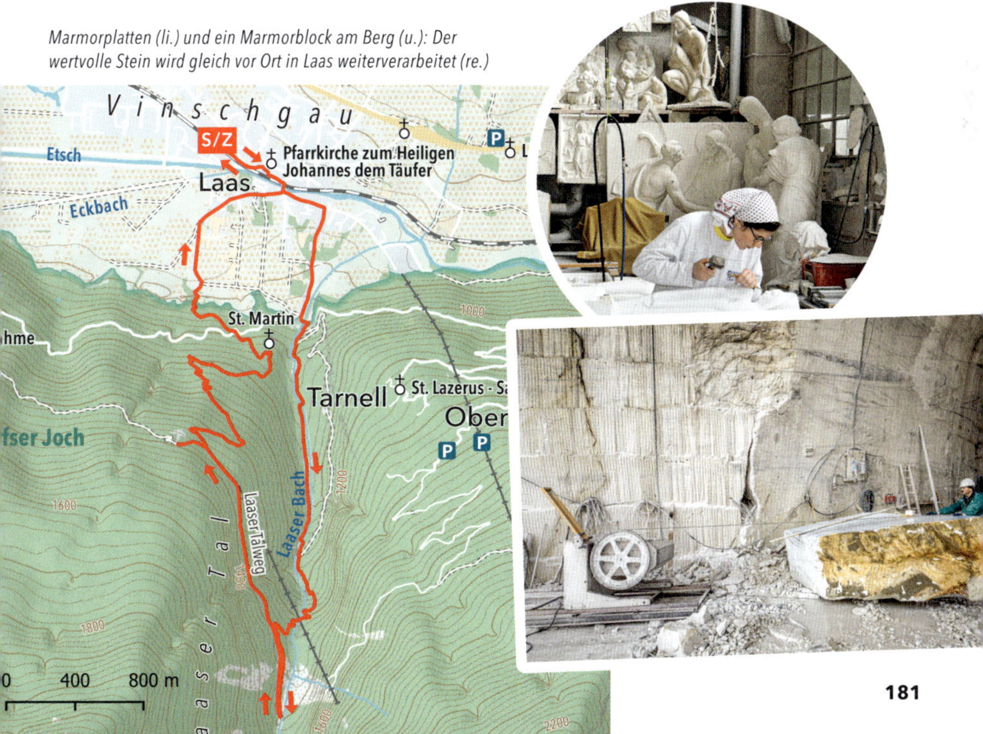

Dem Weg des Wassers folgen ★

An heißen Sommertagen erfrischend kühl und gut geschützt in schattigen Waldpassagen, leuchtend grün an Regentagen – so präsentieren sich die Waalwege oberhalb von Mals: Sonnensteig, Leiten-, Grigg- und Berkwaal. Mit Ausblicken über das herrliche Tal und auf die Gipfel der Ortler-Gruppe.

Lebenselixier Wasser

Mit nur 400 bis 500 mm Niederschlag im Jahr zählt der Vinschgau zu den trockensten Tälern im gesamten Alpenraum. Deshalb bauten die Menschen bereits im 12. Jh. die ersten Bewässerungskanäle für die Landwirtschaft, die sogenannten Waale. Sehr aufwendig in der Wartung, brauchten sie einen Weg direkt neben dem Waal, damit der Waaler sich um die Funktionsfähigkeit des Wasserlaufs kümmern konnte. Diesen verdanken wir heute die vielen, quasi eben verlaufenden Wanderwege in ganz Südtirol. Der etwas irritierende Begriff stammt vermutlich aus dem Lateinischen von Aqualis oder er leitet sich aus dem Keltischen Boul ab.

Waalwege

Diese herrliche Wanderung startet in Mals an der Touristeninformation, wo einen die Wegweiser zunächst zum Oberwaal führen, der kurze Zeit später in den Sonnensteig übergeht. Der Oberwaal führt nur im Sommer etwas „Schmuckwasser", weil er als Bewässerungssystem nicht mehr in Gebrauch ist. Entlang des Themenweges – hoch über dem Vinschgau – erfährt man viel Wissenswertes über den heiligen Benedikt, natürlich über die Geschichte der Waale und über die Sagen im Oberen Vinschgau. Herrliche Aussichten auf Tartsch, den Tartscher Bichl und hinüber zur Ortler-Gruppe begleiten einen die ganze Zeit über. **Insider-Tipp** Da, wo der Sonnensteig in den Leitenwaal übergeht, bietet sich ein kleiner Abstecher zur prähistorischen Ausgrabungsstätte von Gangelegg an. In dieser ehemaligen Höhlensiedlung wurden Objekte aus der Kupfer-, Bronze- und Eisenzeit entdeckt.

Der Leitenwaal ist breit, aber an einigen Stellen geht es recht steil hinab ins Tal. Die Stellen sind schnell überwunden und können auch von Menschen mit leichter Höhenangst gut gemeistert werden. Am Wendepunkt führt der Weg über die Schlucht des Saldurbachs und hier beginnt der spektakulärste Teil des Weges.

Der Berkwaal führt durch felsiges Gelände mit Trockenmauern, das Wasser rauscht durch ausgehöhlte Lärchenstämme, immer wieder ist der Weg durch Holzplanken abgesichert. Dann führt der Pfad steil hinab zum gemütlichen Griggelwaal. Er verläuft nach Schluderns, von dort geht es mit der Vinschgaubahn zurück nach Mals.

Die Tour im Überblick

Mittelschwere Wanderung von Mals nach Schluderns, 9 km, 3 Std. 350 hm auf- und abwärts, auch in umgekehrter Richtung möglich

Von Meran mit der Vinschgaubahn bis Mals, zurück ab Schluderns bis Mals oder Meran

Ganzjährig begehbar, im Sommer kann es im Bereich des Sonnensteigs sehr warm werden

Feste Schuhe, wetterfeste Kleidung

46.69078, 10.54319 (Start Touristen-Information)

DOWNLOAD GPX-Track

Kurz vor dem Ende der Waal-Wanderung (li.) erreicht man in Schluderns die gut erhaltene Churburg (re.)

Ein Häppchen vom Achttausender der Alpen ★

Südtirol hat einen neuen Fernwanderweg. Einen der schwersten und landschaftlich beeindruckendsten. Er führt rund um den majestätischen Ortler, den mit 3905 m höchsten Berg der Region, in sieben Etappen mit insgesamt 8126 hm über 119,5 km. Und das Beste: Man muss nicht alles auf einmal gehen, sondern kann sich mit einer Teiletappe vom Stilfser Joch zur Furkelhütte entspannt herantasten.

Der Königsweg

Dieses Abenteuer beginnt am Stilfser Joch auf 2757 m. Die höchstgelegene Passstraße Südtirols ist mit ihren 48 Kehren eine Herausforderung für Radler und ein Highlight für Auto- und Motorradfahrer. Die sind bald weit weg. König Ortler nimmt dich in seine stillen Arme, nur die Bergdohlen singen ihr Lied vom hochalpinen Wandern. An der Garibaldi Hütte beginnt der landschaftlich schöne Goldseeweg, der stets der Markierung Nr. 20 folgt.

Krieg und Frieden

Der Weg führt in einem kurzen steilen Anstieg zur 85 m höher gelegenen Dreisprachenspitze, dem höchsten Punkt der Wanderung. Dort genießt du einen Rundblick, den du so schnell nicht vergisst. Dann geht es stetig leicht bergab, wobei zahlreiche Informationstafeln entlang der Strecke Auskunft über diesen strategisch wichtigen Abschnitt der Ortler-Front im Ersten Weltkrieg geben. An diesem höchsten Frontabschnitt mussten sich die Soldaten bei bis zu –30 Grad verschanzen. Sie unterhielten die höchste Geschützstellung in den Alpen. Wie ihre vier Geschütze den Berg hinaufkamen, mag man sich nicht vorstellen – ein Wahnsinn, der am Ende nichts brachte. Heute hat der Berg die Stille zurück, in der sich imposant die großen Gletscher und die Trafoier Eiswand erheben.

Umgeben von gewaltigen Bergketten

An der Goldsee-Stellung hat man die Frontlinie des Ersten Weltkrieges vom Monte Scorluzzo bis zum Ortler im Visier – im wahrsten Sinne des Wortes, denn man kann durch die Schießscharten in den noch vorhandenen Schützengräben schauen. An einer kleinen Geländekante hat man dann erstmalig die lange Kette der Ötztaler Berge von der Weißkugel bis zum Similaun vor Augen. Du querst leicht abwärts ein weites Kar und hast bald schon Einblick ins Trafoital bis nach Gomagoi und zum Ziel der Tour, der Furkelhütte, die nach einem letzten Wegstück durch einen Lärchen-Zirben-Wald erreicht wird. Die Rast in der Furkelhütte ist nach vier ereignisreichen Wanderstunden absolut verdient. Ab hier fährst du bequem mit dem Sessellift hinunter nach Trafoi.

Die Tour im Überblick

Mittelschwere Wanderung auf dem Ortler-Höhenweg, 8,5 km, 3–4 Std., 120 hm auf- und 720 hm abwärts

Von Meran mit der Regionalbahn bis Sponding (Prad), mit Bus 271 bis Stilfs Dorf, weiter mit Bus 270 zum Stilfser Joch. Rückfahrt ab Trafoi mit Bus 271

Juni–Sept.

Trittsicherheit, Ausdauer und eine gute Bergausrüstung sind unbedingt erforderlich, Kamera

46.52930, 10.45243 (Start), 46.57003, 10.50477 (Ziel)

DOWNLOAD GPX-Track

Auf der ausladenden Terrasse der Furkelhütte kannst du herrlich die erschöpften Füße baumeln lassen

MEHR ERLEBEN

*WEITERE ABENTEUER & AUSFLÜGE

Der Haidersee liegt idyllisch zu Füßen des imposanten Ortler-Massivs

Der Vinschgau liegt tief in der Bergwelt der Alpen. Die Schweiz ist hier näher als Bozen. Wegen des sonnigen und trockenen Klimas kann auf alten Waalwegen gewandert werden. Es gibt Radwege in allen Schwierigkeitsgraden zu erkunden, den größten See Südtirols, seltene Pflanzen, bedeutende Schlösser und Klöster und die kleinste Stadt Italiens.

RUND UM DEN RESCHENSEE

1 Seenrunde mit Ortler-Blick

Leichter Spaziergang um den Haidersee, 5,5 km, 2 Std., 100 hm auf- und abwärts

Grün und blau funkelt das Wasser des Haidersees. Wenn ausnahmsweise mal kein Wind geht, ist der Ortler mit seiner Spiegelung gleich doppelt zu sehen. In dieser Region, die sich landschaftlich aufgrund der Aufstauung des Reschensees stark verändert hat, ist der Haidersee ein Fels in der Brandung. Seine Ufer laden zum Baden, Picknicken und zur Umrundung ab St. Valentin ein. Ein grandioses Bergpanorama in alle Richtungen gibt es gratis dazu.

Von Meran Bahnhof mit der Regionalbahn nach Mals, weiter mit Bus 273 nach St. Valentin, Post | 2 Parkplätze am See | € Mai–Okt.
Badesachen, Handtuch, Buch, Picknick, Fernglas
46.76021, 10.53610 (Start und Ende)

Abgefahren abgelegen – Berganemonen in Rojen

2 Mittelschwere Wanderung im Rojental, 8 km, 3 Std., 430 hm auf- und abwärts

Die wenigen Häuser auf 2000 m Höhe im Hochtal von Rojen sind die höchstgelegene Siedlung der Ostalpen. Schon bald nach der Schneeschmelze im Mai sind die umliegenden Wiesenhänge mit einem dichten Teppich aus pelzigen, blass-lila schimmernden Frühlings-Küchenschellen überzogen. Markant an dieser selten gewordenen, auch Pelzanemone genannten Blume sind die vielen Härchen am Stiel und außen an den Blüten. Dieser „Pelz" schützt sie vor Kälte und Flüssigkeitsverlust. So lugen sie aus dem Wintergras der kargen Lärchenhänge. Wenn Weiden und Wiesen gedüngt werden, verschwinden sie sofort.

Die Küchenschelle ist eigentlich eine seltene Schönheit. In Rojen aber fühlt sie sich wohl und bildet riesige Blütenteppiche

Die Panzersperre bei Plamort steht wie ein Mahnmal auf dem Hochplateau über Reschen

Der Weg beginnt am Parkplatz kurz unterhalb von Rojen an der Straße von Reschen hinauf zum Weiler. Den Wegmarkierungen Kalchwaldhütte und Innerer Nocken folgend wandert man zunächst etwa 1,5 km nach Norden, um dann einen Bogen nach Rojen und von dort auf der wenig befahrenen Straße zurück zum Parkplatz zu schlagen.

Anreise nur mit dem Auto möglich | suedtirolerland.it (> zur-anemonenbluete-ins-rojental) | € Anfang Mai–Mitte Juni Gute Wanderschuhe, Pflanzenbestimmungsbuch 46.81465, 10.48991 (Start)

Ästhetik des Grauens

3 Mittelschwere Wanderung zur Panzersperre Plamort, 8,5 km, 3–4 Std., 530 hm auf- und abwärts

Die Bunker und die an riesige Drachenzähne erinnernde Sperre auf dem Hochmoor Plarmort bieten einen skurrilen und faszinierenden Anblick. Jahre wurde an ihnen gebaut, sie waren Teil des Projekts Alpenwall, mit dem Mussolini sich gegen Eindringlinge aus dem Norden wehren wollte und es dann 1943, beim Einmarsch der Wehrmacht, doch nicht tat. Geschichtsunterricht, der unter die Haut geht. Für die Schönheit auf dieser Tour, **Insider-Tipp** die auch an der Quelle des zweitlängsten Flusses Italiens, der Etsch, vorbeiführt, musst du dich umdrehen. Aber auf keinen Fall vergessen zu atmen! Denn der Blick auf den Reschensee von hier oben ist atemberaubend schön.

Vom Meraner Bahnhof mit der Regionalbahn nach Mals, weiter mit dem Bus 273 nach Reschen, Altdorf. Die Tour beginnt beim Sportplatz in Reschen | Parkplätze am Sportplatz | vinschgau.net (> bunker-panzersperren) | € Juni–Okt. Gute Wanderausrüstung, Wasserflasche, Karte 46.83152, 10.51782 (Start)

Grenzenloses Langlaufvergnügen

4 Mittelschwere Langlauf-Tour auf der Dreiländerloipe, 9 km, 2 Std., 100 hm auf- und abwärts

Reschen liegt im nordwestlichsten Zipfel Südtirols in der Grenzregion zwischen Italien, Österreich und der Schweiz. Auch wenn die beliebte Skitour Dreiländerloipe heißt, verbindet sie doch tatsächlich nur zwei Länder mit einem wirklichen Grenzübertritt, die Berge auf der Schweizer Seite

Der Blumen- und Gartenmarkt in Glurns, der kleinsten Stadt Italiens

Bahn frei, ich komme!

begleiten die Tour quasi als Kulisse. Die leichte bis mittelschwere Strecke beginnt in der Ortschaft Reschen und führt vom Nordufer des im Winter oft zugefrorenen Reschensees durch lichte Nadelwälder und über tief verschneite Hochflächen über die österreichische Grenze hinweg bis nach Nauders.

Von Meran mit der Regionalbahn bis Mals, weiter mit Bus 273 nach Reschen, Altdorf, Einstieg am Pofellift | Parkplatz 3 Min. entfernt | vinschgau.net (> aktivurlaub > dreilaenderloipe) | € Nov.–März/April Langlaufski-Ausrüstung, gute Handschuhe 46.83305, 10.51058 (Start)

UM SCHLUNDERS

Ministadterkundung

5 Entspannter Spaziergang durch Glurns, 2 km, 2 Std.

Glurns, das auf Italienisch Glorenza heißt, an der Salzstraße von einst gelegen, hat kaum Superlative aufzuweisen. Aber bloß nicht Dorf sagen: Es ist mit ca. 900 Einwohnern die kleinste Stadt Italiens. Auch wenn durch die Hauptstraße im Städtchen ziemlich viel Verkehr fließt, in den gemütlichen engen Seitengassen ist es ruhig, und die 1580 fertiggestellte, komplett erhaltene und erstaunlich hohe Stadtmauer erzeugt um die üppigen Bauerngärten mediterranes Flair. **Insider-Tipp** In einem der drei Tortürme, dem Tauferer Turm, ist ein Museum dem Zeichner und Karikaturisten Paul Flora gewidmet. Am schönsten ist Glurns in der Laubengasse mit den kleinsten Lauben Südtirols. Der Lieblingsort der Glurnser befindet sich hier: das Kulturcafé Salina mit wechselnden Ausstellungen, dem Verkauf vieler lokaler Produkte und einem schönen Freisitz.

Von Meran mit der Regionalbahn bis Schluderns, weiter mit dem Bus 274 nach Glurns | Mehrere Parkplätze vor Ort | glurns.eu | € Ganzjährig möglich Muße, einen Stadtplan braucht es nicht 46.67045, 10.55282 (Start)

Dem gurgelnden Wasser folgen

6 Leichte Wanderung auf dem Matscher Ackerwaalweg, 15 km, 3–4 Std., 380 hm auf- und abwärts

Hoch und heilig: Das Kloster Marienberg erhebt sich majestätisch über dem fruchtbaren Malser Becken

Weil die Südseite der Ötztaler Alpen sehr trocken ist, ziehen sich zahlreiche Bewässerungsanlagen durch das Land. Der Vinschgau ist die Heimat der Waale – sie zweigen das notwendige Nass von den Gletscherbächen im oberen Bereich der Täler ab. Auch der Ackerwaal oberhalb des ersten Südtiroler Bergsteigerdorfes Matsch ist ein quasi hangparallel laufender Bewässerungskanal, der sich an der Westseite des Tales entlang in Richtung Talschluss zieht und von einem bequem zu begehenden Weg begleitet wird.

Etwa 1 Std. von den Glieshöfen auf dem Wanderweg Nr. 2 entfernt gelangt man zur Matscher Alm. Die Milch von ca. 40 Kühen wird direkt auf der Alm zu köstlichem Käse, Frischkäse und Butter verarbeitet, die auch vor Ort verkostet werden können. Auf dem Rückweg hat man die gewaltige Berggruppe um die mächtigen Eisflanken des Ortlers immer im Blick.

Von Meran mit der Regionalbahn bis Mals, weiter mit Bus 278 nach Matsch | Wenige Parkplätze im Ort | meranerland.org (>am-matscher-acker waal-zum-glieshof) Mai–Juni, wenn die Almwiesen blühen 46.69438, 10.61801 (Start)

Auf heiligen Stiegen

7 Mittelschwere Panorama-Rundwanderung von Schlinig zum Kloster Marienberg, 11 km, 3,5 Std., 460 hm auf- und 470 hm abwärts

Von der Bushaltestelle in Schlinig führt der Seppale-Steig aufwärts zum Benediktinerkloster Marienberg. Das Kloster aus dem 12. Jh. ist nicht nur eine imposante Erscheinung, sondern, sobald man den Innenhof betritt, auch eine spirituelle und architektonisch berauschende Erfahrung. Das ehemalige Wirtschaftsgebäude ist samt der verschütteten Westfassade zum Museum und Gästehaus umfunktioniert worden. Es entstanden eine neue Bibliothek, der Lesesaal und das Klostercafé: Alt trifft Modern in Höchstform. Mindestens das Klostercafé in der ehemaligen Klostersäge mit der schönen Außenterrasse sollte man sich nicht entgehen lassen und ein Stück vom leckeren Kuchen probiert haben, bevor es über den Stundenweg zurück nach Schlinig geht.

Von Meran mit der Regionalbahn bis Mals, von dort mit Bus 277 bis Schlinig | Mehrere Parkplätze vor Ort | € Mai–Okt. Wanderschuhe, Kamera 46.70417, 10.47475 (Start)

Auf dem Weg zu den Saldurseen kann es einsam werden

Aufwendig erschlossener Wanderweg in der Uinaschlucht

Auf alten Schmugglerpfaden im Grenzland

8 Mittelschwere Wanderung von Schlinig in die Uinaschlucht, 19 km, 6–7 Std., 1100 hm auf- und abwärts

Wer treibt einen Stollen in eine Felswand in einem wilden, unerreichbaren Tal im Grenzland zwischen Italien und der Schweiz? Der Deutsche Alpenverein war's und dessen Pforzheimer Sektion, die 1901 die (Alte) Pforzheimer Hütte fertigstellte und sich von 1908 bis 1910 daran machte, mit der Uinaschlucht ein neues Bergabenteuer und einen Verbindungsweg in die Schweiz zu erschließen.

Der Weg dahin führt von Schlinig über die Schliniger Alm zum Schwarzwand-Wasserfall und zur Sesvennahütte, die direkt neben der Alten Pforzheimer Hütte liegt. Diese diente bis 1964 als Stützpunkt der italienischen Finanzwache, um dem regen Schmugglerverkehr Einhalt zu gebieten. Über ein Hochmoor wird der Schlingerpass erreicht und kurz darauf die unscheinbare Schweizer Grenze. Nach 30 Min. ist der Eingang zur Schlucht mit dem in den Fels gesprengten Weg erreicht. Rechts und links erheben sich mächtige Felswände, rund 800 m nach oben und mehr als 100 m nach unten.

Von Meran mit der Regionalbahn bis Mals, von dort mit Bus 277 bis Schlinig | Gebührenpflichtiger Parkplatz am Ortsausgang | suedtirolerland.it (> ueber-den-schlinigpass-zur-uinaschlucht) Juli–Sept. Wanderschuhe, gute Wanderkarte, Kamera 46.70417, 10.47475

Stille und Abgeschiedenheit

9 Anspruchsvolle Wanderung von Matsch zu den Saldurseen, 15,6 km, 8 Std., 1270 hm auf- und abwärts, kann mit Übernachtung in der Oberetteshütte auf eine Zweitagestour gestreckt werden, Trittsicherheit erforderlich, eine ausgesetzte Stelle ist gut mit einem Seil gesichert

Dass es in Südtirol eine derart unberührte und alpine Abgeschiedenheit gibt, ist kaum zu fassen. Die Saldurseen befinden sich am Fuß der steilen und vergletscherten Saldurberge. In ihrem kristallklaren Wasser spiegeln sich bei gutem Wetter die weiß leuchtenden steilen Gletscher und die uralten Felsen der Ötztaler Alpen.

Wer so früh die 48 Kehren des Stilfser-Joch-Passes bezwingt, hat sich einen ganz besonderen Sonnenaufgang verdient

Die Wanderung beginnt beim Almhotel Glieshof und führt auf dem Vinschger Höhenweg Nr. 1 in Richtung der Saldurseen. Der Aufstieg ist technisch unschwierig, erfordert aber Kondition. Belohnt wirst du mit einer grandiosen Landschaft, einem Plateau mit sieben Hochgebirgsseen, das sich auch auf dem Mond oder einem fremden Planeten befinden könnte. Die 3000-m-Marke kratzt du bei dieser Wanderung, ohne einen Gipfel zu besteigen, nämlich wenn der Übergang von der Seenplatte hinunter ins Matscher Tal erreicht ist. Dann lockt 330 m weiter unten schon die Oberetteshütte zu einer kurzen Rast, denn der Rückweg ist noch weit. Wer Zeit und Lust hat, übernachtet am besten hier.

i Von Meran mit der Regionalbahn bis Mals, weiter mit dem Citybus 278 nach Matsch und dem Wanderbus 281 zum Glieshof | Parkplatz an der Bushaltestelle | vinschgau.net (> rund wanderung-zu-den-saldurseen), oberettes.it
Juli–Sept. Gute Wanderausrüstung, Wasserflasche, Proviant, Karte 46.72688, 10.68354 (Start)

Legendäre Passfahrt

10 Anspruchsvolle Radtour von Prad zur Passhöhe des Stilfser Jochs und zurück, 50 km, 3–4 Std., 1850 hm auf- und abwärts, maximale Steigung 15 %, durchschnittliche Steigung 9–11 %

Das Stilfser Joch ist mit seinen 2757 m nicht nur der höchste Gebirgspass in Südtirol, es wurde auch durch eine der spektakulärsten Passstraßen der Alpen erschlossen. 48 Kehren und über 1800 hm müssen hier überwunden werden, ehe man oben am Kipppunkt ankommt und es wieder abwärts geht. Der Blick zurück auf die kurvenreiche Straße und zugleich auf Südtirols höchsten Berg, den Ortler (3905 m), sucht seinesgleichen. **Insider-Tipp** Die Passhöhe ist ein perfekter Sonnenaufgangsspot, weil man hier relativ schnell relativ leicht relativ weit hinaufkommt. Zum Sonnenaufgang auf dem Pass zu sein ist die Mühe doppelt wert!

Für viele Radfahrer ist die Bezwingung des Stilfser Jochs eine Tour, die man einmal im Leben gemacht haben muss. Deshalb wird die legendäre Passstraße an einem Tag im Jahr im Spätsommer

Die Erdbeeren aus dem Martelltal gelten als die besten Südtirols

für den motorisierten Verkehr gesperrt. Dann gehört die Straße allein den Radfahrern, und bei schönem Wetter kommen mehr als 10 000! Es ist kein Wettbewerb, mitmachen zählt.

ⓘ *Von Meran mit der Regionalbahn bis Spondinig-Prad | Großer Parkplatz an der Sportzone in Prad | nationalpark-stelvio.it (> radtag-stilfserjoch) Sept. Gute Radausrüstung, ggf. MTB, Helm, ausreichend zu trinken, Kamera 46.62184, 10.59141 (Start), 46.53024, 10.45333 (Pass)*

BEI SCHLANDERS

Beerige Aussichten

11 Leichte Rundwanderung auf dem Erdbeerweg Martell, 8 km, 2 Std., 330 hm auf- und abwärts

Wer bei Erdbeeren an Felder in einer Ebene denkt, täuscht sich, jedenfalls im Martelltal. Das milde und trockene Klima ermöglicht in diesem Tal den Anbau verschiedener Beerensorten bis auf eine Höhe von 1800 m! Dank der Höhenlage reifen sie langsam und entfalten so ihren vollen Geschmack. Es gibt Erdbeeren, Himbeeren, Brombeeren, rote und schwarze Johannisbeeren sowie Heidelbeeren bis in den Sept. und Okt. hinein. Vor allem die spät reifenden Erdbeersorten sind köstlich und verbreiten einen herrlichen Duft. Der Erdbeerweg, markiert – wie sollte es anders sein – mit einer roten Erdbeere, startet beim Sport- und Freizeitzentrum Trattla, nahe der Südtiroler Erdbeerwelt, und führt an Höfen und Gärten vorbei, in denen man auch einkehren, verkosten und einkaufen kann.

Erfrischung gefällig? Am Schlanderser Wasserfall lässt sich ein heißer Sommertag entspannt verbringen

ⓘ *Von Meran mit der Regionalbahn bis Goldrain, weiter mit dem Bus 262 nach Trattla | Parkplatz an der Erdbeerwelt | vinschgau.net (> suedtiroler-erdbeerweg) Ganzjährig möglich Ein Körbchen und Appetit 46.57110, 10.79638 (Start)*

Eiskalte Erfrischung

12 Leichter Spaziergang zum Schlanderser Wasserfall, 1 km, 1–2 Std., 130 hm auf- und abwärts

315 Tage Sonne im Jahr im Vinschgau, das hört sich erst einmal gut an, aber man sieht es dem Wald des Sonnenberges schon an, dass die an seinen Flanken wachsenden Bäume gern etwas mehr Wasser hätten, so wie die Menschen auch. Nur einen kurzen Spaziergang auf dem Weg Nr. 3 vom

Der Roatbrunn-Trail zählt zu den beliebtesten Downhill-Strecken im Vinschgau

Sport- und Freizeitzentrum entfernt spritzt das Wasser des Schlandraunbachs an einer Abbruchkante als Schlanderser Wasserfall in eine kleine poolartige Nische, eine kühle Oase, an der man im Sommer zwar nicht allein, dafür aber wohltemperiert ist. Brunnenkresse wächst an den Ufern des Wasserbeckens, in dem Tapfere nach den Lehren des berühmten Hydrotherapeuten Sebastian Kneipp im Storchenschritt durch das eiskalte Wasser staksen. Wer davon noch nicht genug bekommt, kann in den Anlagen am Taleingang beim Sportzentrum noch mehr kneippen.

Von Meran mit der Regionalbahn bis Schlanders, weiter mit Bus 263.2 bis zum Krankenhaus | Kostenloser Parkplatz am Ortseingang/Kreisverkehr | vinschgau.net (> zum-schlanderser-wasserfall) | Mai–Okt. Badesachen, Handtuch, Buch, Picknick, Fernglas 46.62885, 10.77801 (Start)

Im Flow

13 Mittelschwere Mountainbike-Tour (S0–S2) von der Latscher Alm, 9 km, 2 Std., 50 hm auf- und 1100 hm abwärts

Wenn bei der Abfahrt die Geschwindigkeit ohne größere Bremsmanöver gehalten werden kann und es in ausladenden Schwüngen gleichmäßig abwärts geht, dann heißt das in der Sprache der Mountainbiker „Flow". Das hat etwas von Rausch und meditativer Entspannung, muss aber gekonnt sein und braucht einiges an Erfahrung mit Downhill-Strecken in den Bergen. **Insider-Tipp** Loslassen ist das Geheimnis dieser Achterbahnfahrt auf zwei Rädern, und zwar: die Bremsen.

Der Roatbrunn-Trail ist eine der beliebtesten Strecken in Südtirol und befindet sich im MTB-Dorado oberhalb von Latsch am Vinschgauer Nörderberg. Mit dem Sessellift geht es zur Tarscher Alm, wo ein Verbindungsweg zur Latscher Alm hinüberführt. Dort beginnt die markierte Abfahrt beim Forstweg Richtung Töbrunn. Durch den moosgrünen, frischen Wald geht es über teils ausgewaschene Passagen, leichte Stufen und erstklassige Waldboden-Trails angenehm, an manchen Stellen aber auch anspruchsvoll dahin.

Von Meran mit der Regionalbahn bis Latsch, weiter mit Bus 269 bis zum Sessellift Tarscher Alm |

Einen „Schnupperkurs" in bäuerlichem Leben vermittelt die Bergbauernhilfe

Eine Marmorwand ist eine sehr besondere Kletterstrecke

Parkplatz am Lift | bergwelten.com/t/m/11757 | €–€€ (Sessellift) Mitte Mai–Mitte Okt. (in diesem Zeitraum fährt auch der Lift) Gute MTB-Radausrüstung mit Schutzkleidung und Helm, Mut 46.59365, 10.89268 (Talstation Sessellift Tarscher Alm)

Bergausflug mal anders

14 Statt Blasen an den Füßen Blasen an den Händen – bei der freiwilligen Hilfe auf dem Bauernhof, mind. 1 Woche

Gewitterwolken ziehen über den Nördersberg, dabei regnet es im Sommer selten im Vinschgau. Das Mikroklima des Tals ist so trocken, dass selbst die Schafe im Sommer über den Alpenhauptkamm ziehen, um auf der anderen Seite die satten Gräser zu futtern. Siegmar Müller vom Vernatschhof bei Göflan schaut immer öfter besorgt in den Himmel. Er betreibt Vieh- und Holzwirtschaft wie in alten Zeiten, für ihn ist die Heuernte auf dem Hof existenziell wichtig, denn er braucht es als Futter für den Winter. Glücklicherweise hat der Bauer wie viele andere in Südtirol fleißige Helfer. Es sind Freiwillige, die sich über die Bergbauernhilfe angemeldet haben. Für mindestens eine Woche bleiben sie gegen Kost und Logis auf seinem Hof und helfen mit, so gut sie können – beim Versorgen der Tiere, beim Melken, beim Ausmisten, bei der Heuernte und in der Küche. Dafür bekommen sie Einblick in das bäuerliche Leben, gewürzt mit einer dicken Portion Herzlichkeit und Lebensfreude.

Einsatzbereich und -zeit können selbst gewählt werden | bergbauernhilfe.it Mai–Nov. Motivation, Tierliebe, Interesse am Leben der Bergbauern, Fleiß, Arbeitshandschuhe gegen die Blasen

Wertvolle Kletterei

15 Klettern an Marmorwänden oberhalb von Laas

Nicht ohne Mühe zu erreichen ist der Klettergarten Nesselwand im Laaser Tal. Etwa 1 Std. dauert der Zustieg, dafür werden Kletterfreunde hier oben auf 1800 m Höhe mit einer Besonderheit belohnt: es wird an reinem Marmor geklettert. Nicht, dass der besonders weiß aussieht. Wenn Marmor unbehandelt der Witterung ausgesetzt ist, wird er grau, grün und braun. Trotzdem sieht man das Weiß durchschimmern, und wie jeder Fels seine

Schloss Juval ist nicht nur eines der fünf Messner-Museen, hier lebt die Bergsteigerlegende auch einen Großteil des Jahres

Eigenheiten hat, so auch der Marmor. An relativ kompakten Platten finden sich solide Risse und Löcher, leider ist der Marmor aber auch ein bisschen brüchig. Etwa 80 Routen in den Schwierigkeiten 4a–8a finden sich in den sieben Sektoren des nach Westen ausgerichteten Gebietes.

Von Meran mit der Regionalbahn bis Laas, weiter mit einem Taxi oder mit dem eigenen Auto | Zustieg über GPX-Track oder mithilfe der Zustiegs-Anleitung unter laas.alpenverein.it (> Klettergarten Nesselwand-komprimiert.pdf) Mai–Sept. Komplette Kletterausrüstung, Helm 46.58732, 10.69836 (Klettergarten)

IM SCHNALSTAL

Stippvisite im Schloss

16 Leichte Wanderung zu Schloss Juval, 8 km, 2,5 Std., 240 hm auf- und abwärts

Weil es im Vinschgau so wenig regnet, wurden schon vor langer Zeit künstliche Bewässerungsgräben, die Waale, angelegt. Auf den ursprünglich zur Wartung der Waale vorgesehenen Dämmen kann man wunderbar entlangwandern. In Tschars führt der Weg 1A nach ca. 20 Min. auf den Schnalser Waalweg. Diesem folgt man, immer entlang des gemütlich vor sich hin plätschernden Wassers, bis man kurz vor dem Aufstieg zum Schloss Juval an der Jausenstation Schlossbauer vorbeikommt. Insider-Tipp Der Hof wird liebevoll von Reinhold Messners Sohn Simon bewirtschaftet. Schloss Juval ist Reinhold Messners Wohnort in Südtirol und gleichzeitig eines seiner fünf Messner Mountain Museums. Die Dauerausstellung mit dem Titel „Mythos Berg" beleuchtet die religiösen Dimensionen von heiligen Bergen in der ganzen Welt. Der Rückweg erfolgt auf dem Weg Nr. 1, vorbei am Sonnenhof bis nach Staben. Hier gelangt man auf den Stabener Waalweg, der nach Tschars zurückführt.

Vom Bahnhof in Meran mit Bus 251 bis Staben, Kochenmoos, ab dort mit Bus 267 bis Abzweigung Tschars. Der Weg beginnt beim Parkplatz in der Kehre der Hauptstraße in Tschars | suedtirolerland.it (> waalweg-nach-schloss-juval) Mai–Okt. Normale Wanderausrüstung 46.63788, 10.93874 (Start)

Wirkt hier anders, dabei ist das Klettergebiet Juval durchaus familientauglich

Von der Plattform Kelle hast du einen wunderbaren Blick in die wilde Plimaschlucht

Klettern am Fluss

17 Im Klettergebiet Juval am Eingang ins Schnalstal, Schwierigkeiten 3–8a, Zustieg 5 Min.

Oben wohnt Reinhold Messner im Schloss Juval und schaut quasi auf diesen Klettergarten herab. Wenn das mal kein gutes Omen für erfolgreiche Durchstiege in den Routen ist! Der Klettergarten bietet Granitrouten für die ganze Familie. Die meisten Routen sind um die 30 m lang, einige können bis auf zwei bis drei Seillängen verlängert werden. Es gibt 15 sehr abwechslungsreiche Sektoren: von ausgesetzt und überhängend über megalange faustbreite Risse bis hin zu feinster technischer Plattenkletterei ist alles dabei. So viel Abwechslung ist in einem Klettergebiet selten. Wenn die Kinder nicht klettern wollen, können sie herrlich am Bach spielen. Ein echt schönes Plätzchen.

Vom Bahnhof in Meran mit Bus 251 bis Naturns, Abzweigung Schnalstal, vom Parkplatz Schloss Juval führt ein markierter Weg in 5–10 Min. zum Klettergarten | Mit dem Auto zum Parkplatz Schloss Juval | suedtirol.com (> klettergaerten/juval) April/Mai–Nov. Komplette Kletterausrüstung, Handtuch, Badesachen 46.64802, 10.97653 (Start)

UM DEN ORTLER

Architektur trifft Natur

18 Leichte Wanderung entlang der Plimaschlucht, 6 km, 3 Std., 200 hm auf- und abwärts

Wie nähert man sich einem schwer zugänglichen, sensiblen Ökosystem, ohne alles kaputtzumachen? Am besten aus der Luft! Auf dem Weg vom ehemaligen Hotel Paradiso im Martelltal zur Zufallhütte zweigt die einem Schöpflöffel ähnliche Aussichtsplattform Kelle vom Weg ab und gibt den Blick frei auf ein gut gehütetes Geheimnis der Natur, die wilde Plimaschlucht. Noch vier weitere architektonische Schmuckstücke der Architektin Heike Pohl helfen bei Aus- und Einblicken in die Landschaft: die Sichel, die Kanzel, die feine Wasserstaubdusche vor dem mächtigen Wasserfall, die sich bei heißem Wetter großer Beliebtheit erfreut, sowie die grandiose Hängebrücke kurz vor der Zufallhütte.

Schneesicher bis zum Abwinken: In Sulden kann bis Anfang Mai Ski gefahren werden

Von Meran mit der Regionalbahn bis Goldrain, weiter mit dem Bus 262 nach Gand und dort weiter mit Bus 264 zur Enzianhütte | Parkplatz an der Enzianhütte | vinschgau.net (> plimaschlucht-schluchtenweg) Mai–Okt. Gute Wanderschuhe, Fernglas, Handtuch 46.48819, 10.68761 (Start)

Heilendes und spritzendes Wasser

19 Leichter Spaziergang zu den Wasserfällen Trafoi, 2 km, 1 Std., 210 hm auf- und abwärts

Das Dörflein Trafoi ist nicht nur die Heimat der Südtiroler Alpinskilegende Gustav Thöni, der 23 Weltcupsiege und mehrere Olympiamedaillen gewonnen hat, hier steht auch die nicht weniger berühmte Kapelle zu den Heiligen Drei Brunnen. Es sind Wunderbrunnen, denn wer aus allen dreien trinkt, erfährt mit etwas Glück Heilung bei Augenleiden, Frauenleiden und Wetterschäden.

Von den Heiligen Drei Brunnen führt der Weg Nr. 9 am Trafoier Bach entlang über ansteigende Serpentinen zu den drei tosenden Wasserfällen von Trafoi. Ein weiterer Wasserfall mit wunderschönen Naturpools befindet sich auf dem Anfahrtsweg ganz in der Nähe des Restaurants Sogbodn mit seiner interessanten Architektur, die gleichzeitig als Damm und Lawinenschutz fungiert.

Zum Parkplatz direkt unterhalb der Kapelle zu den Heiligen Drei Brunnen gelangt man nur mit dem eigenen Auto. Bei Verlängerung der Wanderung um 1 Std. nimmt man in Meran den Zug bis Spondinig, ab dort Bus 271 bis Trafoi, Parkplatz, und von dort zu Fuß | vinschgau.net (> zu-den-wasser faellen-trafoi) Ganzjährig möglich Wanderschuhe, Kamera 46.53131, 10.50575

Powder vom Feinsten

20 Einfache bis anspruchsvolle Abfahrtspisten im Skigebiet Sulden am Ortler, ½–1 Tag

Die Pisten in Sulden beginnen dort, wo man in anderen Gegenden schon auf dem Gipfel steht. Von 1900 bis 3250 m ziehen sich 44 schneesichere Pistenkilometer über das weitläufige Gletscherskigebiet unter dem Ortler. Es befindet sich im Nationalpark Stilfser Joch und wird von insgesamt 14 Dreitausendern umrahmt. Sechs Monate

Die Skitour auf die Suldenspitze sollte man nur bei stabilen Wetterverhältnissen in Angriff nehmen

lang ist hier Saison, bis Anfang Mai sind die Lifte offen. **Insider-Tipp** Als Verbindung zwischen den Sesselliften Kanzel und Langenstein verkehrt an jedem Vormittag (außer Sa) ein kostenloses „Pferde-Taxi". An der von zwei Pferden gezogenen Kutsche können sich bis zu 60 Menschen an einem Seil festhalten. Ein Riesenspaß! Wer sich am Nachmittag lieber passiv mit den Bergen auseinandersetzen möchte, dem sei das komplett unterirdisch angelegte Messner Mountain Museum Ortles empfohlen, das sich mit den Themen Gletscher und Eis beschäftigt.

Von Meran mit der Regionalbahn bis Spondinig, weiter mit Bus 271 nach Sulden | Parkplätze an der Seilbahn | seilbahnensulden.it | €€€ Mitte Nov.–Anfang Mai Komplette Abfahrtsskiausrüstung, Helm 46.51638, 10.59595 (Start Seilbahn Sulden)

Im Angesicht des Königs

21 Mittelschwere Skitour auf die Suldenspitze, 4,2 km, 2–3 Std. 790 hm auf- und abwärts

Die Tour zur Suldenspitze ist ein absoluter Klassiker unter den Skitourengehern in Südtirol. Der nordseitige Anstieg, der teilweise über Gletscher führt, ermöglicht einen frühen Start in die Saison, die dann bis spät ins Frühjahr dauert. Die beeindruckende Bergkulisse von Königsspitze, Zebru und Ortler sowie das aussichtsreiche Panorama am Gipfel auf die Eisriesen der Ortler-Gruppe mit den gut klingenden Namen Cevedale, Palon della Mare oder Punta San Matteo machen die Tour zu einem grandiosen Erlebnis. Stabiles und gutes Wetter, gute Sicht, geringes Lawinenrisiko und Erfahrung mit Tourenski bzw. die Begleitung durch einen erfahrenen Tourguide sind Voraussetzung.

Von Meran mit der Regionalbahn bis Spondinig, weiter mit Bus 271 nach Sulden | Seilbahn Sulden, almenrausch.at/touren/detail/suldenspitze-3376-m-von-sulden, €€ Nov.–Mai Komplette Tourenskiausrüstung inkl. LVS-Ausstattung, warme Kleidung, Thermosflasche mit heißem Tee, ausreichend Verpflegung, Tafel Schokolade 46.51638, 10.59595 (Start Seilbahn Sulden)

HIMMELSGUCKER

Sterne bewundern im Hot Tub

22 Auf der Masebenhütte

Wie wäre es, im Winter nach einem schönen Skitag abends mit einem Glas Wein in einem auf wohlige 37 Grad beheizten Holzbottich zu sitzen und erst den Sonnenuntergang und dann den Lauf der Sterne zu betrachten? Auf der Masebenhütte im Langtauferer Tal auf 2267 m geht das. Wer die Sterne lieber durch ein richtiges Fernrohr betrachten möchte: Eine kleine Sternwarte gibt es auf der Hütte auch!

Von Meran mit der Regionalbahn bis Mals, weiter mit Bus 273 nach Graun See, Weiterfahrt mit dem Taxi | Mit dem Auto bis Talstation Langtaufers. Dort auf Anfrage Shuttleservice mit einem alten Militärwagen oder einer Pistenraupe | maseben.it | €€€ Ganzjährig möglich Badesachen, Handtuch, Fernglas, Sternenkarte, Sonnenuntergangsdrink 46.83830, 10.64219 (Talstation Langtaufers)

LOKALE SPEZIALITÄTEN

*UND WO DU SIE PROBIEREN KANNST

Getrocknete Apfelringe der seltenen Sorte Weirouge sehen zum Reinbeißen lecker aus

Der sonnenverwöhnte Vinschgau ist der Obstgarten Südtirols. Nirgendwo sonst wächst eine solche Frucht-Vielfalt wie hier. Und das Tal ist bekannt für seinen eigenwilligen Wind. Der bringt neben den traditionellen und tief verwurzelten Bräuchen auch frische Ideen ins Tal, die mitunter köstlich schmecken.

Brot-Frucht

1 Palabirnen

„Wenn die Palabirnen reif sind, kann ich in Urlaub gehen", soll ein Malser Arzt einmal gesagt haben. Die alte Vinschger Birnensorte ist reich an Ballaststoffen und Vitamin C. Sie wächst auf großen, knorrigen Bäumen, ihr Aroma ist intensiv, im Abgang schmeckt sie nach Zimt und Muskat. Besonders gut eignet sich die Palabirne als Saft, Dörrobst und zum Backen.

ℹ *Die* **Bäckerei Schuster aus Laatsch** *stellt schmackhaftes Palabirnenbrot her | Laatsch 139, Laatsch (auch in Glurns, Laubengasse 3, und in Mals, Tartsch 8) | schuster.it | €*

Schmackhafter Weichkäse

Arunda

2 Der Vinschgau ist ein Käseparadies, besonders im hinteren Tal bei Mals gibt es viele kleine Käsereien. Als Aushängeschild gilt der nach einem Gipfel der Sesvennagruppe benannte Weichkäse Arunda, der 2021 den Italian Cheese Award gewann.

ℹ *Bei* **Familie Agethle auf dem Englhof bei Schleis** *ist Arunda ab Hof erhältlich. Fraktion Schleis 8, Mals | englhorn.com | €*

Ein Apfel mit rotem Fruchtfleisch

3 Weirouge

Das rote Fruchtfleisch der Apfelsorte Weirouge enthält zehnmal so viel Anthocyane wie herkömmliche Äpfel und reichlich Apfelsäure, die dafür sorgt, dass die Frucht nicht braun wird. Der Apfelsaft, der aus diesen Äpfeln hergestellt wird, glänzt deshalb in einem besonders schönen, natürlichen Rot.

Insider-Tipp Am Kandlwaalhof Luggin werden auch alle möglichen und unmöglichen anderen essbaren Dinge mit viel Liebe getrocknet – lecker!

ⓘ *Der* **Kandlwaalhof der Familie Luggin** *ist Alleinvertreiber dieser Apfelsorte für Südtirol und macht nicht nur den Apfelsaft daraus, sondern auch getrocknete Äpfel und Weirouge-Apfelwein | Unterwaalweg 10, Laas | luggin.net | €*

Hochprozentiges

4 Italiens erster Single Malt

Das reine Gebirgsquellwasser aus dem Nationalpark Stilfser Joch, einheimisches Getreide und das abwechslungsreiche Klima im Vinschgau bieten ideale Voraussetzungen, um Hochprozentiges mit eleganten Noten, z. B. einen Whisky der Extraklasse, herzustellen. Die stylische Brennerei trägt den Namen des Flusses Puni, der durch das Planeiltal in den Vinschgau fließt. Ein Teil der Fässer lagert in alten, ausgedienten Militärbunkern.

ⓘ **Bei Puni Whisky** *werden auch Führungen durch die ultramoderne Destillerie angeboten | Am Mühlbach 2, Glurns | puni.com | €€€*

Hier findest du alles

6 Vinschger Bauernladen

Im Vinschger Bauernladen werden nur regionale Erzeugnisse angeboten. Anliegen der 2004 gemeinsam mit Reinhold Messner gegründeten Genossenschaft ist das nachhaltige Wirtschaften in regionalen Kreisläufen zum Nutzen der Kulturlandschaft.

ⓘ *Die drei Vs im Logo stehen für Vereinte Vinschger Vielfalt, wirklich erstaunlich, wie viele Produkte aus dem Tal kommen | Staatsstr. 78, Naturns | bauernladen.it | €€*

Berühmte Marillen

5 Aprikosen in Zartbitterschokolade

Außen knackig und prall, innen weich und saftig – die Vinschger Marille ist ein purer Genuss. Aus den süßen Früchtchen entstehen Marmeladen, Säfte, Schnäpse und fantastische Marillentörtchen in veredelter Schokolade.

ⓘ *Die* **Firma Venustis** *kombiniert die Herstellung von edler Schokolade und feinen Produkten aus Laaser Marmor | Vinschgaustr. 10, Laas | venustis.it*

Gut zu wissen

Wenn sich die Natur im Herbst bunt färbt, ist die beste Zeit für einen Spaziergang auf der Oswaldpromenade bei Bozen

MIT DER BAHN NACH SÜDTIROL

Während andere im Stau stehen, bist du mit dem Zug längst in den Bergen.

Hamburg
Berlin
Köln
Stuttgart
München
ca. 4 Std.
Wien
Zürich
Innsbruck
Brenner
Bozen

DEINE ROUTE

1 Von München gibt's täglich mehrere Direktverbindungen mit dem EC nach Bozen. Mit der schnellsten bist du in weniger als 4 Std. in Südtirol.

2 Den Roman hast du umsonst eingepackt, denn der Blick aus dem Fenster auf die Alpen ist unglaublich.

3 Am Brenner gibt es einen kurzen Aufenthalt, denn Stromsystem, Zugsicherung und Bremsart werden gewechselt. Von hier sind es nur noch 45 Minuten bis Bozen.

Tipp: Zugtickets gibt's bei DB, ÖBB und SBB. Anbieterübergreifend arbeiten Trainline (thetrainline.com) und Rail Europe (raileurope.com) sowie, ohne Buchungsfunktion, Railcc (rail.cc)

HINKOMMEN

*VON D, A, CH

Mit der Bahn

Im Herzen Europas gelegen, ist Südtirol mit den Zügen der österreichischen, schweizerischen und Deutschen Bahn sehr gut zu erreichen. Die direkte Bahnlinie über den Brenner führt von München über Innsbruck und Brixen nach Bozen (knapp 4 Std.) und weiter nach Verona, Venedig und Mailand. Den Sparpreis Europa der DB bzw. die Sparschiene der ÖBB gibt es – bei rechtzeitiger Buchung – ab 19,90 €/Strecke. Im Zug kann das Anschlussticket Südtirol für 5 € erworben und damit alle öffentlichen Verkehrsmittel am Tag der An- oder Abreise genutzt werden. Die Busverbindung zwischen Zernez (Graubünden) und Mals (Vinschgau) verbindet das Südtiroler und das Schweizer Bahnnetz. Hamburg, Düsseldorf, Stuttgart und München sind die Ausgangspunkte für Nachtzugreisen nach Italien. Gute Nachtverbindungen bietet die österreichische Eisenbahn (ÖBB-Nightjet).

Mit dem Bus

Der Flixbus-Knotenpunkt in München ermöglicht Verbindungen in alle Städte Deutschlands und in 26 weitere Länder. In Südtirol halten die Busse in Sterzing, Brixen, Klausen, Bozen, Lana, Marling und Meran. Oft ist der Bus deutlich günstiger als der Zug, es gibt viele Nachtfahrten, frühzeitige Buchung ist ratsam. *flixbus.de*

Mit dem Auto oder Wohnmobil

Die mautpflichtige Brenner-Autobahn ist die Hauptroute nach Südtirol. Über den privaten Anbieter Tolltickets *(tolltickets.com)* kann ein Telepass erworben und damit Wartezeiten an den Mautstationen umgangen werden. Auf dem Weg von Deutschland zum Brenner braucht man auch für die Autobahn in Österreich eine Vignette, die vorab online oder an den grenznahen Tankstellen gekauft werden kann. Parallel zur Autobahn verläuft die alte Brennerstraße. Sie ist kurvenreich, aber dafür weniger staugefährdet. Von Hamburg und Düsseldorf bieten die Autoreisezüge von Urlaubs-Express eine entspannte und umweltfreundliche Anreise mit dem eigenen Auto quasi im Schlaf bis Innsbruck.
Urlaubs-Express: *urlaubs-express.de*, Tel. 0221 80 02 08 20

Mit dem Flugzeug

Der kleine Bozner Regionalflughafen *(skyalps.com)* hat Verbindungen von/nach Berlin, Hamburg, Hannover und Düsseldorf. Weitere Flughäfen in der Nähe befinden sich in Innsbruck (120 km, *innsbruck-airport.com)* oder Verona (150 km, *aeroportoverona.it)*.

Vom Bahnhof zum Hotel

Viele Hotels und Bauernhöfe bieten Shuttle-Services an. Oder man nutzt das Angebot von Südtirol Transfer *(suedtiroltransfer.com)* mit Verbindungen zu über 9000 Unterkünften – als Individualfahrten oder in Form preiswerter Sammelfahrten.

Grün & fair reisen

Du willst beim Reisen deine CO_2-Bilanz im Hinterkopf behalten? Dann kannst du deine Emissionen kompensieren *(atmosfair.de; myclimate.org)*, deine Route umweltgerecht planen *(routerank.com)* oder auf Natur und Kultur *(gatetourismus.de)* achten. Mehr über ökologischen Tourismus erfährst du hier: *oete.de* (europaweit); *germanwatch.org* (weltweit).

VOR ORT UNTERWEGS

*ENTDECKE DIE MÖGLICHKEITEN

Alles dabeizuhaben und doch immer unterwegs zu sein ist das Besondere am Reisen mit dem Camper

Mietwagen/Camper

Die Reservierung über die internationalen Mietwagenfirmen im Heimatland ist meist günstiger als die Buchung bei lokalen Anbietern vor Ort. Avis *(avis.de)* beispielsweise hat Filialen in Bozen, Meran, Brixen und Bruneck, wo die reservierten Autos abgeholt werden können. Aber es ist auch problemlos möglich, Pkw und Camper in Südtirol zu leihen.

Verkehrsregeln in Italien

Autobahnen sind in Italien gebührenpflichtig. Für Pkw, Motorräder und Wohnmobile bis 3,5 t gelten folgende Höchstgeschwindigkeiten, Autobahn: 130 km/h (auf der Brennerautobahn allerdings nur 110 km/h), auf Schnellstraßen: 110 km/h (in Südtirol betrifft das nur die sogenannte MeBo zwischen Bozen und Meran), außerhalb geschlossener Ortschaften: 90 km/h, innerhalb: 50 km/h. Zahlreiche Passstraßen werden auch im Winter freigehalten, die Mitnahme von Schneeketten ist jedoch Pflicht. Wie in Deutschland ist das Telefonieren beim Autofahren nur über eine Freisprecheinrichtung erlaubt. Wer erwischt wird, zahlt mindestens 169 €. Die Promillegrenze liegt bei 0,5, wer mit mehr erwischt wird, zahlt mindestens 530 €. Vom 15. Nov. bis 15. April gilt auf der Brennerautobahn Winterausrüstungspflicht, d. h., die Autobahn darf nur mit Winterreifen befahren werden.

Parken: weiße Markierung – Parken zeitlich unbegrenzt und kostenfrei möglich; blaue Markierung – gebührenpflichtiger Parkplatz; gelbe und schwarze Markierung: Parkverbot. Tanken: Die Benzinpreise sind in Südtirol höher als in Deutschland und Österreich, es lohnt sich also, kurz vor der Grenze noch einmal vollzutanken. Achtung, kleine Tankstellen in Italien haben oft einen Tankautomaten, an dem erst der gewünschte Betrag bezahlt werden muss, bevor die Zapfsäule freigeschaltet wird.

OHNE AUTO UNTERWEGS

MIT DEM BUS

Damit kommst du in fast jedes Dorf

Zwischen nahezu allen Dörfern und Tälern besteht ein gut ausgebauter, regelmäßiger Linienverkehr. In Bozen, Meran und Brixen verkehren Stadtbusse. Mit der Mobilcard (mobilcard.info) kann an einem (20 €), drei (30 €) oder sieben (45 €) aufeinanderfolgenden Tagen der gesamte ÖPNV genutzt werden. Neben Einzelfahrscheinen gibt es übertragbare Wertkarten zu 10, 25 oder 50 €, die in allen Bussen, Zügen und vielen Seilbahnen gültig sind.

MIT DEM FAHRRAD

Nicht nur für Sportliche

Durch die flachen Täler Eisacktal, Pustertal und Vinschgau führen gut ausgebaute Radwege. Auch die großen Städte eignen sich zum Radfahren, in den Bergen braucht es viel Muskelkraft oder ein gutes E-Bike. Der Radtourismus wird stark gefördert, sowohl im Nahverkehr (bikemobil Card) als auch in Hotels, die sich als Bike-Hotels (bikehotels.it) qualifizieren.

MIT DER BAHN

Durch die Haupttäler

Regionale Zugverbindungen bestehen im Eisack- und Etschtal vom Brenner über Bozen bis nach Salurn, im Pustertal von Franzensfeste über Bruneck und Innichen nach Lienz/Osttirol. Außerdem zwischen Bozen und Meran und weiter durch den Vinschgau nach Mals.

Die Züge des Südtiroler Nahverkehrs fahren gut getaktet und in der Regel pünktlich, sind bequem und sauber. Der Südtirol Guest Pass ist in den meisten Unterkünften inkludiert und ermöglicht die freie Nutzung aller öffentlichen Verkehrsmittel im Verbundsystem südtirolmobil. Mit der App südtirolmobil kann eine Fahrt entspannt geplant und das entsprechende Ticket dazu gekauft werden.

PRAKTISCHE INFOS

*VON A BIS Z

Viele Hotels haben grandiose Spa- und Wellness-Bereiche

Allein unterwegs

Wer „allein reisen Südtirol" in die Suchmaschine eingibt, wird überrascht sein, was da für ein Angebot aufscheint! Reise zu dir selbst, Selfness-Wellnessurlaub und Workation-Angebote haben die Reise- und Übernachtungsanbieter in dieser touristisch sehr fortschrittlichen Region längst erdacht und entwickelt. Wer also Ruhe und Entspannung in schönster Natur sucht und trotzdem Sport und Kultur mit anderen genießen möchte, sich erholen und gleichzeitig arbeiten will, wird garantiert fündig.

Bars, Cafés und Bistros

Südtiroler wählen wie alle Italiener den Cappuccino nur morgens, später bestellen sie einen Espresso oder Macchiato. Der Aperitivo, ein alkoholisches Getränk, vorzugsweise ein Spritz oder Hugo, soll den Magen für ein ausgiebiges Essen öffnen. Dafür trifft man sich mit Freunden, Familie oder Kollegen nach der Arbeit in den Freisitzen und Bars der Städte und Dörfer. Mit der Erweiterung „Lungo" wird der Aperitif etwas ausgedehnt und kleine Snacks kommen zusätzlich auf den Tisch.

Berghütten

Gute Bergluft macht hungrig! Nach einer langen Wanderung die Füße hochzulegen und ein gutes, kräftigendes Mahl zu sich zu nehmen – das geht in Südtirol fast überall. Gereicht werden Schlutzkrapfen, Suppen, Knödel und hausgemachte Kuchen. So manch eine Hütte schwingt sich zum Gourmettempel auf.

Buschenschänke und Hofschänke

Schon vor Jahrzehnten luden die Bauern im Herbst zum Verkosten des neuen Weines – zum Törggelen – und reichten dazu bäuerliche Kost. In den Buschenschänken kommen Knödel in allen Variationen, überm Feuer geröstete Kastanien sowie herzhafte Marenden (Brotzeiten) mit würzigem Käse und Südtiroler Speck (Rohschinken), geräucherten Würsten und luftgetrocknetem Schüttelbrot auf den Tisch.

Wo man auch hinkommt: Die Schönheit der Südtiroler Landschaft nimmt einem fast immer den Atem

Regionale Produkte gibt es in jeder mittelgroßen Stadt zu kaufen

Campen

Mit ca. 40 Einrichtungen ist das Netz der Campingplätze in Südtirol nicht gerade eng geknüpft. Im Internet informiert *campingsuedtirol.com* über das Angebot, das von einfachen Plätzen bis hin zu sehr exklusiven Angeboten reicht. Wildes Campen ist in ganz Italien, aber besonders in den Naturparks verboten und wird streng geahndet.

Diplomatische Vertretungen

Deutschland: Honorarkonsulat, Dr.-Streiter-Gasse 12, Bozen, Tel. 0471 97 21 18 (tel. Anmeldung Di/Mi, Fr 9–12 Uhr), *italien.diplo.de*

Österreich: Amtslokal des Generalkonsulats (nur sporadisch besetzt), Silbergasse 6, Bozen; sonst: Piazza del Liberty 8/4, Mailand, Tel. 02 77 80 78-0, *bmeia.gv.at*, Mo–Fr 9–12 Uhr

Schweiz: Generalkonsulat, Via Palestro 2, Mailand, Tel. 02 777 91 61, *eda.admin.ch*, tel. Anmeldung Mo–Do 9–17 Uhr

Einkaufen

In Südtirol lebt ein kreatives, handwerklich begabtes, den Traditionen verbundenes und doch innovatives Völkchen. Das bedeutet, es gibt schöne Dinge aus Südtirol in Südtirol zu kaufen! Beste Orientierung bietet der Insider-Reiseführer „Josef", den es für Bozen, Meran und ganz Südtirol gibt und der

Für Notfälle

Allgemeiner Notruf Tel. 112
Musst du einen Notruf absetzen, bleibe ruhig und berichte:

- Wo ist es passiert?
- Was ist passiert?
- Wie viele Verletzte gibt es?
- Welche Verletzungen liegen vor?

Warte dann auf Rückfragen der Leitstelle, beende das Gespräch nicht unaufgefordert.

Pannenhilfe
vom Festnetz Tel. 80 31 16
vom deutschen Handy Tel. 80 011 68 00

ganz nach dem Motto „more than apples and cows" verrät, was es wo zu kaufen gibt und welches die angesagtesten Orte für Kunst, Design, Mode und Essen sind. Etwas Schönes zu finden ist dabei weniger die Herausforderung als nicht dabei arm zu werden. Deshalb verrät „Josef" auch, wo secondhand eingekauft werden kann. Die verkehrsberuhigten Innenstädte von Meran, Bozen und Brixen sind wahre Paradiese des entspannten Flanierens und Einkaufens, besonders unter den Lauben, wo sich schon der mittelalterliche Handel abspielte. Die historischen Brot- und Fleischbänke in den zur Straße hin offenen Bogengängen sind modernen Modehausketten gewichen, aber geschäftiges Treiben herrscht nach wie vor. Wichtig ist zu wissen, wann Siesta ist – da sind die Südtiroler durch und durch Italiener. Zwischen 12.30 und 15.30 Uhr einkaufen zu gehen ist also keine gute Idee!

Essen und Trinken

In den letzten Jahren hat sich in Sachen kreativer Küche viel getan. Die Hotelbesitzer und Köche schöpfen aus dem Reichtum der regionalen Produkte und verarbeiten sie gekonnt zu Gerichten, die von den Einflüssen aus Nord und Süd inspiriert sind. Gourmetführer loben viele Lokale in den höchsten Tönen. Die Restaurants öffnen landestypisch zwischen 12 und 14 Uhr zum Mittagstisch und am Abend zwischen 19 und 21 Uhr. Es gibt in der Regel vier Gänge: *antipasti* als Vorspeise, *primi piatti* als ersten Hauptgang, *secondi piatti* als zweiten Hauptgang und *dolci* als Nachspeise.

Bevor gegessen wird, trifft man sich gern am Nachmittag zum *aperitivo lungo*. Alkohol vor dem Abendessen? In Italien gehört das zum Lebensgefühl. Was gibt es Schöneres, als sich mit ein paar Freunden oder Kollegen nach getaner Arbeit in einer Bar zu treffen und einen kleinen Drink zu nehmen? Am liebsten einen Aperol Spritz, der allein durch seine Farbe für Feierabendstimmung sorgt. Dazu gerne

Eislegende Paolo Coletto vom Avalon in Bozen verwendet nur biologische Produkte

ein paar Kleinigkeiten zu essen – nichts Großes, man will sich ja nicht den Appetit verderben.

Internet

Ein sehr nützlicher Service ist das Projekt Piazza Wi-Fi Italia, ein nationales Netzwerk für kostenfreien Internetzugang. Vor der Abreise ist es ratsam, die App *wifi.italia.it* (verfügbar für iOS und Android) herunterzuladen und sich zu registrieren. Dank der geolokalisierten Karte (die auch für die Offline-Nutzung heruntergeladen werden kann) ist es möglich, die nächstgelegene Piazza Wi-Fi Italia leicht zu finden.

Märkte

Viele Bauernhöfe bieten ihre Produkte direkt zum Verkauf an: Äpfel und Apfelsaft, Wein, Südtiroler Speck, Eier, Kräuter, Marmeladen, Gemüse und Obst, aber auch Woll- und Filzprodukte und Handwerkskunst. Vieles davon zusammengetragen hat die Plattform „Pur", die in Meran, Bozen, Bruneck, Brixen und Lana eigene Geschäfte betreibt *(pur suedtirol.com)*. In den größeren Dörfern und in den

DRAUSSEN UNTERWEGS MIT KINDERN

Lieblingstouren

Touren entlang von Bächen oder kleinen Seen sind wunderbar. Wenn's heiß ist, können alle ihre Füße kühlen, Rindenschiffchen bauen oder flache Steinchen hüpfen lassen.

Mit allen Sinnen

Eine süße Blume und ein herbes Kraut riechen, Moos und Steinchen barfuß spüren, mit geschlossenen Augen das Knacken und Rascheln hören, mit Lupe oder Fernglas Tiere beobachten: Ein Naturspaziergang ist für Kinder wie ein toller Sinnespfad.

Wie weit mit Kids?

Wie lang darf eine Wanderstrecke mit Kindern sein? Als grobe Orientierung nennt der Deutsche Wanderverband: das Lebensalter mal 1,5 nehmen. Eine Siebenjährige könnte danach 10,5 km schaffen, einen Kilometer je 100 Höhenmeter abziehen. Als Zeitbedarf plane die doppelte Zeit ein, die für erwachsene Wanderer angegeben wird.

Notausstieg

Wähle Wanderrouten aus, die du leicht abkürzen kannst – je nach Kondition und Stimmung. Beziehe bei der Vorbereitung einer Tour die Kinder unbedingt mit ein: gemeinsam die richtige Wanderkarte auswählen und unterwegs zusammen gucken, wie der Weg weitergeht.

Lesefutter

Toll illustrierte Kinderbücher über Pflanzen, Tiere, Gewässer und Gebirge machen Lust auf den Naturausflug. Der passende Band wandert mit – damit es noch mehr zum Entdecken gibt.

Abenteuer am Wegesrand

Wohnt ein Räuberhauptmann in der Burgruine? Und sind hier wirklich Steinzeitjäger an den Felsklippen entlanggeschlichen? Wähle Wanderrouten aus, die an besonderen Orten vorbeiführen. Kleine Geschichten machen sie für den Nachwuchs zu spannenden Abenteuerplätzen.

Der Hitze entkommen

Vor allem mit kleineren Kindern kann sehr heißes Sommerwetter richtig anstrengend sein. Wenn mal alle nach einer Abkühlung lechzen: Macht doch einfach einen Tagesausflug in die Berge. Ein Picknick im Wald, ein kühler Bergbach – und der Tag ist gerettet. Richtwert: Pro 100 Höhenmeter ist es ca. ein Grad kühler.

Matschverhüterli

Große, stabile Mülltüten sollte man als Eltern immer im Auto haben. Warum? Kinder sind mobil und immer gerne dort unterwegs, wo es spannend und oft auch schmutzig ist, z. B. im Matsch. Aber sooo ins Auto? Kein Problem: Steck dein Kind vor der Weiterfahrt einfach bis zur Taille in die Tüte und der (Miet-)Wagen bleibt sauber.

Rucksack-Apotheke

Wer draußen unterwegs ist, sollte immer ein Erste-Hilfe-Set dabeihaben. Und natürlich solltest du wissen, wie du Binden und Kompressen anwendest – ein Erste-Hilfe-Kurs schadet nie.

Sei auf Notfälle vorbereitet

- Pflaster (zum Abschneiden) für kleine und größere Schürf- und Schnittwunden
- Blasenpflaster
- Mullbinden und Kompressen zum Abdecken von Wunden
- Dreieckstücher zum Ruhigstellen von Gelenken bei Brüchen
- Desinfektionsmittel
- Allergiemittel
- Schmerztabletten
- Wundheilsalbe
- Insektenschutz
- Verbandschere
- Pinzette
- Einmalhandschuhe
- Rettungsdecke als Schutz vor Unterkühlung
- Kältekompresse
- Signalpfeife
- Zeckenzange

Schon gewusst?

Im Notfall kannst du drei Minuten ohne Sauerstoff, drei Tage ohne Wasser, drei Wochen ohne Nahrung, aber nur drei Stunden ohne Schutz vor Wind, Nässe und Kälte aushalten. Hab also auch immer Kleidung für alle Eventualitäten im Rucksack.

Städten finden regelmäßig Märkte statt. Echte Highlights sind der Besuch des Samstagsmarkts auf dem Siegesplatz in Bozen, des Freitagsmarkts in Meran, der Großmarkthalle im Bozner Boden oder des berühmten Obstmarkts in Bozens Innenstadt.

Medien

Wenn man bedenkt, dass nur etwa 500 000 Menschen in Südtirol leben, ist die Medienlandschaft vielfältig. Südtirol besitzt neben zwei italienischen Tageszeitungen auch zwei deutsche: „Die Neue Südtiroler Tageszeitung" und die „Dolomiten". Es gibt vier öffentliche Rundfunkanstalten und sechs Wochenzeitungen, darunter das unabhängige „ff – Das Südtiroler Wochenmagazin". Die Online-Portale *stol.it*, *salto.bz*, *suedtirolnews.it* und *sportnews.bz* werden viel gelesen, die Radiosender „Südtirol 1" und „Radio Tirol" viel gehört.

Medizinische Versorgung

Die Gesundheitsversorgung in Südtirol ist sehr gut. Besonders das orthopädische und chirurgische Fachwissen ist groß. Schließlich befinden wir uns in einer absoluten Outdoorsport-Region. Es besteht in Italien für alle Personen, die in Deutschland gesetzlich versichert sind, ein Anspruch auf Behandlung bei Ärzten, Zahnärzten und in Krankenhäusern, die vom ausländischen gesetzlichen Krankenversicherungsträger zugelassen sind.

Nachtleben

Wer glaubt, dass man in Südtirol noch immer mit den Hühnern schlafen geht, der täuscht sich. Auch hier wird ordentlich gefeiert, getanzt und gerockt. Angesagte Nachtlokale, Bars und Veranstaltungshäuser sind z. B. das Astra in Brixen *(astrabx.com)*, die Laurin-Bar im gleichnamigen Hotel in Bozen *(laurin.it)*, die Basis im Vinschgau *(basis.space)* oder der Bistro Music Club + L'Murin im Gadertal *(facebook: murincorvaraofficial)*.

Bruneck, Brixen, Bozen und Meran sind bekannt für ihre tollen Geschäfte mit lokalen Südtiroler und interessanten italienischen Modemarken

Notruf

In Südtirol wählt man die 112 bei jedem Notfall, der den Einsatz der Rettung, der Bergrettung, der Feuerwehr, der Polizei oder der Carabinieri erfordert.

Öffnungszeiten

Der Einzelhandel hat in der Regel Mo–Sa 9.30–12.30 Uhr und 15.30–19.30 Uhr geöffnet. Große Kaufhäuser und Einkaufszentren haben meist durchgängig 10–21 Uhr offen.

Post

Die Zustellzeiten der italienischen Post im Standardversand sind abenteuerlich. Ein Brief nach Deutschland kann gut und gern mal zwei Wochen unterwegs sein. Auch die Preise sind undurchsichtig und stehen nicht auf den Briefmarken. Glücklicherweise gibt es nun auch die *posta prioritaria* (Eilzustellung). Mit ihr kostet der Versand eines Briefes nach Deutschland statt 1,25 € (Standard) jetzt 3,50 €, aber immerhin ist er etwas schneller beim Adressaten als mit der Kutsche. Der Besuch eines Postamts ist ein Erlebnis. Es stehen meist lange Schlangen davor.

Restaurantbesuche

In Südtirol wird wie in ganz Italien recht spät gegessen. Vor 19 Uhr braucht man in keinem Restaurant aufzutauchen. Es werden Vorspeisen, erster Gang, zweiter Gang und Nachspeisen angeboten, aber es muss nicht von jedem etwas gewählt werden. Ein guter Wein zum Essen ist den Südtirolern heilig. Wenn ein *coperto*, also ein Gedeck, berechnet wird, ist es eher unüblich, ein Trinkgeld zu geben.

Restaurants und Gasthäuser

Da fast alle Hotels ihre eigenen Restaurants haben, ist die Auswahl riesig und auch die Dichte an Sterne-Restaurants ist hoch. Es wird nach wie vor viel mit Fleisch gekocht, das besonders wohlschmeckende Lamm vom Villnösser Brillenschaf steht hoch im Kurs. Daneben stehen Pastagerichte aller Art, raffinierte *antipasti*, Meeresfrüchte und Fisch gleichberechtigt auf der Karte. Zu den Hauptgerichten werden oft Bratkartoffeln und Knödel, aber auch

Was kostet wie viel?

Espresso	1,50 € (in einer Bar)
Cornetto con crema	2–3 € (gefülltes Croissant)
Einfache Liftfahrt	6–18 €
Eine Kugel Eis	1,50 €
100 km Autobahn	7 €
Loipenbenutzung	8–12 € (Tagesticket)
Pizza Margherita	7–10 €
Knödeltris	12–15 € (drei verschiedene Knödel)
Aperol Spritz	4,50–7 €

Polenta gereicht. Wer italienisches Flair sucht, ist in den Pizzerien und Osterien richtig.

Selbstversorgerhäuser

Hier tauschst du den Luxus, den Komfort und den Service eines Hotels oder einer Pension gegen Abenteuer, eine besondere Nähe zur Natur, Ruhe und Freiheit. Auf *suedtirol.com* sind zahlreiche Vermieter von Almen und Sennhütten gelistet.

Sprache

Südtirol ist offiziell zweisprachig, in den beiden ladinischen Tälern (Grödner Tal, Gadertal) sogar dreisprachig. Alle Bekanntmachungen und die meisten Beschilderungen sind daher mehrsprachig.
Überall kann man sich auf Deutsch gut verständigen. Während in Brixen nur 25 Prozent der Bevölkerung Italienisch sprechen, sind es in Meran schon 50 Prozent und in Bozen 75 Prozent. Besonders in den abgelegenen Tälern kann einem der Südtiroler Dialekt wie eine weitere Fremdsprache erscheinen. Nicht wundern, wenn zur Begrüßung „Heula" gerufen wird, es ist nett gemeint!

Tourist-Information

An hilfreiche Informationen zu kommen ist in Südtirol kein Problem. Es gibt über 70 Fremdenverkehrsbüros, an denen man Karten- und Infomaterial, Auskünfte und Tipps zu Ausflügen und Events bekommt.

Wein und anderes

Egal in welchem Lokal man landet, die Qualität der lokalen Weine ist ausgezeichnet. Typische Rotweinsorten sind der leichte Vernatsch und der kräftigere Lagrein. Berühmt sind die eigenwilligen Weißweine aus dem Eisacktal oder der Gewürztraminer aus dem Unterland. Als Aperitif empfiehlt sich ein Glas Südtiroler Sekt, nach dem Essen einer der exzellenten lokalen Obstbrände. Seit ein paar Jahren erleben Gasthaus-Bierbrauereien eine Renaissance.

Viele Südtiroler Kellereien verkaufen ihre Produkte in hauseigenen Geschäften

APPS & KARTEN FÜR DRAUSSEN

ERKENNE, WAS UM DICH IST

Apps für Naturfreunde

Geschafft! Der Gipfel ist erobert, die Rundsicht auf die Bergwelt der Hammer. Aber wie heißen die ganzen Spitzen, die da am Horizont in den Himmel piksen? Das verrät die App PeakFinder – einfach mit der Kamera in die gewünschte Richtung halten. Das Ganze gibt's übrigens auch für den Nachthimmel, Apps wie SkyMap oder SkyView sind wie ein Astronom für die Hosentasche, der dir das Weltall erklärt.
Für Pflanzen z. B. PlantNet, Flora incognita (v. a. für D) und iNaturalist, für Vogelstimmen NABU Vogelstimmen oder BirdNET.

SO KOMMST DU BESSER ANS ZIEL

Navi-Unterstützung für Aktive

Mit Apps wie Komoot, Maps 3D, GPSies oder von Runtastic wird dein Smartphone zum Navi, egal ob du zu Fuß oder auf zwei Rädern unterwegs bist. Google Maps funktioniert zwar auch, findet aber oft nur die Haupt- und nicht die schönen, verkehrslosen Nebenrouten. Zur Sicherheit solltest du immer eine Powerbank für eine Extraakkuladung im Gepäck haben, denn die GPS-Funktion des Smartphones ist energiehungrig.

ANALOG UNTERWEGS

Die passende Karte finden

Mist, der Akku des Smartphones ist leer. Nimm deshalb immer auch eine gute Karte deines Wandergebiets mit. Bist du in einem kleineren Gebiet unterwegs, ist der Maßstab 1: 25 000 perfekt, dann sind vier Zentimeter auf der Karte ein Kilometer im Gelände. Hast du eine Tour über größere Entfernungen vor, dann greif zum Maßstab 1:50 000. Zwei Zentimeter auf der Karte entsprechen dann einem Kilometer.

Auf der Karte kannst du übrigens auch sehen, wie steil das Gelände wird: Je enger die Höhenlinien – jene Linien, die dem Geländeverlauf folgen – liegen, desto steiler wird's. Bei einer 50 000er-Karte sind zwischen zwei Höhenlinien meist 20 m. Wenn dein Wanderweg einer Höhenlinie folgt, hast du Glück: Der Weg ist (relativ) eben.

OUTDOOR-EVENTS

*DURCHS JAHR

Beim Gassltörggelen in Klausen zeigen die Bauern, wie man früher das Korn drosch

Südtirol ist ein traditioneller Landstrich mit vielen großartigen Festen und Feiern. Hier tanzen auch die jungen Leute ausgelassen auf Dorffesten in Trachten zur klassischen Ziehorgel. Sport und Spiel, Musik und lokale Spezialitäten spielen dabei immer eine große Rolle.

Februar

Faschingsumzüge sind in ganz Südtirol jetzt das große Thema. Der berüchtigte Egetmann-Umzug in Tramin findet am Faschingsdienstag in den ungeraden Jahren statt. In den geraden Jahren übernehmen die Traminer Kinder und es geht ein bisschen sanfter zu *(egetmann.com)*. Unsinnigerweise dürfen am Unsinnigen Donnerstag, zur Weiberfastnacht beim Zusslrennen in Prad am Stilfser Joch, nur die Männer teilnehmen *(vinschgau.net/de/prad-am-stilfserjoch/kultur-kunst/tradition-brauchtum/zusslrennen.html)*.

Mai

Beim Weißweinfestival Sabiona in Klausen am letzten Samstag im Mai kannst du die wichtigsten Weine des Eisacktals an einem einzigen Nachmittag verkosten *(klausen.it/de/genussurlaub-suedtirol/genussevents/sabiona.html)*.

Juni

Von der Trostburg bei Waidbruck bis zum Völser Weiher werden zu Ehren des mittelalterlichen Sängers und Ritters der Oskar-von-Wolkenstein-Ritt und ein Turnier veranstaltet. Die Teilnehmenden messen sich in Reiterspielen wie Ringstechen und Hindernisgalopp *(ovwritt.com)*.
Am ersten Sonntag nach Fronleichnam brennen auf den Gipfeln der Südtiroler Berge die Herz-Jesu-Feuer. Der Brauch geht eigentlich auf uralte Zeiten zurück, symbolisiert seit dem Einmarsch Napoleons 1796 in Tirol aber auch das

Vertrauen auf Gottes Hilfe in schweren Zeiten *(suedtirolerland.it/de/freizeit-aktiv/top-events-in-suedtirol/herz-jesu-feuer)*.

September

Beim Gassltörggelen in Klausen wird die Lust am gemeinsamen Schmausen auf die Spitze getrieben. Wer sich unter Tirtln mit Kraut, Gerstensuppe, Bauernpfandl und Kastanien-Tiramisù nichts vorstellen kann: einfach probieren! Highlights sind der traditionelle Festumzug und die Krönung der neuen Törggelekönigin *(klausen.it/de/genussurlaub-suedtirol/genussevents/gassltoerggelen.html)*. Beim Mountainbike Testival in Brixen dreht sich alles ums Biken. Neue Modelle können auf den Trails rund um die Plose getestet werden *(mountainbiketestival.de)*.

Oktober

Der Oktober ist die Zeit der Erntedankfeste. Es wird getanzt und musiziert, aber vor allem gegessen. Auch die Schafe und Kühe kommen von den saftigen Hochalmen zurück ins Tal. So auch die Transhumanz-Schafe in Vernagt und Kurzras im Schnalstal. In Lana und im Eisacktal wird die Esskastanie mit einer Keschtniglwoche gefeiert *(merano-suedtirol.it/de/keschtnriggl.html; klausen.it/de/genussurlaub-suedtirol/genussevents/keschtniglwochen.html)*.

Dezember

Der eigentliche Krampustag ist der 5. Dezember, aber in der Zeit zwischen Ende November und Nikolaus treiben die Krampusse – zottelige Schreckgestalten – ihr Unwesen. Auch wenn es sich um einen vorchristlichen Brauch handelt, ist der Krampus heutzutage oft in Begleitung des heiligen Nikolaus zu sehen und übernimmt dort den Part für die unartigen Kinder – in Toblach, Partschins, Lana, Margreid, Natz-Schabs und vielen anderen Dörfern. Außerdem gehört der Dezember den vielen schönen Weihnachtsmärkten.

Feiertage

1. Jan.	Neujahr
6. Jan.	Dreikönigstag
März/April	Ostersonntag, Ostermontag
25. April	Tag der Befreiung vom Faschismus
1. Mai	Tag der Arbeit
Mai/Juni	Pfingstsonntag, Pfingstmontag
2. Juni	Nationalfeiertag
15. Aug.	Mariä Himmelfahrt (Ferragosto)
1. Nov.	Allerheiligen
8. Dez.	Mariä Empfängnis
25. Dez.	Weihnachten
26. Dez.	Stephanstag (zweiter Weihnachtsfeiertag)

Kastanien zu rösten gehört bei den Keschtniglwochen in Feldthurns unbedingt dazu

LIFEHACKS FÜR DEN URLAUB

Erinnerungsstütze

Kennst du sie auch, die panische Frage, kaum hast du dich Richtung Urlaub in Bewegung gesetzt: Habe ich auch wirklich die Wohnungstür abgeschlossen? Versuch es beim nächsten Mal mit einer ungewöhnlichen Aktion: Spring beim Abschließen hoch in die Luft, mach eine tiefe Kniebeuge oder sage dir laut vor: Jawohl, ich habe abgeschlossen. Daran erinnerst du dich dann bestimmt und der Urlaub beginnt mit einem breiten Grinsen im Gesicht.

Erst mal einen Überblick verschaffen

Erster Tag auf unbekanntem Terrain? Bevor du dich voller Elan in Erlebnisse stürzt, such dir einen großartigen Aussichtspunkt und genieße es, dir einen Überblick über Lage und Ausdehnung der Stadt oder Region zu verschaffen. Das gibt ein tolles Bild für den ersten Social-Media-Post, und danach wirst du dich mit gestähltem Orientierungssinn bewegen.

Handy nachladen im Flug(s)modus

Ja, wir kennen das alle: Die Batterie des Smartphones neigt sich gefährlich dem einstelligen Prozentbereich zu, viel Zeit zum Aufladen bleibt nicht. Bewährter Tipp: Der Akku lädt um ein Vielfaches schneller, wenn du dein Smartphone währenddessen in den Flugmodus versetzt. Und weil die Batterie unterwegs viel schneller schwächelt, steck eine Powerbank ein.

Übergepäck? Nur für Anfänger!

Durch geschicktes Minimieren der Farbpalette deiner Kleidung brauchst du weniger Einzelteile und kannst besser kombinieren. Achte auch bei Schmuck und Schuhen darauf, dass du sie mehrfach einsetzen kannst.

Koffer packen für Könner

Um nicht mit einem Haufen zerknitterter Wäsche am Urlaubsort anzukommen, beachte die Grundregel: Schweres gehört nach unten, d. h. an die Seite des Gepäcks, die während des Transports in Richtung Boden zeigt. Zu den schweren Gegenständen zählen Waschbeutel und Schuhe. Außerdem wichtig: Je kompakter alles im Koffer verstaut wurde, desto weniger kann verrutschen.

Kleidung klein und faltenfrei

Spart Platz im Koffer und minimiert Falten: Shirts und Pullis falten und rollen. Bei Jacken die Ärmel nach innen falten, dann die Jacke mittig zusammenlegen. Voluminöses in Zip-Beutel stecken und die Luft vor dem Verschließen herausdrücken. Unterwäsche kann auch gerollt werden.

Schutz für Handy & Co.

Technische Geräte mögen weder Sand noch Wasser. Am Strand oder bei der Bootstour sind Handy und Co. in einem kleinen Plastikbeutel mit Zip-Verschluss unkompliziert geschützt.

Kleidung waschen & reparieren

Mit nur wenigen Zutaten kann man unterwegs prima Wäsche waschen und auch mal Kleidungsstücke reparieren. Als Wäscheleine eignen sich 3 m normale Schnur aus dem Baumarkt. Eine Handvoll kleiner Gardinenclips ersetzt die Wäscheklammern. Fehlt das Waschmittel, tut es auch Shampoo. Mit einer Nagelbürste kann man bei der Handwäsche beste Ergebnisse erzielen. Etwas Gaffa-Tape fixiert aufgelöste Säume und ein Tröpfchen Nagellack eine Laufmasche oder einen losen Faden.

Alleskönner Klebeband

Eine Rolle Klebeband gehört in jeden Rucksack. Aber nicht irgendein Klebeband, sondern Duct- oder Panzer-Tape. Ob Riss in der Outdoor-Jacke oder im Zelt, ob gebrochene Zeltstange oder die lose Sohle am Wanderschuh: Mit dem unverwüstlichen Gewebeband meisterst du jede Reparatur an der Ausrüstung. Wenn selbst die NASA Duct-Tape im All dabeigehabt haben soll …

Reisekrankheit vermeiden

Du kennst das schon: Spätestens wenn's kurvig wird, wird dir … blümerant zumute. Schwindelgefühle und Übelkeit entstehen durch Störungen des Gleichgewichtssinns. Wehre den Anfängen: Leg Buch oder Handy weg, setz dich nach vorne oder schnapp dir das Steuer, denn wer strikt geradeaus schaut, ist kaum gefährdet. Im Bus ist der beste Platz in der vordersten Reihe, im Flugzeug solltest du versuchen, auf Höhe der Tragflächen zu sitzen, und auf dem Schiff hilft ein Gang an die frische Luft mit festem Blick auf den Horizont.

Dolmetscher in der Tasche

Reisen in einem Land, in dem man die Sprache nicht versteht, kann schwierig werden. Die kostenlose Smartphone-App Google Übersetzer (iOS und Android) macht die Verständigung leichter und ein Wörterbuch überflüssig. Man kann für den Urlaub bestimmte Sprachpakete herunterladen, damit die App auch ohne Internetzugang übersetzt. Damit spart man die Kosten für mobiles Internet, verliert aber gleichzeitig wegen der Größe der Sprachpakete viel Speicherplatz. Man kann sogar Wörter abfotografieren, um sie übersetzen zu lassen, oder sich ganze Sätze erklären und vorsprechen lassen.

Weniger ist mehr

Ach, und das Buch sollte auch noch mit. Und vielleicht noch ein Pullover, weil der eigentlich doch ganz schick ist? Brichst du zu einer Wanderung auf, dann geize mit Platz und Gewicht. Zu schweres Gepäck macht jeden Ausflug zur Tortur. Als Faustregel gilt: Was du auf dem Rücken trägst, sollte nicht mehr als 20 Prozent deines Körpergewichts betragen. Für eine Tageswanderung reichen sechs Kilo Gepäck.

Ab in die Sonne!

Was bringt die schönste Landschaft bei Dauerregen, wenn 50 km weiter die Sonne vom Himmel lacht? Hängen also wieder mal die Wolken tief, befrage das Internet nach dem Wetter, such dir den nächstgelegenen Ort heraus, wo die Sonne scheint – und fahr hin! Vielleicht entdeckst du dann sogar wundervolle Orte, die du zunächst gar nicht auf der Reiseroute hattest.

Anhang

Am Talschluss im Ahrntal steht die Heilig-Geist-Kirche mit dem Schliefstein, der dich von deinen Sünden befreien kann

REGISTER

*NACH ORTEN

REGISTER

*NACH AKTIVITÄTEN

Highlights

Zu Fuß

Mit dem Fahrrad

Am & im Wasser

Fun & Action

Naturgenuss

Wintersport

NOCH MEHR OUTDOOR-SPASS

Nach der Reise ist vor der Reise:
Hier findest du noch mehr beste Frischluftabenteuer für deinen Urlaub.

ISBN 978-3-575-01927-1

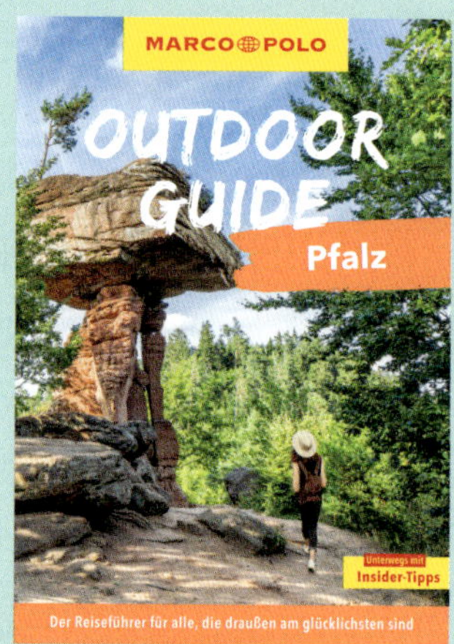

ISBN 978-3-575-01925-7

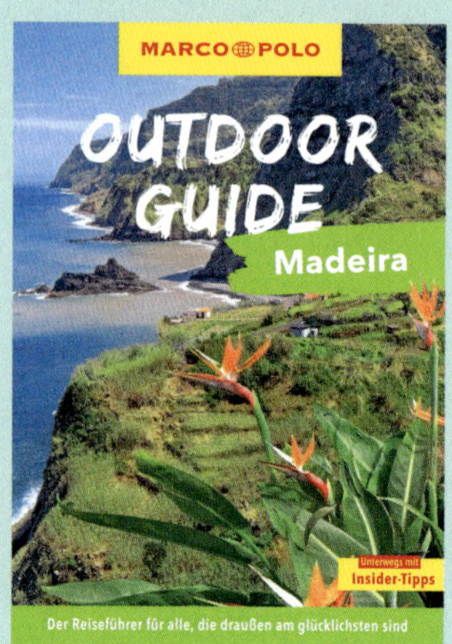

ISBN 978-3-575-01919-6

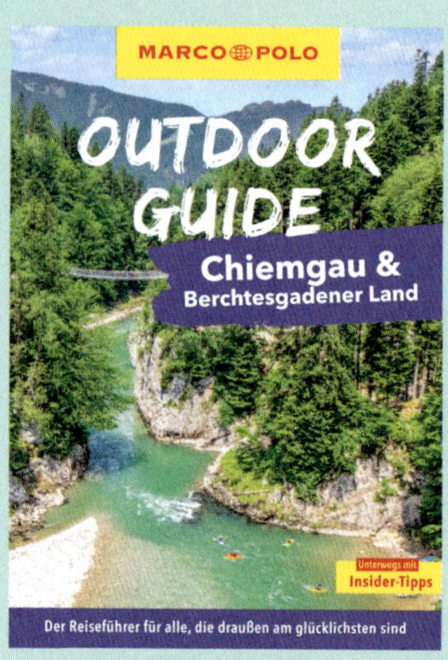

ISBN 978-3-575-01916-5

ISBN 978-3-575-01924-0

ISBN 978-3-575-01901-1

ISBN 978-3-575-01921-9

ISBN 978-3-575-01922-6

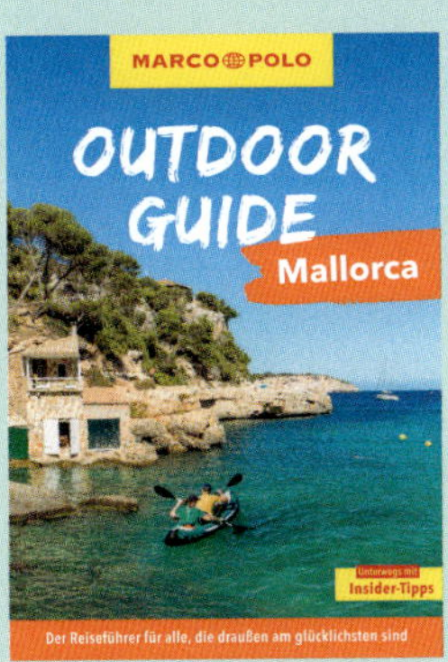

ISBN 978-3-575-01920-2

ISBN 978-3-575-01923-3

ISBN 978-3-575-01917-2

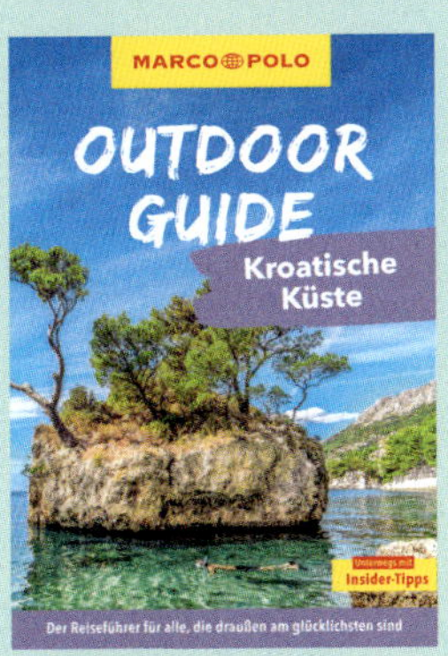

ISBN 978-3-575-01918-9

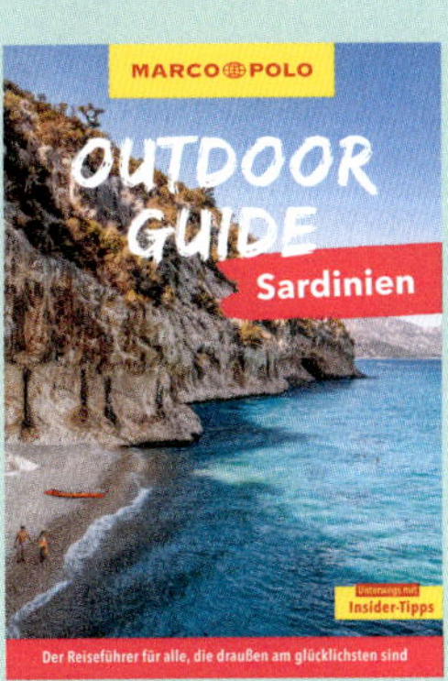

ISBN 978-3-575-01926-4

IMPRESSUM

*WER HAT WAS GEMACHT?

1. Auflage 2024

ISBN 978-3-575-01928-8

Texte: Sylvia Pollex, mit Ausnahme S. 26, 211, 212 (Rucksackapotheke), 215, 218/219, Umschlaginnenseiten (Jens Bey, Stuttgart)
Konzept & Projektleitung: Monique Sorban
Gestaltung Umschlag & Layout: Nicola Hammel-Siebert, Tanja Schnurpfeil, Weimar & Leipzig, zebraluchs.de
Illustrationen: Nicola Hammel-Siebert (S. 13), Carolin Weidemann, Köln, weidemann-design.com (Umschlag, S. 26, 204, 207)
Lektorat und Satz: booklab, München
Korrektorat: Kirsten Skacel, Wölpinghausen, lektorat-rotstift.de

Kartografie: © 2024 KOMPASS-Karten GmbH, Karl-Kapferer-Straße 5, A-6020 Innsbruck unter Verwendung von © OpenStreetMap Contributors, osm.org/copyright
Als touristischer Verlag stellen wir bei den Karten nur den De-facto-Stand dar. Dieser kann von der völkerrechtlichen Lage abweichen und ist völlig wertungsfrei.

Printed in Poland

FSC www.fsc.org MIX Papier | Fördert gute Waldnutzung FSC® C018236

Lob oder Kritik? Wir freuen uns auf deine Nachricht! Trotz gründlicher Recherche schleichen sich manchmal Fehler ein. Wir hoffen, du hast Verständnis, dass der Verlag dafür keine Haftung übernehmen kann.
MARCO POLO Redaktion, MAIRDUMONT, Postfach 3151, 73751 Ostfildern, info@marcopolo.de

Der Fotograf Thomas Rötting beim Einsatz auf der Seiser Alm

Herbststimmung im Ultental

Titelbild: Secada-Alm mit Blick auf Stevia-Gipfel (Thomas Rötting/Sylvia Pollex)

Fotos: Alta Badia/Janpaul Piai (87 l.); DuMont Bildarchiv: Udo Bernhart (152, 160, 181 M.), Frank Heuer (52, 110, 116, 180, 196, 209 r., 213); Alex Filz (159 l.); Getty Images: Daniel Schoenen/imageBROKER (125); Alexander Hauk (17 u.r.); laif: Frieder Blickle (170/171), Dietmar Denger (190), Franziska Gilli (181 u.), Andreas Hub (163), Thomas Linkel (191); Lookphotos: ClickAlps (101); Mauritius Images: Andreas Strauß/Westend61 (199), Manfred Kostner (144), Klaus Kranebitter (198); Picture Alliance: bernhard klar/Zoonar (97 r.), Udo Bernhart (200), hwo/imageBROKER (184), Liane Matrisch/Zoonar (50), Martin Braito/imageBROKER (100), ZB/motivio (54); Shutterstock: Salvador Aznar (28 o.); Shutterstock.com: Jolanda Aalbers (18 o.), Karl Allgaeuer (169 o.), Salvador Aznar (174), cherryyblossom (185 M., 185 u.), Yevhenii Chulovskyi (131 l., 186), CreaForge (111), Boris Dmitriev (17 u.l.), Viktar Dzerkach (96), Pawel Gegotek (129 r.), JIANG HONGYAN (103 o.), Y. Jordan (18 M.l.), klaus Keller nature photo (18 M.l.), Wolfgang Kruck (17 M.l.), lapas77 (94), lenkabartosikova.cz (187 r.), LianeM (175), Maleo Photography (190), maudanros (53 l.), Petr Nemec fotograf (17 M.l.), Nemo1963 (159 r.), Georg Niederkofler (91 l.), Photo_Olivia (18 u.), Stefan Rotter (194 r.), Elena Shchipkova (87 r.), Tanya Sid (201 o.), Sigena-S (117), Daniel Sperandio (164 l.), Pietro Tasca (135 o.); Thomas Rötting/Sylvia Pollex (Umschlag hinten l., Umschlag hinten r., 1, 1 (Einklinker), 4/5, 6, 7, 8, 9, 10/11, 12, 14, 15, 16, 17 M.r., 17 o., 18 M.r., 19, 20, 22, 24, 25 r., 25 l., 27, 28 M., 28 u., 29 or., 29 M., 29 ol., 29 u., 30, 31, 32, 36/37, 40, 41 u., 41 M., 42, 43, 44, 45 u., 45 o., 46, 47, 48, 49, 51, 53 r., 55 l., 55 r., 56 r., 56 l., 57, 58 r., 58 l., 59 l., 59 r., 60, 61 r., 61 l., 62 l., 62 r., 63 r., 63 l., 64 r., 64 l., 65, 66 l., 66 r., 67, 68, 69 o., 69 u., 70/71, 74, 75 M., 75 u., 76, 77, 78, 79, 80, 81, 82, 83, 84, 85, 86, 88, 89, 90, 91 r., 92, 93 r., 93 l., 95 r., 95 l., 97 l., 98 l., 98 r., 99, 102, 103 u., 104/105, 108, 109, 112, 113, 114, 115 u., 115 M., 118, 119, 120, 121 r., 121 l., 122, 123 r., 123 l., 124 r., 124 l., 126 l., 126 r., 127 l., 127 r., 128, 129 l., 130, 131 r., 132, 133, 134, 135 u., 136/137, 140, 141, 142, 143, 145, 146, 147 M., 147 u., 148, 149, 150, 151, 153 l., 153 r., 154 r., 154 l., 155 r., 155 l., 156, 157 r., 158, 161 l., 161 r., 162, 164 r., 165, 166, 166, 167, 168, 169 u., 176, 177 M., 177 u., 178, 179, 182, 183, 187 l., 188, 188, 189, 192 l., 192 r., 193, 194 l., 195, 196, 197, 201 u., 202/203, 206, 208, 209 l., 210, 214, 216, 217, 220, 228, 229, 230, 231, 232); Harald Wisthaler/wisthaler.com (157 l.)

Ob zu Fuß, mit dem Fahrrad, in nostalgischen Gondeln oder auf dem SUP – auf über 150 Ausflügen und Abenteuern war Sylvia für den Outdoor Guide unterwegs. Was war besonders, was bleibt noch zu sagen?

5 FRAGEN AN SYLVIA POLLEX

1 Was ist deine Lieblingsaktivität und bei welcher Tour im Buch hattest du am meisten Spaß?

Auch wenn ich gerne klettere, Rad fahre und Ski fahre, gebe ich doch dem Wandern den ersten Platz. Ich bin immer wieder fasziniert, welche Höhen und Entfernungen man zu Fuß an einem Tag bewältigen kann und was es unterwegs alles zu entdecken gibt. Die Wanderung zur Eishöhle unter dem Heiligkreuzkofel und die über und über mit Wildblumen blühenden Armentara-Wiesen war mein persönliches Highlight. Auch, weil ich mit meiner Familie die nahezu letzte Seilbahn hinauf genommen habe und wir diese unglaubliche Landschaft im Gadertal im schönsten Abendlicht genießen konnten.

2 Was darf in deiner Ausrüstung nicht fehlen?

Ich liebe Bestimmungsbücher und finde alles interessant, was wächst, kreucht und fleucht. Eine Wanderung war dann richtig gut, wenn ich eine neue Pflanze entdecken, einen neuen Pilz identifizieren oder einen Vogel bestimmen konnte, den ich noch nicht kannte. In dieser Hinsicht war die Wanderung zu den Pelzanemonen bei Rojen ein besonderes Vergnügen.

3 Deine Lese-, Hör- und Videotipps für Südtirol?

Tief eingetaucht in die jüngere Geschichte Südtirols bin ich mit dem Buch „Ich bleibe hier" von Marco Balzano. Die ladinischen Popsongs der Band Ganes haben es in mein Musik-Herz geschafft. Sehr erhellend in Bezug auf Südtiroler Humor war für mich „Joe – der Film", der mich aber auch nach drei Jahren intensiven Dialekttrainings noch vor Probleme stellte.

4 Was war dein verrücktestes Erlebnis bei der Recherche?

Eine Nacht draußen unter dem Sternenhimmel bei den Schrüttenseen mit morgendlichem Bad im eiskalten Wasser.

5 Wohin gehst du in Südtirol am liebsten mit Freunden?

Von meinem Schreibtisch aus kann ich die Geislerspitzen sehen. Sie erinnern mich daran, wie schön die Wanderung auf dem Adolf-Munkel-Weg ist, also unternehme ich sie so oft es geht mit Familie und Freunden.

BLOSS NICHT!

*FETTNÄPFCHENFREI IM URLAUB

Früchte klauen

Südtirol ist ein sehr fruchtbares Land. Besonders im Spätsommer und Herbst hängen sie verführerisch herum, die saftigen Äpfel und Trauben, Pflaumen, Nüsse und Beeren. Und obwohl zahlreiche Wanderwege direkt durch Apfelplantagen und Weinberge führen, gilt ganz klar: Ansehen ist erlaubt, anfassen nicht. Jeder Baum und jeder Strauch gehört hier jemandem, der sich ein Jahr lang liebevoll darum gekümmert hat und nun auch die Früchte der Arbeit ernten möchte.

Wildcamping und offenes Feuer anzünden

So romantisch es auch ist – Wildcampen ist in Südtirol wie in ganz Italien nicht erlaubt. Gerade in Südtirol mit seinem hohen Touristenaufkommen ist es wichtig, dass zumindest nachts die Natur und die Tiere zur Ruhe kommen. In den Nationalparks finden oft Kontrollen statt. Wer erwischt wird, muss mit hohen Bußgeldern rechnen.

Pilze sammeln ohne Genehmigung

Pilze sammeln ist in Südtirol durch ein Landesgesetz geregelt! Grundsätzlich muss man in der entsprechenden Gemeinde vorab eine Sammelgebühr für den betreffenden Tag bezahlen und sowohl die ausgestellte Genehmigung als auch einen Personalausweis im Wald bei sich führen. Außerdem ist das Pilzesammeln nur an Tagen mit einem geraden Datum und zwischen 7 und 19 Uhr erlaubt. Wer sich nicht an die Regeln hält und erwischt wird, was durchaus vorkommt, zahlt eine saftige Verwaltungsstrafe und die Pilze werden weggenommen und an eine gemeinnützige Einrichtung verschenkt. Maximal ein Kilo Pilze pro Tag und Person ist erlaubt.

Plastikflaschen mit Trinkwasser kaufen

Die Qualität des Südtiroler Trinkwassers ist so gut, dass gekauftes Wasser dem Vergleich meist nicht standhält. Warum also Wasser kaufen und unnötigen Müll produzieren, wenn das Gute so nahe ist und nur aus dem Wasserhahn oder den vielen Trinkwasserbrunnen unterwegs in die eigene Trinkflasche abgefüllt werden muss?

An der Mautstation bummeln

Für die Einheimischen ist das hohe Verkehrsaufkommen durch den Tourismus eine echte Herausforderung. Besonders dann, wenn an den Mautstationen zur Autobahnauffahrt jemand noch nach hinten zum Kofferraum muss, um sein Geld zu suchen. Also immer schön alles zur Hand haben! Für Gäste, die regelmäßig nach Südtirol kommen, lohnt sich die Anschaffung eines Telepasses.

Äpfel sind Südtirols Exportschlager, aber: besser kaufen, nicht abpflücken!